Pawel Nikolaewitsch
Knyschewskij

Moskaus Beute

Pawel Nikolaewitsch
Knyschewskij

Moskaus Beute

Wie Vermögen, Kulturgüter und Intelligenz

nach 1945 aus Deutschland geraubt

wurden

OLZOG VERLAG

Die Deutsche Bibliothek - CIP-Einheitsaufnahme

Kyševskij, Pavel Nikolaevič:
Moskaus Beute : wie Vermögen, Kulturgüter und Intelligenz nach 1945
aus Deutschland geraubt wurden / Pawel Nikolaewitsch Knyschewskij -
München und Landsberg am Lech: Olzog, 1995
ISBN 3-7892-8290-1

Bildnachweis:
Archiv P.N. Knyschewskij

ISBN 3-7892-8290-1
(Aus dem Russischen von Elke Windisch)

©Günter Olzog Verlag GmbH, München und Landsberg am Lech

Umschlag: Gruber & König, Augsburg
Druck- und Bindearbeiten: Ebner Ulm

Printed in Germany

Inhalt

Einleitung

„Man kann doch Dürer nicht gegen Wurst eintauschen!" Mit der Attitüde moralischer Empörung lehnt der stellvertretende Kulturminister Rußlands, Michail Schwydkoij, eine Rückgabe deutscher Kunstschätze gegen Stundung alter Wirtschaftsschulden Moskaus ab, wie es ein Journalist vorgeschlagen hatte.

Ein solches Tauschgeschäft verbietet nicht nur die Moral. Auch rechtlich ist die Sachlage eine andere: Deutsch-sowjetische und deutsch-russische Abkommen von 1990 und 1992 sehen die Rückführung von etwa 200.000 Kunstwerken, zwei bis fünfzehn Millionen Büchern und drei Regalkilometern Archivmaterial vor. Ihre Grundlage ist unter anderem der Artikel 56 der Haager Landkriegsordnung von 1907: „Jede Beschlagnahme, jede absichtliche Zerstörung oder Beschädigung von (...) geschichtlichen Denkmälern oder von Werken der Kunst und Wissenschaft ist untersagt und soll geahndet werden."

Im Krieg kümmerte sich kaum jemand darum. Zunächst waren es deutsche Einheiten, die Museen und Kunstsammlungen plünderten, um den „Führerauftrag Linz" zu erfüllen und Exponate für jenes gigantische Museum heranzuschaffen, das Adolf Hitler nach Kriegsende in Linz errichten wollte. Andere Beutestücke wurden für Reichsmarschall Hermann Göring und seine Kunstsammlung in „Carinhall" reserviert. In den besetzten Ländern Westeuropas bemühte sich das Dritte Reich zumeist um den Anstrich legalen Erwerbs. Kunstwerke wurden gekauft oder als „herrenloser Besitz" sichergestellt - dabei handelte es sich beispielsweise um das Eigentum von Juden, die vor den deutschen Truppen und der drohenden Einweisung in die Konzentrationslager geflohen waren. Im Osten hingegen geschah der Raubzug in großem Stil und in aller Regel ohne jede pseudolegalistische Bemäntelung.

Nach der deutschen Niederlage vom 8. Mai 1945 wurden die von Wehrmacht, SS und SD erbeuteten Kunstgegenstände durch die Sieger inventarisiert und in ihre Heimatländer zurückgeführt - soweit sie noch aufzuspüren waren. Das gelang keineswegs in allen Fällen. Ein Teil der Trophäen war erneut zur Trophäe geworden, diesmal für die Soldaten der alliierten Truppen. Manches Kulturgut wanderte über den Ozean, wie der inzwischen verstorbene Sol Chaneles, Professor an der Universität in New Jersey und ehemaliger Berater der Nixon-Regierung, 1987 in dem Kunstjournal „Art & Antiques" darlegte. Der größte Teil der Kriegsbeute Hitlers sei von den Amerikanern noch einmal geplündert worden, so Chaneles.

Zusammenfassend kommen die wohl profiliertesten deutschen Experten für die Geschichte der „Beutekunst" des Zweiten Weltkrieges, Klaus Goldmann und Günter Wermusch, in ihrem Buch „Vernichtet - verschollen - vermarktet" (Asendorf, 1992) zu dem Ergebnis, es sei fraglich, ob sich in Deutschland noch größere Mengen von dem befinden, was die Länder der ehemaligen Sowjetunion nach den „Sicherstellungen" deutscher Truppen vermißten.

Anders verhält es sich mit der Kriegsbeute Moskaus. Nur der DDR übergab die Sowjetunion in den 50er Jahren eine Reihe von Kulturgütern, darunter die Dresdner Gemäldegalerie und ein Teil der Gothaer Bibliothek. Unter den rund 200.000 Einzelkunstwerken, die nach wie vor in sowjetischem Besitz sind, befinden sich die Goldfunde von Eberswalde und Lienewitz aus dem 9. Jahrhundert v. Chr., der Goldfund von Cottbus aus dem 5. Jahrhundert, der Silberfund von Holm bei Driesen aus dem 11. Jahrhundert, Zeichnungen alter Meister aus der einst 4.000 Objekte umfassenden Bremer Kunsthalle, die Autographen- und Handschriftensammlung der Stiftung Preußischer Kulturbesitz, Bestände des Berliner Museums für Ostasiatische Kunst, die Kupferstich-Sammlung von August dem Starken, Bestände der Dresdner Landesbibliothek, rund 4500 Bände der Gothaer Bibliothek und die Waffensammlung von der Wartburg. Vor allem aber der „Schatz des Priamos", dessen Existenz Moskau bis Mitte 1993 energisch geleugnet hat und der nun 1996 in der russischen Hauptstadt ausgestellt werden soll, sorgt weit über Fachkreise hinaus für Aufsehen und Diskussionen. Es handelt sich dabei um 260 massive Schmuckstücke aus purem Gold, die vor rund 4000 Jahren in Troja (vor allem Troja II) gefertigt wurden. Heinrich Schliemann hatte den Schatz vor über 120 Jahren entdeckt, zunächst die türkische Regierung um den ihr vertraglich zugesicherten Anteil an seinem Fund geprellt und später gegen Zahlung von 50.000 Franken erreicht, daß die Türkei sämtliche Ansprüche auf die Trojaschätze abtrat. Aus Berlin wurde der epochale Schatz 1945 in die Sowjetunion enführt.

Im deutsch-sowjetischen Vertrag über gute Nachbarschaft, Partnerschaft und Zusammenarbeit vom 9. November 1990 hält der Artikel 16 im Absatz 2 fest, daß „verschollene oder unrechtmäßig verbrachte Kunstschätze" an den Eigentümer zurückzugeben seien. Eigentümer des Priamos-Schatzes sind die Staatlichen Museen zu Berlin - Preußischer Kulturbesitz (SMPK). Bundeskanzler Kohl und Präsident Jelzin bestätigten diese Vereinbarung in einer gemeinsamen Erklärung am 21. November 1991, und auch das deutsch-russische Abkommen zu Fragen der kulturellen Zusammenarbeit vom 16. Dezember 1992 ist diesbezüglich eindeutig. Doch trotz der vertraglichen Rückgabe-Zusicherungen Moskaus ist derzeit an eine Restitution deutscher Kulturgüter kaum zu denken. Der deutsche Außenminister Klaus Kinkel wurde im Frühjahr 1994 bei seinem Moskau-Besuch mit einer Geste - fünf Büchern aus Gotha - abgespeist. Auch beim Bonn-Besuch des russischen Kulturministers Sidorow im März 1995 erhielt Kinkel eine Abfuhr.

Eine Rolle für die russische Verweigerungshaltung mag der geschätzte Gesamtwert spielen, der etliche Milliarden Mark ausmachen dürfte und daher möglicherweise profitabler eingesetzt werden soll. Zumindest die russische Mafia handelt nach dieser Devise: erste Unikate aus den deutschen Kunstbeständen, darunter allein 100 Blätter aus der Bremer Sammlung, kursieren inzwischen auf dem schwarzen Markt. Nicht „Wurst", dafür aber „Dollar gegen Dürer". Entscheidender aber ist wohl die russische Befindlichkeit: Nach dem Ende des sowjetischen Sozialismus, der UdSSR überhaupt und damit dem Verlust der Weltmachtstellung Moskaus sind die Beutestücke Stalins - territoriale ebenso wie materielle und kulturelle - letzte Belege für den Sieg im „Großen Vaterländischen Krieg". Ihre Rückgabe würde als weitere Demütigung empfunden. Der stellvertretende Kulturminister Schwydkoij, der noch im Januar 1994 einem deutschen Journalisten versicherte, man stehe in Moskau „zu unseren vertraglichen Verpflichtungen", und zugleich darum bat, Deutschland müsse auch „unsere schwierige Lage" insbesondere nach dem Wahlsieg des Extremisten Schirinowskij sehen, vertritt heute kompromißlos den Standpunkt, für eine Rückgabe der Kunstgüter gebe es keinerlei „Anlaß". Der russische Publizist Alexej Dubarow ist überzeugt, daß die Frage der Beutekunst die Intellektuellen seines Landes einige. Dort herrsche die Meinung vor, Deutschland habe 1990 auf alle aus dem Krieg resultierenden Ansprüche verzichtet, darüber hinaus stünden die Werte der Kulturgüter in keinerlei Verhältnis zu dem Schaden, den das Dritte Reich der damaligen Sowjetunion zugefügt habe. Ein langjähriger Mitarbeiter des KGB äußerte gegenüber der Nachrichtenagentur HANSAFAX: „Wenn wir heute gezwungen werden, die Kunstgegenstände zurückzugeben, dann geht es morgen um die Kurilen-Inseln und Königsberg."

Darum versucht die russische Seite jetzt sämtliche Beute-Kulturgüter per Gesetz zu russischem Eigentum zu erklären. Bei einem Symposium des *Bard Graduate Center for the Decorative Arts* Mitte Januar 1995 in New York zum Thema „The Spoils of War - World War II and its Aftermath" wollten Vize-Kulturminister Schwydkoij, Irina Antonowa (sie war schon bei der Entgegennahme der Beute aus Berlin 1945 in Moskau persönlich dabei) als Direktorin des Moskauer Puschkin-Museums und Mark Boguslavskij von der Russischen Akademie der Wissenschaften bei den internationalen Fachleuten und Politikern Verständnis und Unterstützung für diese neo-nationalistische Position finden. Schon zuvor hatte die streitbare Antonowa in der „Nezavisimaya Gazeta" ihren Standpunkt erläutert: „Wenn das Gesetz über Staatseigentum (dabei handelt es sich um den Entwurf, der die Beutekunst zu russischem Eigentum erklären soll, die Verf.) angenommen ist und die Bilder und anderen Kunstwerke, die jetzt in unserem Besitz sind, als russisches Eigentum behandelt werden, dann wird, so hoffe ich, die internationale Zustimmung zu diesem Entschluß nicht auf sich warten lassen." Doch die Sympathiewerbung in New York mißlang offenkundig, statt dessen überwog allgemeines Mißbehagen über die ignorante Haltung der russischen Seite.

Wilfried Fiedler, Professor für Staatsrecht, Verwaltungsrecht und Völkerrecht an der Universität des Saarlandes, hat während dieses Symposiums die juristische Unhaltbarkeit des Moskauer Standpunktes herausgearbeitet. Es gebe „überhaupt kein Recht des Siegers unabhängig vom Völkerrecht, irgendwelche Konfiszierungen durchzuführen, und ein derartiges Recht bestand auch 1945 nicht". Hinweise auf das „Europäische Kulturerbe" und Argumentationen etwa von Schwydkoij, es sei doch gar nicht „wichtig, ob sich ägyptische Kunstschätze heute in Großbritannien oder in Kairo befinden, wichtig ist nur, daß man sie betrachten und studieren kann", läßt Fiedler nicht gelten: „Wenn von dem 'Europäischen Kulturerbe' die Rede ist, so wäre es eine Umkehrung des Sinnes dieser Entwicklung, wollte man den Hinweis auf das Europäische Kulturerbe als Legitimierung des Behaltendürfens von Kriegsbeute mißbrauchen. Die Respektierung des Europäischen Kulturerbes setzt die Rückgabe der kriegsbedingt verlagerten Kulturgüter an die jeweilige Nation voraus, erlaubt jedoch auch Sonderregelungen etwa für Ausstellungen und Verfilmungen, wie dies bereits bei Rückgaben durch die Sowjetunion an die DDR praktiziert wurde. In keinem Fall kann der Gedanke des Weltkulturerbes dazu dienen, der Wegnahme historischen Kulturerbes den Mantel der Rechtmäßigkeit umzuhängen."

Sonderregelungen? Wurst für Dürer, Maschinen für van Gogh, High-Tech für Rembrandt darf es nicht geben. Denkbar aber wäre eine - formal von der Rückgabe der Beutekunst an Deutschland unabhängige - großzügige Hilfe der Bundesrepublik auf freiwilliger Basis bei der Wiederherstellung von im Krieg zerstörten Baudenkmälern, Kulturgütern und Kunstwerken in

Rußland. Wie wäre es, wenn insbesondere deutsche Gelder den Russen ermöglichten, das legendäre Bernsteinzimmer, jenes von der Wehrmacht geraubte und höchstwahrscheinlich bei Kriegsende verbrannte Geschenk Friedrich Wilhelms I. an Zar Peter den Großen wiederherzustellen? Wie wäre es, wenn darüber hinaus der vollständige Erlös jener Museen, die die nach Deutschland zurückgekehrten Kunstwerke ausstellen, an einen russischen Kulturfonds flösse?

Wenn auf allen Seiten der Wille vorhanden ist, einen Schlußstrich unter den Zweiten Weltkrieg auch auf dem Gebiet des Kunst- und Kulturraubs zu ziehen und die Exponate, die „letzten Kriegsgefangenen", zurückkehren zu lassen, dann sollten Wege gefunden werden, die Recht und Gerechtigkeit gleichermaßen berücksichtigen, ohne zu Gesichtsverlust auf irgendeiner Seite zu führen.

Der russische Autor dieses Buches über „Moskaus Beute", Pawel Nikolaewitsch Knyschewskij, leistet einen ersten wichtigen Schritt auf diesem notwendigen Weg, indem er das bislang unzureichend ausgeleuchtete Kapitel des Raubs von Vermögen, Kulturgütern und Intelligenz aus Deutschland frei von nationalistischer Parteinahme mit seriöser Objektivität untersucht. Möge die Diskussion zwischen Deutschen und Russen, nicht nur über den „Schatz der Priamos", dadurch angeregt und intensiviert werden!

Ansgar Graw und Peter Weiss   März 1995

12

Vorwort

Zu Reparationsleistungen gegenüber Deutschland ist in der sowjetischen populärwissenschaftlichen und Fachliteratur über den Großen Vaterländischen Krieg zu nicht wenig geschrieben worden. Dennoch blieb es bei Allgemeinplätzen und abstrakter Feststellung von Fakten. So paradox es auch klingen mag: Nicht einmal das Sachwörterbuch oder die Enzyklopädie des Großen Vaterländischen Krieges enthalten irgendwelche Angaben zu Reparationsleistungen. Unwillkürlich drängt sich die Frage auf, warum wir bei der Darstellung der Kriegs- und unmittelbaren Nachkriegsgeschichte eines der brennendsten Probleme, das zwischen Rußland und Deutschland existiert - den Schaden wiedergutzumachen, der dem Land durch Kampfhandlungen und Besatzung zugefügt wurde - aus unserem Bewußtsein verdrängt haben.

Die Antwort ist gleichzeitig einfach und kompliziert. Die Sowjetregierung selbst hatte dieses Thema in der offiziellen Geschichtsschreibung tabuisiert. Daher tut man sich auch im Nachhinein mit Erklärungen so schwer. Von Staatsgeheimnissen zu dunklen Machenschaften der Staatsmacht ist es bekanntlich oft nur ein kleiner Schritt.

Niemand wird bestreiten, daß die Sowjetunion das Recht hatte, von Deutschland Reparationsleistungen zu fordern. Eine ganz andere Frage ist, wie und auf welcher Grundlage sie dieses Recht wahrnahm. Gerade in den Reparationsforderungen offenbart sich die moralische, politische und sozialökonomische Fragwürdigkeit der damaligen Kreml-Führung.

Vergegenwärtigt man sich das Ausmaß der Zerstörungen, die der Aggressor der Sowjetunion während des Krieges zugefügt hat, ist nur zu verständlich, daß die stalinistische Führung daran interessiert war, den Schaden so hoch wie möglich zu veranschlagen. Die *Außerordentliche Staatliche Kommission*[1] unter Vorsitz von *Nikolaj Schwernik* bezifferte die materiellen Verluste der Sowjetunion auf umgerechnet 679 Milliarden Rubel.

Doch niemand war damals in der Lage, die Richtigkeit dieser Angaben zu überprüfen. Die Alliierten war gezwungen, sich auf das „Ehrenwort der Genossen" zu verlassen. Heute allerdings drängen sich Zweifel auf, inwieweit die Schlußfolgerungen, zu denen die Kommission damals gelangte, objektiv und gerechtfertigt waren, da die Sowjetunion inzwischen mehrfach der Lüge überführt worden ist.

So hat sich beispielsweise die Erschießung polnischer Kriegsgefangener bei Katyn durch die SS als Geschichtsfälschung erwiesen. Zudem erhielt Rußlands Öffentlichkeit erst jüngst Kenntnis von einem Einsatzbefehl des Oberbefehlshabers vom 17. November 1941. Dieser Befehl mit der Nummer 0 428 weist die sowjetischen Truppen an, sich strikt an die Order zu halten, wonach alle Ortschaften im Hinterland der deutschen Truppen in einer Tiefe von 40-60 km von der vordersten Linie an gerechnet, sowie 20-30 km rechts und links der Fernverkehrsstraßen zu zerstören und dem Erdboden gleichzumachen sind.[2] Dokumente aus dem Sammelband „Die versteckte Wahrheit des Krieges - 1941"[3] vermitteln nur eine ungefähre Vorstellung von dem, was wirklich geschah: Um den Befehl zu erfüllen, wurden Luftwaffe, schwere Artillerie, Flammenwerfer, Luftlandetruppen und das *NKWD*[4] eingesetzt. Auf ihrem Rückzug zerstörten die Einheiten und Verbände der Roten Armee Elektrizitätswerke und Industriebetriebe mitsamt allen dort lagernden Vorräten an Rohstoffen und Fertigprodukten. Stalin setzte auf die Taktik der verbrannten Erde, auch wenn dazu, rein strategisch betrachtet, kein Grund vorhanden war. Stets wurde verschwiegen, daß diese Verluste später offiziell als Schaden verbucht wurden, den die sowjetische Volkswirtschaft während des Krieges erlitten hatte.

Drittens schließlich fällt auf, daß der Metropolit von Kiew und Galizien Mitglied der Schwernik-Kommission wurde. Angeblich sollte er „den der russisch-orthodoxen Kirche entstandenen Schaden so vollständig wie möglich inventarisieren", obwohl die Deutschen im Gegensatz zu Stalin erwiesenermaßen bemüht waren, sich gegenüber der Kirche loyal zu verhalten. Wenn die Besatzer trotzdem Meßgerät mitgehen ließen, stammte dies zumeist nicht aus Kirchen, sondern aus den Magazinen aufgegebener, verwahrloster staatlicher Museen. Schließlich haben die Bolschewiken nach ihrer Machtergreifung im Oktober 1917 bis zum Beginn des Zweiten Weltkrieges über 50 000 Kirchen ganz oder teilweise zerstört.

Ganze Wagenladungen an Abendmahlsgefäßen und Altargegenständen aus Edelmetallen und eine Unmenge theologischer Schriften wurden damals für „staatliche Zwecke" beschlagnahmt. Etwa eine Viertel Million Glocken wurde eingeschmolzen. Möglich, daß die Schwernik-Kommission bemüht war, einen Teil dieser Verbrechen auf Hitler abzuwälzen, zumal dies gängige Praxis zu sein schien.

Ende 1993 öffnete Großbritannien bislang gesperrte Archive des britischen Geheimdienstes. Unter anderem jene, wo Fakten zu „Untaten" der Wehrmacht in den besetzten Gebieten fabriziert wurden. Bis heute weiß niemand, ob während des Krieges nur die Briten auf diese - zugegeben - originelle Spielart politischen Banditentums setzten, oder ob derlei Erfindungen bei den Alliierten allgemein übliche Praxis war. Ich habe keineswegs die Absicht, wirkliche Verbrechen der Nazis und der Wehrmacht zu beschönigen. Andererseits aber kommt niemand an der Tatsache vorbei, daß die deutschen Besatzungstruppen Exzesse und Diebstähle der eigenen, wie auch italienischer und ungarischer Kontingente in den besetzten Gebieten verfolgten und bestraften. Derartige Dokumente fanden sich schon in früher freigegebenen Archivbeständen.

Zweifel an der Objektivität, mit der die Regierungen der Anti-Hitler-Koalition die Untaten deutscher Nationalsozialisten und ihrer Satelliten bewerteten, sind also durchaus angebracht. Doch über Sieger sitzt man nicht zu Gericht, wie ein russisches Sprichwort weiß. Zwangsläufig drängt sich daher die Frage auf, inwieweit man dem „Wort der Genossen" trauen kann.

Stalin jedenfalls war mit den Schlußfolgerungen der Außerordentlichen Kommission zufrieden und bestätigte sie. Offenbar nicht ohne Hintergedanken, denn auf der Konferenz von Jalta im April 1945 schockierte Moskaus Verhandlungsdelegation die Verbündeten, die für die Kriegsschäden in der Sowjetunion eine astronomische Summe erwartet hatten, mit der Forderung von ganzen 10 Milliarden Dollar.

Kaum anzunehmen, daß Moskau auf größere Ansprüche verzichtete, weil man Angst vor unliebsamen Enthüllungen hatte. Stalin, der bei seinen angloamerikanischen Verbündeten eher Mitleid und Achtung hervorrufen wollte, rechnete bei dem Bemühen, separate Reparationsleistungen für die Sowjetunion durchzusetzen, fest mit deren Nachsicht. Das jedenfalls gab *Iwan Maiskij*, ein Mitglied der sowjetischen Delegation mit seiner Antwort auf die Überlegungen Churchills und Roosevelts unumwunden zu:

„Erstens...wegen des Mißgeschicks mit den Reparationen nach dem letzten Krieg. Ja, die Erfahrung von damals ist äußerst unbefriedigend. Warum? Nicht, weil die Gesamtsumme der Reparationsleistungen Deutschlands sich als zu groß herausstellte. Der Betrag war eigentlich eher bescheiden: 30 Milliarden Dollar, die auf 58 Jahre verteilt werden sollten. Ist das etwa viel? Deutschland hätte einen derartigen Betrag aufgrund seiner Reichtümer und seines Nationaleinkommens problemlos entrichten können. Das Unglück lag darin, daß die Verbündeten von Deutschland Reparationsleistungen nicht in Sachwerten, sondern vor allem in Geld verlangten. Deutschland war daher gezwungen, nach Mitteln und Wegen zu suchen, um sich die geforderten Devisen zu beschaffen. Das erwies sich durch eine Reihe von Gründen als ein sehr schwieriges Unterfangen. Hätten die Verbündeten sich mit Reparationen in Sachleistungen einverstanden erklärt, hätte es keine Komplikationen gegeben. Die Verbündeten wollten das aber nicht. Dadurch entstand ein unlösbares Transfer-Problem, d.h. die Konvertierung der Reichsmark in Pfund Sterling, Dollars und Francs, woran die Reparationsleistungen letztendlich scheiterten.

...Um Transfer-Probleme zu vermeiden, wird nun vorgeschlagen, sämtliche Reparationsleistungen in Sachwerten einzufordern. Wir hoffen auch, daß die USA und England Deutschland nach dem Krieg nicht finanziell unterstützen werden. In diesem Falle besteht kein Anlaß, aus den schlechten Erfahrungen der letzten Reparationsleistungen pessimistische Schlüsse auf die nun anstehenden zu ziehen."

Zum anderen gab Herr Churchill zu verstehen, daß die Summe der Reparationsleistungen, auf die die UdSSR Anspruch erhebt, die Kräfte Deutschlands übersteigen würde. Das ist kaum nachvollziehbar. Was sind schon 10 Milliarden Dollar? Das sind nur 10% des US-amerikanischen Staatshaushaltes für den Zeitraum, 1944/45 oder 125% des Haushalts der USA in Friedenszeiten, wie zum Beispiel zwischen 1936-1938. Was England angeht, so entsprechen diese zehn Milliarden Dollar nur dem Kriegsbudget Großbritanniens für ein halbes Jahr, oder dem Zweieinhalbfachen seines Haushalt in Friedensjahren wie 1936-1938.

Kann man daher die von der Sowjetunion erhobenen Reparationsforderungen als außergewöhnlich bezeichnen? Nein, das kann man nicht. Sie sind eher zu bescheiden. Diese Bescheidenheit ist dem Bemühen der sowjetischen Regierung zu verdanken, sich nicht durch Phantastereien hinreißen zu lassen, sondern hart auf dem Boden der Realitäten zu bleiben.

Drittens sprachen die Herren Churchill und Roosevelt davon, daß eine Hungersnot in Deutschland vermieden werden müsse. Die sowjetische Regierung will keineswegs, daß man in Deutschland hungert, nackt und barfüßig geht. Mit ihrem Plan für die Reparationsleistungen will die Sowjetunion erreichen, daß sich der Lebensstandard des deutschen Volkes in den ersten Jahren nach dem Kriege am Durchschnitt Mitteleuropas orientiert. Durch den sowjetischen Reparationsplan wird Deutschland in die Lage versetzt, seine Nachkriegswirtschaft durch die Expansion der Landwirtschaft und der Leichtindustrie zu entwickeln. Beiden Branchen erlegt der sowjetische Reparationsplan keinerlei Restriktionen auf.

Im übrigen muß man in Rechnung stellen, daß Nachkriegsdeutschland keinerlei Rüstungsausgaben haben wird, weil es vollständig abgerüstet werden muß. Darum ist die sowjetische Regierung überzeugt, daß das deutsche Volk auch dann noch mit einer menschenwürdigen Existenz rechnen kann, wenn unsere Reparationsforderungen ganzheitlich durchgesetzt werden.[5]

Kurzum: die sowjetische Delegation bemühte sich in jeder Weise, die Verbündeten zu Reparationsleistungen in Sachwerten zu überreden und nachzuweisen, daß die Sowjetunion nicht viel und schon gar nicht Unentbehrliches verlangt.

Stalins Rechnung war einfach: Anders als bei Geldforderungen, würde es den Alliierten so gut wie unmöglich sein, Sachwertleistungen Deutschlands zu kontrollieren. Deren Devisen-Äquivalent hätte rein theoretische Bedeutung gehabt. Versuche festzustellen, welchen Wert diese oder jene Industrieanlagen wirklich haben, mußten scheitern. Stalin wußte genau, daß die Verbündeten sich damit ohnehin nicht abgeben würden. Für Stalin, der vor allem darauf bedacht war, der unterentwickelten sowjetischen Wirtschaft auf die Beine zu helfen, waren Fertigprodukte und Produktionsanlagen daher hundertmal wichtiger und vorteilhafter als Deviseneinnahmen, zumal diese - zumindest teilweise - ohnehin für die Rückzahlung von Darlehen der Alliierten draufgegangen wären.

Roosevelt und Churchill waren anderer Meinung. Die Amerikaner beispielsweise verzichteten kategorisch auf deutsche Maschinen und Arbeitskräfte. Churchill indessen, der Mühe hatte, seine Vorschläge zu konkretisieren, konnte sich mit Stalin über die allgemeinen Grundsätze der Reparationsleistungen lange nicht einig werden: jeder nach seinen Bedürfnissen, solange Deutschland dazu in der Lage ist, forderte Großbritannien. Stalin hingegen plädierte für die Formel: jeder nach seinen Verdiensten. Eine diesbezügliche unvorsichtige Bemerkung des Generalissimus hätte um Haaresbreite die sowjetische Verhandlungstaktik zunichte gemacht. Letztendlich aber segneten die Alliierten Moskaus Forderung ab und erklärten sich unter Vorbehalt damit einverstanden, daß Deutschland für die Kriegsschäden mit Sachleistungen aufkommen müsse. Eine Kommission der drei Alliierten sollte Umfang und Fristen der Reparationsleistungen regeln. Sie sollte in Moskau ihre Tätigkeit aufnehmen. An Roosevelt und Churchill gewandt, fragte Stalin damals: „Stehen Sie auch morgen noch dazu?"

Roosevelt und Churchill aber durchschauten Stalins Hinterlist nicht und gaben ihm ihr „Ehrenwort eines Kapitalisten".

In Potsdam dann verlangte die sowjetische Delegation bereits Reparationsleistungen in Höhe von mindestens 20 Milliarden Dollar. Diese Forderung war von der Alliiertenkommission in Jalta zur Diskussionsgrundlage erklärt worden. Amerikaner und Briten blieben jedoch fest. Washington erklärte:

„Die amerikanische Regierung hatte sich in Jalta bereit erklärt, 20 Milliarden Dollar zur Diskussionsgrundlage zu machen. Danach aber haben die sowjetischen und die Truppen der Alliierten in Deutschland erhebliche Zerstörungen angerichtet. Zudem hat Deutschland einige Gebiete verloren. Daher sehen wir uns nicht mehr in der Lage, weiter von der Summe auszugehen, die die amerikanische Regierung auf der Krim als mögliche Basis akzeptiert hatte."[6]

Da keine der Seiten zu Zugeständnissen bereit war, blieb die Obergrenze der Reparationsleistungen offen. Stalin war darüber nicht sonderlich traurig, schließlich kam dies seinen Wünschen entgegen.

Dessen ungeachtet verständigten sich die Staatchefs der Anti-Hitler-Koalition über die politischen und wirtschaftlichen Grundsätze der Reparationsleistungen und der Besatzung Deutschlands. Vieles davon ist bekannt und kann in den Materialien der Konferenz von Jalta und Potsdam nachgelesen werden. Welche Metamorphosen die Sowjetregierung diesen Prinzipien zumutete und wohin letztendlich die Friedensversprechungen führten, die Stalin den Verbündeten gegeben hatte, ist Gegenstand dieses Buches, das Moskaus bestgehütetste Staats- und Parteigeheimnisse erstmalig umfassend lüftet. Sämtliche Fakten basieren auf Originaldokumenten, die der Autor aus den erst jüngst freigegebenen Archiven zusammengetragen hat.

Auf den Fundus der Archive wird nur dann verwiesen, wenn die Nummern des Dokuments, Datum und Vollstrecker der Verfügungen nicht aus dem Text hervorgehen.

I.
Der grüne Korridor

An einem Februartag des Jahres 1945 ging im Hauptquartier Stalins ein besonderes Chiffretelegramm ein. Absender war der Oberbefehlshaber der 1. Ukrainischen Front, Marschall der Sowjetunion *Iwan Konjew*. Was Konjew da schrieb, klang fast lyrisch: „Ein wundersamer Anblick tat sich vor mir auf..." Der Blick auf die eigenartige oberschlesische Landschaft von einer Anhöhe aus verführte die hartgesottene Seele eines Kämpen, der schon vieles gesehen hatte, offenbar zu poetischen Abschweifungen in seinem Lagebericht. Ein ganzer Wald von Fabrikschloten und Zechen dehnte sich schier endlos bis zum rauchverhangenen Horizont und verschmolz dort zu blaugrauem Dunst. Für den Russen Konjew, den dieser Anblick völlig unvorbereitet traf, brach eine Welt zusammen: Nie hätte er geglaubt, daß der stets als Irrweg verketzerte Imperialismus Industriegiganten hervorbringen würde, die sogar die kühnsten und bislang nicht vollendeten Vorhaben sowjetischer Fünfjahrespläne in den Schatten stellten.

Amüsiert las Stalin Konjews Bericht. Er konnte das naive Staunen seines Marschalls nur zu gut verstehen. Was dieser berichtete, war eine gute Nachricht. Der langersehnte Moment war da. Nun galt es zu handeln.

Vor knapp zehn Tagen erst war die sowjetische Delegation aus Jalta zurückgekehrt. Stalin dachte nicht im Traum daran, sich an die mit den Alliierten getroffenen Vereinbarungen zu halten. Im Gegenteil. Schon am 21. Februar verabschiedete das *Staatliche Komitee für Verteidigung*[7] die Entschließung Nr. 7 563 - streng geheim - mit der an den Fronten Ständige Kommissionen gebildet wurden, denen die Durchsetzung der am gleichen Tag verabschiedeten Anordnung zum Abtransport von Industrieanlagen und Material aus Deutschland und Polen oblag. Unter Umgehung der Beschlüsse von Jalta zur Tätigkeit der Paritätischen Alliierten Kommission für Reparationsleistungen begann er, als Vorsitzender des Staatlichen Komitees für Verteidigung, diese einseitig zu verwirklichen. Er ordnete im einzelnen an:

„...die ständigen Kommissionen an den Fronten wie folgt zu besetzen:

1. Ukrainische Front

Genosse Maxim Saburow (Vorsitzender)
Genosse Iwan Dmitrijew
Genosse Jurij Koshewnikow

1. Weißrussische Front

Genosse Pawel Sernow (Vorsitzender)
Genosse Alexander Baranow
Genosse Nikolaj Nosowskij

2. Weißrussische Front

Genosse Pawel Kutschumow (Vorsitzender)
Genosse Nikolaj Rasin
Genosse Alexander Dobrowolskij

3. Weißrussische Front

Genosse Georgi Iwanowskij (Vorsitzender)
Genosse Wladimir Jakowlew
Genosse Wassilij Jelisejew

Den Ständigen Kommissionen sind Spezialisten in folgenden Mengen beizuordnen: 1. Ukrainische Front - 100 Mann, 1. Weißrussische Front - 80 Mann, 2. Weißrussische Front - 70 Mann, 3. Weißrussische Front - 60 Mann.

...Die Vorsitzenden der Ständigen Kommissionen - die Genossen Saburow, Sernow, Kutschumow und Iwanowskij - werden angewiesen dem *Volkskommissariat für Verteidigung*[8] vorzulegen:

a) Eine Kurzbeschreibung mit den wichtigsten Eckdaten von Betrieben, die in die Sowjetunion überführt werden sollen.

b) Listen mit genauer Bezeichnung und konkreten Mengenanga-
ben für Anlagen, Rohstoffe und Fertigprodukte, die in die
Sowjetunion abtransportiert werden sollen."

Die Kommissionen waren, wie sich ersehen läßt, solide besetzt.
Die besten Leute aus der *Staatlichen Plankommission*[9] arbeiteten Hand in Hand mit Vertretern *des Rates der Volkskommissare*[10]. Die Sache wurde ernst.

Auf Beschluß Stalins unterstützten die *Kriegsräte*[11] der Fronten die Kommission aktiv. Für den Abtransport der Anlagen,
Rohstoffe und Fertigprodukte war anfänglich das Operativ-
Büro des Staatlichen Komitees für Verteidigung zuständig; nach
vier Tagen jedoch wurde eine neue historische Entscheidung
getroffen:

Am 25. Februar unterschrieb Stalin eine Verfügung des
Staatlichen Komitees für Verteidigung mit dem Aktenzeichen
Nr. 7 590 - streng geheim - über die Bildung einer Sonder-
komitees beim Staatlichen Komitee für Verteidigung. Ihr ge-
hörten an: *Georgi Malenkow* als Vorsitzender, *Nikolaj Bulganin,
Nikolaj Wosenessenskij,* der Chef der rückwärtigen Dienste der
Roten Armee, Armeegeneral Andrej Chruljew und der Chef
der Hauptabteilung für Beutegut, Generalleutnant Fjodor
Wachitow. Am gleichen Tag noch wurden die Vorsitzenden
der Ständigen Kommissionen an den Fronten zu Bevollmächtigten des Komitees ernannt. In dessen Tätigkeit wurden in der
Folgezeit sämtliche Ministerien und staatlichen Behörden, der
Generalstab, alle Kriegsräte und Abteilungen des Zentralkomitees der *WKP (B)*[12] ohne jegliche Ausnahme einbezogen. In
ihrem Aufbau glichen die sogenannten „Reparationsorgane"
einer verkleinerten Ausgabe des Ministerrates.

Von da an unterschrieb allein Stalin sämtliche Verfügungen
und Entschließungen der Regierung über den Abtransport von
Anlagen und Materialien aus den besetzten Gebieten. Nicht
etwa, weil er fürchtete, es würde zuviel demontiert. Eher das
Gegenteil war der Fall. Er wollte, daß man nicht kleinlich
verfährt und soviel wie möglich mitnahm. An dieser Stelle sei

Maxim Saburow
(1900-1977)

Georgi Malenkow
(1901-1988)

vorweggenommen, daß Stalin gewöhnlich einige Dutzend von Verfügungen über die Demontage mit Hunderten von Seiten sorgfältig durchlas, sie korrigierte und sofort unterschrieb. Als die ersten Züge mit Beutegut in der Sowjetunion eintrafen, bemängelte er, daß die Überführung zu lange dauere. Mit einer weiteren Entschließung des Staatlichen Komitees für Verteidigung, die er am 21. März unterschrieb, demonstrierte er bolschewistische Weisheit:

„Um Verladung und Versand der erbeuteten Anlagen und Materialien aus den zu demontierenden Betrieben zu stimulieren, werden folgende Prämien gezahlt:

a) für das Beladen eines jeden vollen Waggons auf den Verladebahnhöfen 105 Rubel. Davon zur Prämiierung
   - der Soldaten und Unteroffiziere in den Beutegutabteilungen 80 Rubel
   - der Offiziere in den Beutegutabteilungen 4 Rubel
   - des Personals aus den Wirtschaftseinheiten, Einheiten des NKWD 8 Rubel
   - des Personals aus den Wirtschaftseinheiten der Armee 10 Rubel
   - des Personals der Feldtelefonie 3 Rubel
b) für jeden beladenen Waggon auf den Grenzbahnhöfen, wo die Züge von der europäischen Normalspur auf die russische Breitspur umgespurt werden, 50 Rubel. Davon zur Prämiierung
   - der Soldaten und Unteroffiziere im Personalbestand der Umspurbahnhöfe 42 Rubel
   - der Offiziere aus dem Personalbestand der Umspurbahnhöfe 5 Rubel
   - zur Verfügung des Bahnhofsvorstehers auf den Umspurbahnhöfen zwecks Prämienzahlung an die Eisenbahner 3 Rubel."[13]

Die streng hierarchischen Prinzipien folgende Prämiierung war bewußt niedrig gehalten. Hinter allem steckte das Prinzip, daß der, der mehr will, auch mehr arbeiten soll.

Die am selben Tag erlassene Verfügung des Staatlichen Komitees für Verteidigung beauftragte das Ministerium für Bauwesen und Volkskommissar Semjon Ginsburg persönlich mit der Demontage komplizierter Industrieanlagen in Deutschland, deren Wiederaufbau in der Sowjetunion das Ministerium für Bauwesen kontrollierte, sowie für die Demontage spezieller, vom Sonderkomitee ausgewählter Betriebe. Zu diesem Zwecke wurden an den vier bestehenden Fronten die sogenannten Besonderen Montageverwaltungen 1, 2, 3 und 4 ins Leben gerufen. Eigentlich hätten diese Behörden Demontageverwaltungen heißen müssen. Doch so offen wollten die Politiker die Dinge nicht beim Namen nennen[13].

Die neuen Geheimorganisationen wurden der Operativabteilung des Ministeriums für Bauwesen unterstellt, die der Stellvertretende Bauminister, Konstantin Sokolow leitete. Den Besonderen Montageverwaltungen wurden Hunderte von Ingenieuren, Technikern und Facharbeitern, sowie 5 Montagebataillone mit einer Personalstärke von jeweils 1 000 Mann unterstellt. Dazu kamen 10 Arbeitsbataillone mit je 500 Mann, 5 gesonderte motorisierte Bataillone mit Zugtechnik, sowie 650 LKW und Traktoren. Stalin ordnete außerdem an:

„...für die Demontage von Industrieanlagen zusätzlich 10 000 *Repatrianten*[14] heranzuziehen, von denen mindestens 3 000 Mann bis zum 5. April 1945 in die Besondere Montageverwaltung der 1. Ukrainischen Front eingegliedert werden.

... dem Ministerium für Bauwesen zu gestatten, polnische Staatsbürger als Kriegsfreiwillige zur Demontage von Industrieanlagen zu gewinnen.

... das NKWD (Gen. Sergej Kruglow) zu beauftragen, für das Ministerium für Bauwesen im März und April 1945 aus der deutschen Bevölkerung Oberschlesiens und anderer deutscher Gebiete in den Kampfabschnitten der 1. Ukrainischen, sowie der 1., 2. und 3. Weißrussischen Front zwangsweise Arbeitskräfte zu rekrutieren."[15]

Nach den gleichen Grundsätzen wurden am 5. April 1945 Besondere Montageverwaltungen des Ministeriums für Kraftwerke eingerichtet - die Osobenergomontaz. Ihnen oblag die Demontage deutscher Elektrizitätswerke. Beim Ministerium für chemische Industrie wurden außerdem zwei, wie Konzerne organisierte Verwaltungen geschaffen, die für die größten chemischen Werke der IG Farbenindustrie in Auschwitz und Heidebregg zuständig waren. Darüber hinaus wurde an der 1. Ukrainischen Front eine Operativgruppe zur Demontage von Chemiewerken in Schlesien gebildet, die der Stellvertretende Minister für chemische Industrie leitete. Gleichzeitig wurde im zentralen Apparat des Ministeriums die „Sonderverwaltung zur Demontage chemischer Werke in Deutschland" mit Sondergruppen in den Hauptabteilungen für Produktion des Ministeriums gebildet.

Mit einer Verfügung des Staatlichen Komitees für Verteidigung werden am 19. April 1945 weitere Sonderverwaltungen gebildet:

Die Besondere Montageverwaltung des Ministeriums für Schwarzmetallurgie der UdSSR in der oberschlesischen Stadt Beuten, zwei Besondere Montageverwaltungen des Ministeriums für Buntmetallurgie der UdSSR unter Leitung des Stellvertretenden Ministers Sergej Raginskij sowie eine Besondere Montageverwaltung mit Abteilungen im Konzern „Sojusprommechanizacija", der dem Ministerium für Schwermaschinenbau unterstand. Wenig später wurden allen übrigen Industrie-Ministerien ähnliche Sonderbehörden zugeordnet. Zum Anreiz für das „freie" Personal der Demontage-Einheiten setzte Stalin Prämien aus, die bis zu zwei Monatsgehälter betragen konnten. Sie bekamen außerdem Sonderzuteilungen an Lebensmittel, die denen für Armeeangehörige gleichkamen und wie diese auch Mangelware beinhalteten. Diese Sonderzuteilungen wurden nach den Gruppen A und B unterteilt. Kategorie A wurde nur an Führungskräfte und ingenieurtechnisches Personal ausgegeben.

Weitaus schlechter erging es deutschen Zwangsarbeitern, Kriegsgefangenen und den „Repatrianten". Besonders den letzteren. Bücher und Filme, deren Szenarien zumeist Parteipropagandisten schrieben, strotzen nur so von rührenden Szenen ihrer Befreiung durch die Rote Armee: Mit rotem Kattun geschmückte Züge, Freudentränen, Lieder, Spiele und Tänze. Die Realität sah oftmals prosaischer und tragischer aus. Für Stalin und dessen treue Untergebene waren diese Menschen der Abschaum der Gesellschaft, der nichts anderes als Verachtung verdiente. Während die „Smersch"[16] genannte militärische Abwehr zusammen mit NKWD-Einheiten unter den ehemaligen sowjetischen Kriegsgefangenen, Angehörigen der Wlassow-Armee und russischen Emigranten wütete, waren die zivilen Repatrianten - vor allem junge Burschen, Frauen und Mädchen Tag und Nacht bemüht, durch unermüdliche Arbeit die „Schande" der „deutschen Sklaverei" zu tilgen.

In Auschwitz beispielsweise waren mehr als 4 000 ehemalige Fremdarbeiter zur Demontage lebensgefährlicher Chemieanlagen eingesetzt. Ohne jeden Schutz vor den dabei freiwerdenden Giftstoffen, ohne Prophylaxe oder entsprechende Kost. Die einzelnen Gruppen wurden von einem Chemiewerk ins andere umgesetzt. Ihnen allen waren schlimme Krankheiten und ein früher Tod gewiß.

Stalin strich die ohnehin kärglichen Tagesrationen der zahllosen Repatrianten, die in den Demontage-Einheiten der besetzten Gebiete ohnehin ausschließlich aus erbeuteten Lebensmitteln verpflegt wurden, mehrmals zusammen. Laut Verfügung Nr. 9 950 - geheim - des Staatlichen Komitees für Verteidigung vom 30. August 1945 bekamen sie nur noch 50 Gramm Fleisch, 70 g Fisch und 20 Gramm Fett täglich. Dafür wurden ihnen 50 Gramm Brot und 40 Gramm Hülsenfrüchte zusätzlich bewilligt.

Hungersnöte ertrugen die „deutschen Huren und Knechte", wie sie im offiziellen Sprachgebrauch genannt wurden, dennoch leichter als die beständige Erniedrigung durch Soldaten der Roten Armee. Das jedenfalls geht aus einer Note des Sekretärs des Kommunistischen Jugendverbandes (Komsomol) Nikolaj Michailow vom 29. März 1945 an Malenkow hervor. Michailow beruft sich dabei auf ein Schreiben des für Jugendarbeit zuständigen Mitarbeiters der Politischen Hauptverwaltung der 1. Ukrainischen Front, Major Zygankow:

„Die Überprüfung der Lebensumstände sowie Kontrollen zur politischen Erziehungsarbeit befreiter sowjetischer Jugendlicher ergaben, daß es in einer Reihe von Kommandanturen damit nicht zum Besten steht.

Im Einzugsbereich der Kommandantur in Bunzlau sind über 100 Frauen und Mädchen in einem Gebäude in der Nähe der Kommandantur untergebracht. Die erforderliche Bewachung des Wohnheims wurde nicht organisiert. Infolgedessen werden die Frauen häufig beleidigt und gequält, ja sogar vergewaltigt. Besonders nachts dringen Soldaten in das Wohnheim ein und terrorisieren die Mädchen...

Durch die unerträglichen Lebensumstände und den rüden Umgang mit ihnen sind die meisten Frauen und Mädchen verstört und demoralisiert. Sie reagieren negativ und sind sehr unzufrieden.

So erklärte die Bürgerin Maria M: ‚Ich habe Tag und Nacht auf die Rote Armee gewartet. Auf meine Befreiung. Unsere Soldaten aber benehmen sich uns gegenüber schlimmer als die Deutschen. Ich habe keine Freude mehr an diesem Leben.' Die Bürgerin Klawdija sagt: 'Wir hatten es unter den Deutschen schwer. Und jetzt haben wir es auch nicht leicht. Was ist das für eine Befreiung, wenn man uns so quält.'

Trotz zahlreicher Erklärungen dieser Art haben bislang weder der Kommandant von Bunzlau, Major Krawtschenko, noch dessen *Politstellvertreter*[17], Major Rudakow, Ordnung geschaffen oder politische Erziehungsarbeit für die sowjetischen Jugend organisiert.

Noch empörender sind die Zustände in der Kommandantur in Els, wo Hauptmann Balajan Politstellvertreter ist. Für Balajan sind die befreiten Frauen und Mädchen Menschen zweiter Klasse. Er sagte beispielsweise, jeder könne machen was er wolle und schlafen mit wem er wolle, solange es kein Aufsehen gäbe.

In den Dörfern und Vorwerken rund um Els arbeiten viele Frauen und Mädchen in Ställen und Getreidelagern. Hier kam es zu zahlreichen Übergriffen.

In der Nacht vom 23. zum 24. Februar tauchten etwa 35 Offiziere und Teilnehmer eines Lehrgangs für Unterleutnants in betrunkenem Zustand im Vorwerk Gruttenberg auf, fingen Krawall an und vergewaltigten die Frauen und Mädchen.

In der Nacht vom 14. zum 15. Februar erschien in einem anderen Vorwerk eine von einem Oberleutnant (der Name konnte nicht festgestellt werden) befehligte Strafkompanie, umzingelte das Dorf, brachte Maschinengewehre in Stellung, feuerte sie ab und verwundete eine Rotarmistin, die das Frauenwohnheim bewachte. Danach wurden die dort lebenden befreiten sowjetischen Frauen und Mädchen organisiert vergewaltigt...

... In der Nacht zum 26. Februar brachen drei Offiziere in ein Frauenwohnheim in der Nähe der Getreideablieferungsstelle ein. Als die Wache sie daran hindern wollte, erklärte ein Major, er käme von der Front und brauche eine Frau. Er riß sich los und fing eine Schlägerei im Wohnheim an.

Lera, Jahrgang 1926, wurde erstmalig beim Durchzug des Sturmtrupps vergewaltigt. Am 14. Februar vergewaltigte sie ein nicht näher bekannter Offizier zum zweiten Mal. In der Zeit vom 15.-22. Februar nötigte sie der Intendanzleutnant Isajew zum Beischlaf. Er schlug sie und drohte mit Erschießung, sollte sie sich weigern.

Viele Offiziere, Unteroffiziere und Gemeine verbreiten unter den befreiten sowjetischen Frauen Gerüchte, wonach ein Befehl deren Rückkehr in die Sowjetunion verbiete, bzw. sie in den Hohen Norden verbannt würden.

Der rüde Umgang der Soldaten mit den befreiten sowjetischen Frauen und Mädchen ließ bei vielen das Gefühl aufkommen, man hielte sie in der Armee und im Lande selbst nicht länger für Bürger der Sowjetunion und könne - da man sie nicht nach Hause lassen würde - mit ihnen machen, was man wolle: sie schlagen, vergewaltigen und sogar erschießen.

Verzweifelt und unter Tränen berichten einige ihre Erlebnisse: Ewa, geboren 1926 erzählt:

„Mein Vater und zwei meiner Brüder haben sich gleich zu Anfang als Freiwillige zur Roten Armee gemeldet. Später, als die Deutschen kamen, wurde ich zur Zwangsarbeit ins Reich verschleppt. Dort habe ich in einer Fabrik gearbeitet und unter Tränen den Tag der Befreiung erwartet.

Dann endlich kam die Rote Armee. Deren Kämpfer aber haben mich geschändet. Ich habe mich losgerissen und dem Feldwebel gesagt, daß meine Brüder auch dienen, der aber hat mich geschlagen und vergewaltigt. Er hätte mich lieber erschießen sollen."

Die allgemeine Befindlichkeit der Frauen und Mädchen im Einzugsbereich der Kommandantur Els bringt die folgende Aussage auf den Punkt: „Alles wäre zu ertragen gewesen, hätte man sich nicht über uns lustig gemacht, uns gequält und vergewaltigt, sondern wie sowjetische Bürger behandelt."[18]

Schilderungen derartig schlimmer Vorfälle füllen in den Archiven mehrere Regale. Mit ihnen mußte sich sogar die Parteiführung befassen, wie aus einer Aktennotiz des Stellvertretenden Abteilungsleiter für Propaganda des Zentralkomitees der KPdSU, Ruben Grigorjanz, an Malenkow hervorgeht. Er versicherte, daß die Materialien Michailows „für den Entwurf einer gegenwärtig diskutierten Entschließung des ZK zur politisch-erzieherischen Arbeit unter den Repatrianten herangezogen wurden." Man schrieb bereits die zweite Maihälfte 1945; aus unerfindlichen Gründen aber wollte man die Repatrianten und nicht etwa deren Peiniger umerziehen.

Nichts bedeuteten diese entwurzelten Menschen ihrer Heimat. Nachdem Stalin die Verfügung über die Besonderen Montageverwaltungen für Buntmetallurgie und Schwermaschinenbau unterschrieben hatte, wies er den Bevollmächtigten des Ministeriums für Repatriierung, General Filipp Golikow an, die Repatrianten „nach Vereinbarung mit den interessierten Ministerien in benötigter Menge", d.h. ohne zahlenmäßige Obergrenze, für die Demontage einzusetzen. Ende November 1945 waren nach Angaben Golikows in Deutschland und Österreich über 300 000 sowjetische Repatrianten im Zuge der Reparationsleistungen mit der Demontage von Industrieanlagen und Landtechnik befaßt.

Einziger Anreiz für sie war die Rückkehr nach Hause. Je mehr Waggons sie beluden, desto näher rückte diese Möglichkeit.

Stalin fürchtete, daß sich der Abtransport der in Deutschland demontierten Anlagen in die Sowjetunion hinziehen könnte. Im Juli 1945 gab er daher Anweisung, die Zwischenlager auf allen Umspurbahnhöfen zu erweitern. Im September '45 staute sich dort bereits die Fracht von mehr als 90 000 Waggons. Im Frühjahr waren ganze 47 000 Waggons umgeladen worden. Neben Arbeitsbataillonen des Ministeriums für Verteidigung wurden zum Umladen der Fracht auch 60 000 Kriegsgefangene herangezogen. Die gesamte Leitung wurde ausgetauscht. Zum Kommandanten des Umspurbahnhofes im ostpreußischen Insterburg wurde Generalmajor Janowskij berufen, im weißrussischen Brest wurde Oberst Lopuchow Bahnhofskommandant, in Kowel Generalmajor Pletnjew und in Chyrow Generalmajor Karpuchin. Um die Fahrgestelle schneller wechseln zu können, wurden im Sommer '45 die ersten 300 ringförmigen Gleisschleifen angelegt. Im Winter waren es bereits 800, auf denen jeweils 50 Waggons umgespurt werden konnten. Insgesamt arbeiteten auf den Gleisschleifen etwa 10 000 Mann, die meisten waren deutsche Eisenbahner. Auch in den Seehäfen Deutschlands und der Sowjetunion waren beim Laden und Löschen der Fracht vornehmlich deutsche Kriegsgefangene eingesetzt. Für die zweite Jahreshälfte wurde 1945 ein mörderisch harter Plan bestätigt: Per Schiene sollten mindestens 3,6 Mio Tonnen Fracht und auf dem Seeweg 1,2 Mio Tonnen befördert werden.

Als Stalin in Potsdam am Verhandlungstisch Platz nahm gab er in keiner Weise zu erkennen, daß die Reparationsleistungen für die Sowjetunion bereits auf Hochtouren liefen. Am zwölften Konferenztag überraschte der Generalissimus die Alliierten mit einem unerwarteten Angebot: „Können wir uns nicht so verständigen, daß die sowjetische Delegation auf Gold und auf die Aktien deutscher Betriebe im Westen verzichtet, so daß der gesamte westdeutsche Raum Ihnen gehört. Was Ostdeutschland anbelangt, so gehört dieses uns."[19]

Engländer und Amerikaner glaubten ihren Ohren nicht zu trauen und fragten Stalin angesichts ermüdender Erörterungen immer neuer sowjetischer Ansprüche auf Reparationsanteile aus dem Industriepotential der westlichen Besatzungszonen und Italiens daher mehrmals, ob sie ihn richtig verstanden hätten. Lächelnd bestätigte dieser jedes Mal, daß die Sowjetunion in der Tat sämtliche Ansprüche auf die Ressourcen Westdeutschlands, sowie die weltweiten deutschen Investitionen mit Ausnahme Rumäniens, Bulgariens, Ungarns und Finnlands an die USA und England abtreten und sich mit dem östlichen Teil Deutschlands begnügen wolle.

Die ausländischen Delegationen wußten die großzügige Geste des Generalissimus nicht zu deuten. Dabei war das, was in dessen Kopf tatsächlich vorging, nicht einmal besonders raffiniert. Nachdem Stalin aus den Fenstern seines Regierungszuges die deutsche Industrielandschaft mit eigenen Augen gesehen und im Geiste den ungeahnten Reichtum überschlagen hatte, kam er zu der Überzeugung, daß es nicht schlecht wäre, all das allein und möglichst unbehelligt einzusacken. Würde die Sowjetunion indessen ihre Forderungen nach Reparationsleistungen aus den westlichen Besatzungszonen aufrechterhalten, könnte man die Alliierten ungewollt förmlich mit der Nase darauf stoßen, daß sie Anspruch auf Industrieanlagen in der sowjetischen Besatzungszone hätten. Unter anderem in Schlesien, zumal auch Polen Deutschland gegenüber Reparationsansprüche geltend machen könnte. Stalin, der offenbar ahnte, daß Polen und Oberschlesien einschließlich der Reparationsleistungen zentrales Thema der Konferenz sein würden, unterschrieb daher schon am 26. Juni 1945 die Verfügung Nr. 9 264 - streng geheim - des Staatlichen Komitees für Verteidigung. Diese sanktionierte für den Zeitraum vom 27. Juni bis 20. Juli 1945 den Abtransport von 52 000 Waggons mit Industrieanlagen zum Bestimmungsort oder zu den Zwischenlagern auf sowjetischem Staatsgebiet, westlich des Breitengrades Moskau-Donbass."

Um den Abtransport zu beschleunigen, wurden zeitgleich 35 000 Waggons mit Industrieanlagen bis zu den Umspurbahnhöfen gebracht und weitere 30 000 Waggons mit Fracht aus Oberschlesien auf sowjetischem Territorium abgestellt. Stalin hatte geplant, den Abtransport der Industrieanlagen aus Polen mehrheitlich bis zur heißen Phase der Konferenz abzuschließen. Verbündete in der östlichen Besatzungszone brauchte er nicht, und unliebsame Enthüllungen hatte er nicht zu fürchten, da er deren Zeugen beseitigen ließ.

II.
„Streng geheim! Die Hauptverwaltung für Beutegut wird angewiesen..."

Fast alle Verfügungen Stalins zum Abtransport von Industrieanlagen, Material und anderem deutschen Eigentum brachten
auch den mit Beutegut befaßten Abteilungen und Einheiten
viel Arbeit. Sie waren der Voraustrupp bei der Erfüllung gehei-
mer Reparationspläne. Daher werden sie in historischen Dar-
stellungen kaum erwähnt. Auch in Rußland weiß man wenig
von ihnen, doch Geschehenes kann man dadurch nicht unge-
schehen machen.

Kriegsbeute machte die Sowjetunion schon im Herbst 1941.
Allerdings lasen damals vor allem Einheiten des NKWD und
einige wenige Kommandos der Roten Armee die auf den
Schlachtfeldern von den Deutschen, aber auch von eigenen
Truppen zurückgelassenen Waffen, Technik und Ausrüstung
auf. Als der Winter 1942 begann, wurde mehr und mehr Kriegsbeute gemacht. Es fehlte jedoch an Zeit und Personal, um das
herrenlos gewordene Gut systematisch zu sammeln. Zwar versuchte das Oberkommando mit einer wahren Sturzflut von
martialischen Befehlen Ordnung zu schaffen; grundlegende Än-
derungen blieben dennoch aus, weil die Bevölkerung nahm,
was nur zu nehmen war - von Raupenschleppern bis hin zu
Maschinengewehren und Kanonen. Stalin mußte eingreifen.
Am 16. Januar 1942 unterschrieb er die Verfügung Nr. 1 156
des Staatlichen Komitees für Verteidigung „Zur Ablieferung
von Beutegut". Sie verpflichtete alle Bürger, binnen 24 Stunden
nach der Befreiung des Gebietes durch die sowjetischen Truppen gefundene Waffen, Munition und Ausrüstungsgegenstände
abzuliefern. Bei Zuwiderhandlung drohten Gerichtsverfahren
bis hin zu langjährigen Freiheitsstrafen, die in Arbeitslagern
verbüßt wurden.

Es war daher abzusehen, daß Stalin die Kriegsbeute in bewährter Manier zu einem zentralen Politikum machen würde. Im März 1943 berief er denn auch zwei, dem Staatlichen Komitee für Verteidigung unterstellte zentrale Regierungskommissionen. Eine war für die Sammlung erbeuteter Kriegstechnik zuständig.

Sie leitete Marschall *Semjon Budjonny*. Die zweite Kommission, zu deren Vorsitzenden Nikolaj Schwernik berufen wurde, koordinierte die Sammlung von Schwarz- und Buntmetallen im Frontbereich. Zeitgleich wurde bei den Rückwärtigen Diensten der Roten Armee eine Verwaltung für die Sammlung und Verwertung von Beutegut, Waffen und Metallschrott unter Leitung von General Wachitow gebildet. Analoge Abteilungen entstanden an den Fronten und in den Armeen. Bei den Divisionen wurden Unterabteilungen eingerichtet und in den Regimentern Bevollmächtigte ernannt.

Ein Jahr später begann die Reorganisation. Die Kommissionen wurden aufgelöst. Am 5. April wurde dafür beim Staatlichen Komitee für Verteidigung unter Vorsitz des ersten Marschalls der Sowjetunion *Kliment Woroschilow* das „Komitee für Beutegut" gebildet. Neben Schwernik gehörten ihm Chruljew, Nikolaj Jakowlew und Boris Korobkow an. Unter dem Dach des Komitees entstand in Moskau das Museum für Beutewaffen, das als eine Art ständiger Ausstellung gedacht war. Ehre, wem Ehre gebührt. Zwei Wochen später, am 19. April, kam die Verfügung Nr. 3 210 des Staatlichen Komitees für Verteidigung - streng geheim - heraus. Sie regelte den Aufbau von Beutegut-Einheiten als selbständige Waffengattung.

General Wachitow, der schon im Komitee eine entsprechende Dienststelle geleitet hatte, wurden 6 Beutegut-Frontbrigaden und 39 Beutegutbataillone direkt unterstellt. Sämtliche Einheiten wurden vorschriftsmäßig mit Fahrzeugen und anderer Technik ausgerüstet. In diesen Einheiten dienten insgesamt mehr als 34 000 Mann. Dazu kamen 5 Eisenbahnzüge für die Evakuierung mit je 1 000 Mann, sowie zusätzliche Demontagezüge, die in den Lagern für erbeutete Kriegstechnik an neun

Fronten als militärische Sondereinheiten geführt wurden, die ihrer Personalstärke und materiellen Ausstattung nach einer Regierungsarmee für Beutegut nahekamen. 1947, als General Wachitow seinen geheimen historischen Rechenschaftsbericht verfaßte, stellte er nicht ohne Pathos fest, daß... „diese Verfügung eine Revolution für die Herausbildung und Entwicklung der Beutegutabteilung in der Roten Armee"[20] bewirkte. Weiter heißt es in dem Wachitow-Bericht: „Durch die Umsetzung der Verfügung des Staatlichen Komitees für Verteidigung Nr.3 210 - streng geheim - konnten sich die für Beutegut zuständigen Instanzen der Roten Armee mit einer in der Geschichte der gerechten Kriege nie dagewesenen Grandiosität als gesamtstaatliche Strukturen entwickeln.[21]

Dem war in der Tat so. Die „Rabenkrähen", wie die Soldaten aus den Beutegutabteilungen im Barrasjargon genannt wurden, sammelten zur Überführung ins Hinterland auf den Schlachtfeldern 24 615 Panzer und Selbstfahrgeschütze, über 14 Millionen Geschosse, 16 Millionen Minen, 257 000 Maschinengewehre, 3 Millionen Maschinenpistolen, etwa 2 Milliarden MG-Patronen und 50 000 Fahrzeuge.[22] Etwa zehn Millionen Tonnen Metall wurden aus dem Frontbereich als Beutegut ins Hinterland gebracht und dort weiter verwertet.

Mit Schweiß und Blut wurden derartige Mengen aufgebracht. Allein 1944 wurden 36 745 Soldaten, Unteroffiziere und Offiziere aus den Beutegut-Einheiten mit Orden und Medaillen ausgezeichnet. Unter Einsatz ihres Lebens betraten sie zusammen mit Minensuchtrupps Objekte, die der Gegner zur Sprengung vorbereitet hatte, Bahnhöfe und Minenfelder. Oftmals mußten sie sich beim Entschärfen allein auf ihre Intuition verlassen. Durch Fahrlässigkeit im Umgang mit Sprengstoff gingen zuweilen gerade erst mit Beutegut beladene Waggons oder ganze Züge in die Luft. Viele starben dabei.

Nicht immer ging die Suche nach Beutegut tragisch aus. Am 27. September 1944 beispielsweise drang ein Aufklärertrupp der 99. selbständigen Beutegutkompanie der 27. Armee der Nordwestfront unter Führung von Hauptmann Wassilistow,

Gesammelte deutsche Waffen, Leningrader Front, Dezember 1941

dem Kompaniechef, zusammen mit Voraustrupps der Infanterie in die Stadt Oradea Mare (in Rumänien - Anmerkung der Übersetzerin) ein. Die Beute entsprach den Erwartungen des Kommandeurs: eine ganze Schuhfabrik, 300 Kühe und dreimal soviel Schweine. Das Wichtigste aber war eine Bierbrauerei mit - wenn man den Berichten der Augenzeugen glauben will - 500 000 Litern frischem Bier.

Die Soldaten zapften eine Probe und womöglich auch noch etwas mehr. Sie riefen die Infanterie zur Hilfe, um Kessel, Helme und Thermosbehälter zu füllen und legten sich am Ort des Gelages schlafen. Am nächsten Morgen schlug der Feind zurück und vertrieb die sowjetischen Truppen aus der Stadt. Nur der Aufklärungstrupp und ein Häuflein Kämpfer ohne Kommandeur blieben zurück. Wassilistow übernahm das Kommando. Sie gingen in Stellung, mit einem einzigen Maschinengewehr und einem Kessel Bier hielten sie sich zwei Tage lang. Erfolgreich.

Auf solche Leute und die reiche Kriegsbeute sollte man stolz sein. Einen solchen Stolz zu wecken - damit allein wollte sich General Wachitow nicht zufrieden geben.

Das, was er „Revolution" bei der Übernahme von Beutegut nannte, fand allem Anschein nach eher 1945 statt. Nach der bekannten Verfügung des Staatlichen Komitees für Verteidigung vom Februar über die Einrichtung Ständiger Kommissionen bei den Kriegsräten der Fronten wurde das Komitee für Beutegut aufgelöst und aus der Beutegutverwaltung eine Hauptverwaltung, die erneut dem Ministerium für Verteidigung unterstellt wurde. Der Krieg ging dem Ende zu und damit - so schien es jedenfalls - auch die Tätigkeit der Beutegut-Einheiten. General Wachitow allerdings wurden weitere 40 Arbeitsbataillone unterstellt und zwischen August und September 1945 wurden aus 528 einzelnen Beutegut-Einheiten 40 Beutegut-Brigaden gebildet. 23 davon in Deutschland, sieben in Polen, sechs in der Tschechoslowakei. Der Rest unterstand der Zentralregierung in Moskau. Außerdem wurden 5 Besondere und 7 Zentrale Beutegut-Stützpunkte des Ministeriums für Verteidigung geschaffen. Ihrer Personalstärke nach war das schon keine Armee mehr, sondern eine Beutegut-Front. Wozu, fragt man sich, denn Deutschland hatte bereits kapituliert. Die Wehrmacht war entwaffnet und in Europa Frieden.

Diese Einheiten hatten denn auch mit Kriegsbeute nichts mehr zu tun. Nach den Gesetzen des Völkerrechts gelten nur die dem Gegner abgenommenen und die von ihm auf den Schlachtfeldern zurückgelassenen oder bei der Kapitulation übergebenen Waffen, Kriegsgerät, Fahnen und andere materielle Werte als Kriegsbeute.

Seit dem denkwürdigen Februar 1945 aber war die dem Ministerium für Verteidigung unterstellte Wachitow-Behörde gleichzeitig der für Sonderaufgaben zuständige verlängerte Arm der Besonderen Kommission beim Staatlichen Komitee für Verteidigung. Dessen nahezu unbegrenzte Vollmachten hatten General Wachitow offenbar zu der schon zitierten Niederschrift veranlaßt, in der er die „in der Geschichte der gerechten Kriege nie dagewesenen Grandiosität" und die zentrale Rolle seiner Dienststelle würdigt.

Wie aus der geheimen Statistik der Hauptverwaltung für Beutegut hervorgeht, wurden auf Anordnung des Staatlichen Komitees für Verteidigung und des Ministeriums für Verteidigung 1945 von den Beutegut-Einheiten „21 834 Waggons mit Industriegütern und Anlagen, sowie 73 493 Waggons mit Baustoffen und Einrichtungsgegenständen aus Privatwohnungen" in die Sowjetunion abtransportiert.[23] Dazu gehörten 60 149 Klaviere, Flügel und Ziehharmonikas, 456 612 Radioapparate, 188 071 Teppiche, 941 605 Stück Möbel, 264 441 Wand- und Tischuhren. Dazu kamen 6 370 Waggons mit Papier und 588 Waggons mit Geschirr, größtenteils aus Porzellan; desweiteren 3 338 348 Paar Schuhe, 1 203 169 Wintermäntel für Damen und Herren, 2 546 Stück Kleider, 4 618 631 Stück Unterwäsche, 1 052 503 Hüte, 154 Waggons mit Pelzen, Stoffen und Wolle, 18 217 Waggons mit landwirtschaftlichem Gerät (260 068 Stück) sowie 24 Waggons mit Wertgegenständen aus Museen.

Die Beutegut-Einheiten beluden 1945 insgesamt über 400 000 Waggons. Dazu kamen große Mengen an Schwarz-, Bunt- und anderen Metallen für die Industrie - alles in allem 447 741 Tonnen mit einem Gesamtwert von 1 Milliarde und 38 Millionen Rubel, wenn man die staatlichen Preislisten zugrunde legt.

Silber, Gold und Platin wurden gesondert erfaßt: insgesamt 174 151 kg. Den Rekord bei der Sammlung von Edelmetallen hielt die 6. Selbständige Beutegut-Kompanie der 50. Armee der 3.Weißrussischen Front. Auf ihr Konto gingen 20 Kilogramm Gold und anderthalb Tonnen Silber.

Den Löwenanteil an Beutegut - mehr als 30 Milliarden Rubel - machten jedoch Lebensmittel aus. Deren Anteile setzten sich wie folgt zusammen:

Getreideprodukte	2 259 000	Tonnen
Fleisch und Fleischwaren	430 000	Tonnen
Fisch und Fischwaren	10 000	Tonnen
Fette	30 000	Tonnen
Ölfrüchte	35 000	Tonnen
Zucker	390 000	Tonnen
Tabak	19 000	Tonnen
Kartoffeln und Gemüse	68 000	Tonnen

Dazu kamen 20 Millionen Liter Alkohol. Dieser wurde aufgrund einer persönlichen Anfrage von *Anastas Mikojan* für die Likör- und Branntweinfabriken der UdSSR hergestellt. Als Verbraucher geistiger Getränke brach die Armee 1945 mit insgesamt 1 519 054 Litern reinen Alkohols ihren eigenen 1943 aufgestellten Rekord.

Fast die Hälfte der erbeuteten Lebensmittel 241 788 Waggons - wurden in die Sowjetunion abtransportiert. Den Rest bekamen die Truppen als Verpflegung. Mit eben diesen Lebensmitteln, so heißt es gemeinhin, hätten die sowjetischen Truppen die Bevölkerung Berlins, Dresdens und Prags vor dem Hungertod gerettet, ein zutiefst menschlicher Akt, möchte man meinen. Daß es damit seine besondere Bewandtnis hatte, ist kaum bekannt. Die Rote Armee beschlagnahmte zunächst sämtliche Lebensmittelvorräte in den besetzten Gebieten, um sie danach zu verteilen. Auf Lebensmittelkarten bekamen die Deutschen einen Bruchteil ihrer eigenen Lebensmittelvorräte, der kaum dem Existenzminimum entsprach. Die sogenannte Überlebenshilfe mußten sie überdies mit Polen, Tschechen und Slowaken teilen.

Vom Abtransport der Industrieanlagen und anderer materieller Werte wird später noch ausführlich die Rede sein. Hier sei nur gesagt, daß die von General Wachitow beschworene „Revolution" bei der Bergung von Beutegut nicht erst 1943, sondern weitaus früher begann. Die Sowjetregierung nahm dem Wort „Kriegsbeute" einfach den ursprünglichen moralischen Sinn und pervertierte dessen symbolischen Inhalt. Wahrscheinlich begannen die roten Machthaber damit im Jahre 1930. Damals wurde auf Befehl der Sowjetmacht in Leningrad die Ruhmessäule des Ismailow-Regiments gestürzt, die aus dem geschmolzenen Metall von 1 400 im Krieg gegen die Türken erbeuteten Kanonen bestand. Möglicherweise setzte dieses Vorgehen auch schon viel früher ein. 1922 nämlich rissen die roten Machthaber in der Kathedrale der Kasaner Gottesmutter neben dem Grab von *Kutusow* den Ikonostas heraus. Er war aus Trophäensilber gearbeitet, das die Kosaken unter ihrem Ataman Platon den Truppen Napoleons abgenommen hatten. Auch die Brillanten an den goldenen Waffen wurden entfernt, die das besiegte Paris seinerzeit dem russischen Oberbefehlshaber, dem *Grafen von Osten-Sacken* überreicht hatte, wurden damals entfernt und durch Straß ersetzt.

III.
„Wollen wir Russen etwa kleinlich sein?"

Dem Vernehmen nach soll sich der russische Feldherr *Alexander Suworow* mit eben diesen Worten über seine Offiziere entrüstet haben, als diese ihn, zusammen mit österreichischen Kommandeuren, um ein gerechtes Urteil angingen. Im Sommer 1789 nämlich hatten die russischen Truppen der ihnen zahlenmäßig weit überlegenen türkischen Armee eine vernichtende Niederlage beigebracht und reiche Beute gemacht. Die Österreicher, die als Verbündete der Russen nur flüchtig Feindberührung hatten, beanspruchten dennoch fast die Hälfte der Beute. Die Russen waren zum Nachgeben nicht bereit. Ein handfester internationaler Skandal stand ins Haus. Man beschloß, den obersten Feldherrn anzurufen. Suworow fuhr seine Offiziere an:

„Ihr habt kein Ehrgefühl! Wie konntet ihr nur diese Schande über mein Haupt bringen! Futterneidisch seid ihr? Wegen türkischem Schnickschnack streitet ihr? Um Kleinkram balgt ihr euch? Wieviele Siege haben wir mit einem einzigen Feldzug errungen! Und soviel Beute gemacht, wie sie die Österreicher in ihrer ganzen Geschichte nicht gemacht haben! Also: Sie bekommen die ganze Beute. Bis zum letzten Weizenkorn. Bis zur letzten Prise Schnupftabak. Bis zum letzten Gramm Schießpulver! Begreift eines: Wo und mit wem sonst würden sie jemals wieder solche Beute machen!"

Nicht einer der russischen Offiziere war Suworow böse. Stolz und Würde sind mit Reichtum nicht zu vergleichen.

Von Stalins Lippen kamen ähnliche Worte wie die Suworows. Er aber hatte anderes im Sinn, als Ministerien und Sonderkommission ihm die Entwürfe von Verfügungen vorlegten, mit denen der Abtransport einer kleineren Partie von Anlagen und Material sanktioniert werden sollte, um Löcher bei laufenden Bauvorhaben zu stopfen. Der Verantwortliche für den Bau der Moskauer Metro, Samodurow, beispielsweise bat um ein paar Dutzend Werkzeugmaschinen für die Reparaturwerkstätten. Fünf Lokomotiven und vierzig Wagen der ostpreußischen Schmalspurbahn wollte er haben. Das Gesuch wurde abschlägig entschieden. Stalin ließ ihm über Malenkow mitteilen, er gäbe sich nicht mit Kleinkram ab.

Samodurows Kurzsichtigkeit wurde umgehend korrigiert. Sowjetsoldaten demontierten in der Berliner U-Bahn ein gigantisches Elektroaggregat, das wenig später zusammen mit Reparaturwerkstätten, neuen Wagen, Bahnsteigen und Loks abtransportiert wurde. Wo sonst hätte die Moskauer U-Bahn-Bauleitung wohl ähnliche Beute machen können!

Das Staatliche Komitee für Verteidigung und das Ministerium für Verteidigung, dem das Sonderkomitee nach der Auflösung des Staatlichen Komitees für Verteidigung am 3. September 1945 unterstellt wurde, verabschiedete allein vom 2. März 1945 bis zum 2. März 1946 986 Verfügungen, mit denen 4 389 Betriebe demontiert wurden. In Deutschland waren es 2 885, in Polen, vor allem in dem vormals deutschen Schlesien 1 137, in Österreich 206, in Ungarn elf, in der Tschechoslowakei 54 und in der Mandschurei 96.[24]

Eine kurze Inhaltsangabe dieser Verfügungen würde ein mehrbändiges Buch füllen. Unmöglich ist es auch, über Inhalt und Erfüllung der in den einzelnen Dokumenten enthaltenen Weisungen zu berichten. Darum soll im weiteren Text nur von Schlüsselmomenten der Reparationsleistungen die Rede sein, damit deren moralische, sozialökonomischen und politisches Inhalte klarer und die Ausmaße der Operation deutlicher werden.

Zunächst zu deren Entstehungsgeschichte. Es wäre falsch, sie als rein voluntaristisch zu bezeichnen. Formell gesehen sind sie Frucht einer Symbiose zwischen gut eingespieltem Mechanismus staatlicher Normenbildung und operativer Planung. Die Kommissionen bei den Kriegsräten der Fronten und wenig später auch die Bevollmächtigten des Sonderkomitees schickten, nachdem sie die „Objekte" persönlich inspiziert hatten, Regierungstelegramme mit einer Kurzbeschreibung des Produktionsprofils an die Leitung der Staatlichen Plankommission. Diese legte dann zusammen mit den interessierten Ministerien und anderen Dienststellen dem Sonderkomitee eine Aktennotiz mit Begründung sowie den Entwurf für eine Verfügung des Staatlichen Komitees für Verteidigung zur Demontage des Betriebes vor. Gekürzt und präzisiert kam die Vorlage auf Stalins Schreibtisch.

So beispielsweise sah die Aktennotiz aus, die der Stellvertretende Vorsitzende der Staatlichen Plankommission Alexander Selenowskij und der Stellvertretende Minister für Verkehr und Nachrichtenwesen, Bagrat Arutjunow, dem Vorsitzenden des Sonderkomitees Malenkow nach Eingang einer Depesche des Beutegut-Bevollmächtigten bei der 1. Ukrainischen Front vorlegten:

„Wie Genosse Saburow telegrafisch am 21. Februar 1945 mitteilte, ist das der deutschen Firma „Betriebsgemeinschaft RAW Dobros" gehörende und von ihm inspizierte Reichsbahnausbesserungswerk in der Stadt Els, 20 km nordöstlich von Breslau, in gutem Zustand. Der Betrieb hat eine mechanische Abteilung mit 230 Werkzeugmaschinen, eine Schmiede mit 66 Hämmern, zwei Montagehallen für den Lokomotivbau mit 70 Montageplätzen, ein Kesselhaus, sowie Abteilungen, wo Rohrleitungen und die Räder hergestellt werden, eine Kupfergießerei und eine Montagehalle für E-Loks mit 50 Montage-Stationen. Arbeiter sind nicht da, obwohl der Betrieb früher über 4 000 Beschäftigte hatte.
Da das Ministerium für Verkehr und Nachrichtenwesen großen Bedarf an Industrieanlagen hat, um die sechzehn Lokomotivbaufabriken instandzusetzen, unterstützt die Staatliche Plankommission der UdSSR den Vorschlag des Genossen Saburow, Ausrüstung und Rohstoffe des genannten Betriebes für das Ministerium für Verkehr und Nachrichtenwesen in die Sowjetunion zu überführen und es mit sämtlichen Anlagen auf dem Gelände einer der instandzusetzenden Lokomotivbaufabriken komplett neu aufzubauen.

Anlage: Entwurf einer Verfügung des Staatlichen Komitees für Verteidigung."[25]

Mit Gründen für die Demontage war man, wie dieses Beispiel zeigt, schnell zur Hand. Ein solider Betrieb und - kein Wunder, noch ist Krieg - weit und breit kein Arbeiter zu sehen. Der Betrieb wurde also aufgegeben und das Ministerium für Verkehr und Nachrichtenwesen hat akuten Bedarf. Das genügte, damit der Vorschlag in Gestalt der Verfügung Nr. 7 758 vom 9. März 1945 Gesetz wurde und das RAW Els in die Ortschaft Taras Schewtschenko, Betriebsdirektion Odessa, „umgesetzt" wurde.

Später, als der Abtransport schneller und schneller vonstatten gehen mußte, verzichtete man auf Begründungen und die Bevollmächtigten sandten ihre Depeschen direkt an Malenkow als Vorsitzenden des Sonderkomitees. Die Plankommission trat diesem gegenüber nicht länger als Bittsteller auf, sondern erhielt ihre Anweisungen vom Komitee. Die gegenseitige Verrechnung wurde vereinfacht. Dafür kontrollierte man Vollständigkeit des Lieferumfangs und der technischen Dokumentation um so strenger.

Aus Rechenschaftsberichten der Bevollmächtigten, des Sonderkomitees und der Hauptverwaltung für Beutegut vom 2. März 1946 geht hervor, daß der Abtransport von Industrieanlagen aus Polen, der Tschechoslowakei, Österreich, Ungarn und der Mandschurei zu jenem Zeitpunkt bereits abgeschlossen war. Nicht so jedoch in Deutschland. 2 195 Betriebe waren dort zwar schon demontiert. Zum Abtransport in die Sowjetunion waren jedoch lediglich 1 038 verladen worden.[26] Die Verzögerung war nur zu verständlich: Der Abtransport von Anlagen und Rohstoffen aus Polen hatte Vorrang. Zudem erwies sich die Durchlaßfähigkeit des Streckennetzes als begrenzt, und weit mehr Zeit als ursprünglich geplant ging ins Land, bevor die Seehäfen und die Fahrrinnen der schiffbaren Flüsse von Minen geräumt waren. Diese Probleme wurden bis zum Jahresende 1945 gelöst. Schon im Januar 1946 wurden in

Deutschland 713 Waggons verladen; im Februar sogar 813. Im Dezember 1945 waren es ganze 423 gewesen. Auch der Seetransport entsprach zu Jahresbeginn 1946 den Kennziffern der Staatspläne: Im Januar wurden aus Deutschland 125 000 Tonnen Beute verschifft, im Februar waren es 113 000.[27]

Diese Zahlen allein besagen wenig. Anfang März 1946 belief sich der Jahresumfang der aus deutschen Betrieben abtransportierten Anlagen und Fertigprodukte auf 118 094 Waggons. Dazu kamen 439 Waggons mit anderem Eigentum. In Polen wurden zum Abtransport in die Sowjetunion 115 116 Tonnen bzw. 9 620 Waggons verladen, in Österreich waren es 25 412 Tonnen bzw. 142 Waggons, in Ungarn 2 537 Tonnen und 702 und in der Tschechoslowakei 7 311 Waggons nur mit Industrieanlagen.

Zählt man die aus der Mandschurei stammende Beute dazu, kamen allein an Industriegütern insgesamt 289 225 mit Anlagen beladene Waggons mit einem Gewicht von insgesamt mehr als 4 Milliarden Tonnen zusammen. Ihr Gesamtwert wurde allerdings nur mit zwei Milliarden Dollar oder rund 10 Millionen Rubel angegeben.[28] Teilt man Wert durch Masse, ergibt sich der lächerliche Preis von weniger als 500 Dollar pro Tonne Industrieanlagen. Das hat vor allem damit zu tun, daß beispielsweise die neuesten Modelle von Werkzeugmaschinen in sowjetischen staatlichen Preislisten noch nicht erfaßt waren und entsprechende Anlagen demzufolge bei dieser Rechnung einfach unter den Tisch fielen. Allerdings spielt der Geldwert der Beute, von dem noch wiederholt die Rede sein wird, hier nur eine Nebenrolle. Was für die UdSSR zählte, war vor allem die technologische Bedeutung der Beute.

So hatte das bereits erwähnte Ministerium für Verkehr und Nachrichtenwesen per 1. Januar 1946 aus Deutschland, Polen (Schlesien) Österreich und Ostpreußen bereits 20 598 Stück Maschinen, davon 6 519 für die Metallbearbeitung, erhalten. Die Lieferungen ging entweder direkt an die Empfänger oder wurden auf den Umspurbahnhöfen auf sowjetischem Gebiet zwischengelagert. Eine weitere Spezifizierung dieser Lieferungen nach Sorten ist nicht möglich. Erwähnt sei jedoch, daß diese Anlagen vor ihrer Demontage in 140 verschiedenen Betrieben standen - in sieben mechanischen Werken, zehn Waggon- und Lokomotivbaufabriken, drei Metallbaubetrieben, 37 Sägewerken und drei Betrieben für Nachrichtentechnik, in Flugzeugmotorenwerken, Eisengießereien, elektromechanischen Betrieben, Kunsteiswerken und Schuhfabriken.

Dazu kamen zehn automatische Fernsprechvermittlungsstellen, Druckereiausrüstungen, auf denen die Tickets von Lufthansa und MITROPA gedruckt wurden, graphische Werkstätten, Fotolabors und vieles andere mehr.[29] Die Tausende Kilometer Eisenbahnschienen gar, die Stalin in Deutschland und Polen abbauen ließ, wurden weder abgerechnet, noch bei der Berechnung des Gesamtgewichts irgendwie berücksichtigt. Nicht vergessen werden darf außerdem, daß auf Weisung des Staatlichen Komitees für Verteidigung die Waggons bis zur Höchstgrenze beladen wurden und über die Industrieanlagen schwer zu identifizierende Güter, wie Rohstoffe und Fertigprodukte, geschichtet wurden. Kurzum: Welche Mengen und wieviel Stück, wieviel Tonnen und wieviel Waggons wirklich abtransportiert wurden, ist demzufolge relativ.

Ähnlich sah es in den anderen Ministerien aus. In Archivmaterialien findet sich beispielsweise eine Notiz über den Erhalt von deutschen Industrieanlagen für den Leningrader Rüstungsbetrieb „Bolschewik":

„Der Bevollmächtigte des Ministeriums für Verteidigung hält sich bei der Verladung von Industrieanlagen und Rohstoffen nicht an das durch den Befehl Nr. 133 am 12. Mai 1945 bestätigte Reglement für den Versand von Beutegut. Mehrheitlich fehlen Beschreibungen der verladenen Ausrüstungen und Rohstoffe... Es fehlen die genauen Bezeichnungen der Maschinen, die Herstellerfirmen, technische Daten und Zustandsbeschreibungen, sowie Beschreibungen für Zusatzgeräte für die meisten Maschinen. Die Teile sind unzureichend beschriftet oder eine Beschriftung fehlt überhaupt. Wer für die Abfertigung dieser Züge verantwortlich war, läßt sich nicht feststellen."[30]

Der Stellvertretende Direktor dieses Betriebes, Jewgenij Grigorjan kommt zu folgendem Schluß: Vergleiche zwischen Anzahl der Frachtstücke in den Zügen und dem, was tatsächlich ankommt, beweisen, daß diese Methodik der Übergabe nichts bringt, weil mehr Frachtgut entladen wird, als laut Frachtbrief zu erwarten ist.[31]

In einem anderen Dokument ist von einem „Sonderstützpunkt" des Ministeriums für Schwarzmetallurgie, der zum Eisenhüttenwerk „Karl Liebknecht" in Nishnedeprowsk gehörte, die Rede. An das Unternehmen gingen 1946 2 860 Waggons mit deutschen Anlagen:

„In den Inventarlisten, die aufgrund des Frachtbriefs angefertigt wurden, steht nichts von Beutegut-Anlagen, Ersatzteilen, Werkzeugen und Rohstoffen. In den Inventarlisten werden die Anlagen als nicht im Stützpunkt angekommen geführt und faktisch wurden sie auch schon von einem anderen Betrieb in Empfang genommen.

Bei der Schätzung des Beuteguts gab es grobe Fehler. Bohrer wurden, gleich welcher Größe, auf einen Rubel pro Stück, Dezimal- und Hundertstel-Waagen unterschiedlichster Klassen auf 3 500 Rubel geschätzt. Experten des Finanzministeriums wurden zu den Schätzungen nicht hinzugezogen. Die Abschreibungsrate wurde, ohne die Kisten zu öffnen, und daher falsch registriert. Die Karl-Liebknecht-Hütte bekam laut der aufgrund des Frachtbriefs angefertigten Inventarlisten per 24.11.1947 Beutegut im Werte von 70 236 594 Rubel. In Deutschland wurde an die Adresse des Betriebes Beutegut im Werte von 90 046 411 Rubeln verladen. Bis heute gelten Anlagen im Wert von 19 809 817 Rubeln als vermißt."[32]

Das „bolschewistische Tempo" und die kolossale Menge an Industrieanlagen, die aus den besetzten Gebieten abtransportiert wurden, erwiesen sich für die Väter des Reparationsplanes als Bumerang und brachten der sowjetischen Volkswirtschaft nicht die erwartete Effizienz.

Es fehlte an Arbeitskräften, vor allem aber an qualifizierten Spezialisten, um das gesamte Beutegut schnellstens zu verwerten. Dafür einige dokumentarisch belegte Beispiele:

Der bereits zitierte Rüstungsbetrieb „Bolschewik" erhielt deutsche Industrieanlagen im Wert von angeblich 13 Millionen Rubel.

„Weil es an Lagerflächen fehlt, wird ein Großteil der aus Deutschland kommenden Ausrüstungen unter freiem Himmel abgestellt. Die Maschinen sind weder geschmiert, noch von Schmutz und Rost gereinigt. Daher sind vor allem die Gleitlager der Anlagen teilweise schon von Rost zerfressen; bei der Montage müssen sie abgeklopft und gereinigt werden. Zur Konservierung von Anlagen, die längere Zeit im Freien stehen, wird nichts unternommen. Von den 820 Maschinen, die bis zum 21. Juli geliefert wurden, sind bislang 22 aufgestellt und in Betrieb genommen worden."[33]

Das mehrfach mit höchsten staatlichen Auszeichnungen bedachte Stalin-Werk, das Artilleriegeschütze produzierte, hatte mit ähnlichen Problemen zu kämpfen.

„Die Lagerung der Beutegut-Anlagen, für die die Bauabteilung zuständig ist, ist äußerst mangelhaft. Ein Großteil der noch nicht aufgestellten Anlagen lagert im Freien. Sie werden nicht abgedeckt und oftmals haben gleitende und glatt geschliffenen Flächen der Maschinen Rost angesetzt.[34]

Im Befehl Nr. 77 des Ministers für Schwarzmetallurgie Iwan Tewosjan vom 15. März 1947 heißt es denn auch:

„Bei der Lagerung, Registrierung und Nutzung von Anlagen und Materialien aus Sonderlieferungen...gibt es in einer Reihe von Betrieben erhebliche Mißstände.
    Die in Empfang genommen Anlagen wurden bis heute nicht sortiert. Die Lager werden nicht ordnungsgemäß bewacht. Ein Teil der wertvollen Maschinen für die Metallbearbeitung, elektrotechnische Anlagen, Kontroll- und Meßwerkzeuge, Geräte, Mate-

Besonderes „Beutelager" des Volkskommissariats für Eisenmetallurgie,
Winter 1947

Elektrische Ausrüstung aus Industriebetrieben der Stadt Riesa, Winter 1947

rialien, Kugellager und Werkzeuge, die in geschlossenen Räumen aufbewahrt werden müssen, stehen im Freien und verkommen.

Im Hüttenwerk Makejewka (Direktor ist Genosse Belobrow) sind bislang 2 750 Kisten mit Anlagenteilen und Material nicht geöffnet und inventarisiert worden.

Im Kominternwerk (Direktor Genosse Pawlowskij) sind die Ausleger von Brückenkränen mit Kohle und Schotter zugeschüttet und verbogen. Die Rotoren großer Motore werde ohne nötigen Schutz vor Niederschlägen gelagert, Bündelbleche rosten, die Isolierungen werden unbrauchbar, die Wellenenden verrosten."

In Dokumenten des Liebknechtwerkes liest man:

„Ein Großteil des Beutegutes liegt unter Schneewehen begraben. Durch häufiges Umladen wurde die Verpackung beschädigt. die Anlagen müssen konserviert und umverpackt werden. Von 21 500 Kisten, die im Freien stehen, wurde bei nur 14 200 die Verpackung in Ordnung gebracht. Die unter freiem Himmel lagernden Anlagen verkommen. Durch Rost erhöht sich die Abschreibungsrate bei Drehmaschinen und großen Pressen auf mindestens 10%, bei Rollen, Kugellagern und Werkzeugen von 10 auf 30%, bei Präzisionswerkzeugen und Meßinstrumenten von 30 auf 50%. und darüber. Bei Schleifwerkzeugen und Elektroden liegt der Ausfall bei bis zu 15%."[35]

Das ist jedoch nur die halbe Wahrheit. Belokurow, Stellvertretender Direktor eines Bauunternehmens schreibt:

„Die Papiere, die wir für das Entladen von Anlagen von verschiedenen Unternehmen bekommen, berücksichtigen nicht, daß komplette Anlagen als e i n Frachtstück versandt werden müssen, damit die technologischen Abläufe in einer Abteilung rekonstruiert werden können. Für eine Fittinganlage, die in Deutschland einen Ausstoß von 500 t Fittings und anderer Produkte aus Schmiedegußeisen monatlich hatte, haben wir schon 13 Dokumente für neun verschiedene Betriebe bekommen."[36]

Im Klartext heißt das: einmalige technologische Anlagen und intakte Produktionskomplexe wurden auseinandergerissen und den unterschiedlichsten Betrieben zugeteilt, in der Hoffnung, die neuen Besitzer würden schon eine Möglichkeit finden, sie neuen, womöglich zeitweiligen Bedürfnissen anzupassen. Dieser Strategie fielen auch zwei Großbetriebe der „Mitteldeutschen Stahlwerke Lauchhammer" aus Gröditz und Riesa zum Opfer. Erstere produzierte Halbzeuge für den Lok- und Waggonbau. Gestänge und Räder aller Typen, 8 000 Fitting-Modelle, Erzeugnisse aus geschmiedetem Gußeisen, Kniewellen und Räder für Lastwagen, Hochdruckbehälter bis zu 1 000 atü, Wellen, Schiffsschrauben, Profilstähle, große Pressen und Hämmer. Während des Krieges produzierte der Betrieb Granatwerfer für die Kriegsmarine aller Kaliber und gegossene Minen. Das Stahlröhrenwerk in Riesa produzierte Röhren beliebigen Durchmessers. In der Kurzbeschreibung des Werkes wird die Abteilung zum Biegen der Rohre besonders erwähnt. Diese, so heißt es dort, sei „für die deutsche Industrie von erstrangiger Bedeutung".

Niemand kam je auf den Gedanken - und jetzt ist es zu spät dafür - den einstigen Wirkungsgrad der erbeuteten Anlagen und die durch Schlamperei verursachten Verluste miteinander zu vergleichen.

Ebenso kühn wäre es, endgültige Zahlen für deutsche Reparationsleistungen nennen zu wollen. Diesbezügliche Dokumente der sowjetischen Regierung und vieler Ministerien sind nach wie vor gesperrt. Allerdings gelang es dem Autor, Bilanzen der Tätigkeit des Sonderkomitees zusammenzutragen. Aus diesen geht hervor, daß Beutegut aus Deutschland nicht nur 1946 abtransportiert wurde, wie stets behauptet wurde, sondern auch 1947 und 1948, möglicherweise auch noch danach. Mit „Sonderlieferungen" bedienten sich nicht nur alle Ministerien, sondern auch andere staatliche Einrichtungen, die berüchtigten Gulags nicht ausgenommen. Wie die Verfügungen des Staatlichen Komitees für Verteidigung Nr. 8 863 und 9 339 vom 31. März bzw. vom 5. Juli 1945 besagen, bekamen sechzehn der NKWD-

Lager und Strafkolonien Ausrüstungen von 32 deutschen Betrieben. Der Wirtschaftsverwaltung des Ministeriums für Inneres (NKWS) aber wurden die Ausrüstung des Kriegsgefangenenlagers in Narvik, sowie die Sanitärtechnik der SS-Schule in Volkenburg überschrieben.

Sogar das Sportkomitee profitierte von der deutschen Kriegsbeute. Stalin beglückte es am 5. Juli 1945 mit einer streng geheimen Verfügung des Staatlichen Komitees für Verteidigung. Dort heißt es:

„Das Allunionskomitee für Sport und Körperkultur beim Ministerrat der UdSSR (Gen.Romanow) ist zu beautragen, nachstehende Artikel in die Trainingszentren des Komitees nach Moskau zu überführen:

- Bootsmotoren, Anlagen zur Herstellung von Kunsteisbahnen, sowie die Elektro-Anlagen des Berliner Stadions, 850 Boote für klassisches Rudern, Paddelboote, Motor- und Segelyachten aus Grünau, vom Tegeler See und aus Köpenick

- Chloranlagen für Schwimmbecken, 12 Wasserreinigungsmaschinen, die Uhren und den Motor des Berliner Olympiastadions, sowie eine Bibliothek mit 10 000 Bänden, die früher der Akademie für Körperkultur gehörte und gegenwärtig in den Beutegutlagern der 1. Weißrussischen Front aufbewahrt wird.

- 104 Stück Segelyachten, Paddel- und Motor- und Rennboote und 1 000 Preise (Kristall- und Porzellanerzeugnisse, sowie Erzeugnisse aus Zinn) aus den Beutegutlagern der 2. Weißrussischen Front.

- 132 Yachten, Paddel- und Ruderboote samt deren Zubehör aus den Beutegutlagern der 3. Weißrussischen Front."

Damit war nur ein Minimalprogramm umrissen. Dessen Übererfüllung war den Vollstreckern freigestellt. In ihrem Ermessen lag es, zusätzliche Sportgeräte und Ausrüstungen auszuwählen und zu verladen. Zur Übernahme des Beuteguts fuhren der Oberinspektor für Wassersport des Sportclubs „Dynamo" Grigori Masurow, der Stellvertretende Abteilungsleiter für Sport und Körperkultur des Zentralen Armeesportklubs Wladimir Andrejew, der Lehrstuhlleiter für Körperkultur des Stalin-Sportinstituts, Alexej Tschikin und dreißig Experten nach Deutschland. Einen Monat später waren die ehemaligen Wettkampfstätten der 11. Olympischen Sommerspiele und das Olympische Dorf wie leergefegt.

In Jalta wie in Potsdam hatte Stalin den Alliierten sein Wort gegeben, keine Anlagen als Reparationsleistungen zu demontieren, die unter die Kategorien „unter Friedensbedingungen oder für eine normale Entwicklung Deutschlands notwendig" fielen. Läßt sich die Demontage von Werkzweugmaschinen, Hochöfen, Bergwerksausrüstungen, Zementwerken und Ziegeleien noch irgendwie erklären und begründen, stellt sich dennoch die Frage, wie Demontage und Abtransport von Betrieben der Leicht- und Lebensmittelindustrie zu rechtfertigen sind. Um die Ausmaße der Operation deutlich zu machen, seien hier nur einige Fakten aus Beschlüssen der sowjetischen Regierung zitiert.

Am 19. April 1945 wurde die Verfügung Nr. 8 193 - streng geheim - des Staatlichen Komitees für Verteidigung verabschiedet. Sie sanktionierte die Demontage von 27 Spirituosenfabriken und sechs Brauereien aus Unruhstadt, Bomet, Görlitz, Schwiebus, Landsberg, Schneidemühl, Küstrin, Schmaarsee, Zülichau, Reppen, Süldin, Friedeberg und anderen Städten. Fünf der Unternehmen waren Staatseigentum, die restlichen im Besitz deutscher Aktiengesellschaften. Schon am 20. April begann deren Abriß.

Am 31. Mai 1945 wurde die Verfügung Nr. 8 879 - streng geheim - des Staatlichen Komitees für Verteidigung in Kraft gesetzt. Sie regelte den Abtransport von acht im Privatbesitz befindlichen Lebensmittelfabriken aus Dresden. Darunter waren eine Backwaren-, Schokoladen- und Keksfabrik, eine Konservenfabrik, eine Abfüllanlage für Bier und Mineralwasser, sowie Ausrüstungen einer Spirituosenfabrik.

Das gleiche Schicksal traf am 8. Juni sechs Betriebe aus Berlin, Frankfurt/Oder und Weißwasser. Dort und in weiteren Städten begann aufgrund der Verfügung Nr. 9 258 - streng geheim - des Staatlichen Komitees für Verteidigung die Demontage von Stärke-, Spirituosen- und Hefefabriken, sowie eines Glaswerkes. Auch diese Fabriken waren Privateigentum.

Die Verfügung Nr. 9 258 des Staatlichen Komitees für Verteidigung - streng geheim - vom 26. Juni 1945 machte den Weg frei für die Demontage der Fischkonservenfabriken „Atzel" auf Rügen und „Krüger" in Barth und deren Abtransport in die Fischfabriken von Otschakowo und Koivisto. Eine Kühlanlage des „Stettiner Kühl- und Gefrierhauses" mit einem Fassungsvermögen von 2 000 Tonnen Fisch, sowie die im Besitz der „Blechwarenwerke I.A. Schmahlbach, Braunschweite" in Radebeul befindliche Dosenfabrik, in der täglich 115 000 Blechbüchsen für Fischkonserven hergestellt wurden, gingen an das Fischverarbeitungskombinat in Murmansk. Mitte August 1945 war die Demontage abgeschlossen.

Durch die Verfügung Nr. 9 726 - streng geheim - des Staatlichen Komitees für Verteidigung vom 3. August 1945 wurden weitere Betriebe zum Abriß und Neuaufbau in der Sowjetunion freigegeben: Die Backwarenfabrik Bruck & Braun in Cottbus, die Schokoladenfabriken „Witte" sowie „Rach Gabel" aus Wittenberg, drei Brauereien in Stralsund, Grabow und Neubrandenburg, die Spirituosenfabriken „Bamsch" in Dresden und „Miller" in Wriezen, sowie die Mineralwasserfabrik „von Wüllenburg" im Ostseebad Doberan.

Bekanntlich hatte der amerikanische Finanzminister Morgenthau im Vorfeld der Konferenz von Jalta den berühmten „Kartoffelplan" erarbeitet, der vorsah, Deutschland zu einem Land von Ackerbau und Viehzucht ohne jedwede Industrie zu machen. Diesen Vorschlag lehnten die anderen Alliierten kategorisch ab. Stalin indessen ging insgeheim noch weiter als Morgenthau.

Die Bilanzen der Hauptverwaltung für Kriegsbeute besagen, daß die sowjetische Truppen in den besetzten Gebieten über zwei Millionen Stück Rinder, Schafe und Ziegen requirierten. Insgesamt vier Verfügungen des Staatlichen Komitees für Verteidigung - zwei von März und zwei von Mai 1945 - regelten den Abtransport von Zuchtvieh in die Sowjetunion. 506 396 Stück Rinder, 114 260 Schafen und Ziegen, sowie 206 025 Stück Pferde wurden verladen.[37] Auch sie stammten größtenteils aus privaten Gütern und Bauernhöfen.

Im Juni ging an die Timirjasew-Akademie für Landwirtschaft in Moskau ein Transport mit sämtlichen Versuchsanlagen, Geräten und der künstlichen Klimakammer des Forschungsinstituts für Saatzucht in Müncheberg ab. Unter anderem auch die zu jener Zeit einmalige „Künstliche Sonne".

Mitte August kamen in Podolsk bei Moskau Spezialanlagen, Geräte, Reagenzien und Fachliteratur aus dem Berliner Institut für Futtermittel an, das Professor Mangold geleitet hatte. Ebenfalls nach Podolsk kamen die Muster-Molkerei aus Holm und die Berliner Chemiefabrik „Stieglitz & Kahlbaum".

Anfang 1946, als die Frühjahrsbestellung gefährdet war und eine Mißernte drohte, löste Stalin auch dieses Problem durch Sonderlieferungen. Die dadurch notwendig werdende neuerliche Tempobeschleunigung beim Abtransport des Beuteguts aus Deutschland stieß jedoch alsbald an ihre Grenzen: Weder die Durchlaßfähigkeit des sowjetischen Eisenbahnnetzes, noch die Umspurbahnhöfe an der Grenze waren derartigen Belastungen gewachsen. Durch Bodenabsenkungen mußten beispielsweise am 2. März 1946 auf dem Grenzbahnhof Insterburg 1 919 Waggons mit Werkzeugmaschinen und Landtechnik ausgeladen werden. In den darauffolgenden drei Wochen wurden lediglich 516 Waggons neu beladen und abgefertigt.

Am Grenzbahnhof Brest, wo fast nur Ausrüstungen für die Reparaturwerkstätten sowie die *Maschinen-Traktoren-Stationen*[38] abgefertigt wurden, gab es angeblich keine Probleme. Allerdings klagte der Instrukteur der Verkehrsabteilung beim ZK der KPDSU Iwan Nikitin, der den Brester Umschlagbahnhof in der zweiten Märzhälfte besuchte, daß außer einer wenig benutzten Schmalspurbahn zum Umladen keinerlei Technik vorhanden sei. „Die entladenen Maschinen und Anlagen werden meistens an Trecker angekoppelt und abgeschleppt."[39]

Es bedarf keiner Phantasie, um sich vorzustellen, in welchem Zustand Maschinen und Anlagen, die einfach über den Boden geschleift wurden, beim Adressaten ankamen. Natürlich griff das Zentralkomitee, als dies bekannt wurde auf probate Mittel zurück: Oberst Lopuchow, der Bahnhofskommandant, wurde abgelöst und durch Generalmajor Klementjew ersetzt.

Im fruchtbaren und landwirtschaftlich hochentwickelten Ostpreußen indessen - der Kornkammer Deutschlands, die einstens nicht nur das Reich mit Agrarerzeugnissen versorgte - begann die Sowjetunion schon lange vor Kriegsende, Vieh, landwirtschaftliches Gerät und Maschinen zu requirieren. Die drohende Verwüstung und Ausplünderung des einst blühenden, reichen Landstrichs gab sogar Leuten zu denken, die mit Landwirtschaft keinerlei Berührung hatten. So schrieb beispielsweise der Major der Justiz Nikolaj Romantschikow, der Adjutant des Militärstaatsanwalts der 3. Armee der Luftwaffe war, an die Genossen Malenkow und *Andrejew* im ZK der Partei:

„In Ostpreußen war die Mehrfelderwirtschaft mit wechselnden Kulturen gang und gäbe, so wie die Landwirtschaft überhaupt gut organisiert war. Das alles ist jetzt bereits weitgehend zerstört. Wer nur irgendein Stück Land erwischt, macht damit, was er will. Nur um den Staatsplan zu erfüllen, wird der Boden erbarmungslos ausgeplündert, die Mehrfelderwirtschaft aufgegeben. Auf vielen Feldern wächst bereits Unkraut, was sinkende Erträge befürchten läßt. Verschlimmert wird die Lage dadurch, daß der Boden hier in Ostpreußen wegen der übermäßig hohen Niederschläge weitgehend drainiert ist und daher besonders empfindlich auf falsche Bewirtschaftung reagiert. Deshalb müssen schnellstens Maßnahmen ergriffen werden, um hier sowjetische Bürger anzusiedeln, die Deutschen auszusiedeln und sowjetische Verwaltungsorgane einzurichten. Auf den Ländereien, die den Armeeinheiten zur Bewirtschaftung zugeteilt wurden, müssen schleunigst Kollektivwirtschaften, Staatsgüter und Maschinen-Traktoren-Stationen eingerichtet werden, damit die Anarchie ein Ende hat und dieser fruchtbare Landstrich, ähnlich wie die Ukraine, zur zweiten Kornkammer der Sowjetunion wird. Alle Welt weiß, daß wir in diesem Jahr tausende Tonnen an Getreide verloren haben, weil Weizen und Roggen nicht eingefahren werden konnten. Wenn man über Land fährt und die nicht abgeernteten Felder sieht, kommen einem die Tränen."[40]

Die Deutschen wurden, ohne auch nur eine Ausnahme zu machen, bis zum letzten Mann aus Ostpreußen ausgesiedelt. Doch trotz Kollektivwirtschaften und Staatsgüter, die dort alsbald entstanden, wurde das heutige Gebiet Kaliningrad weder zur zweiten, noch zur dritten, noch zu überhaupt irgendeiner Kornkammer der Sowjetunion.

Stalins Versuch, die Mißernten der ersten Nachkriegsjahre durch „Sonderlieferungen" zu kompensieren, scheiterten. Sieger und Besiegte hungerten gleichermaßen.

Deutschland hätte den Schaden, den die Sowjetunion durch die deutsche Okkupation erlitten hatte, durch Industrieerzeugnisse und landwirtschaftliche Produkte vollauf wiedergutmachen können. Der Abtransport von Industrieanlagen, Produktionsmaterial und Arbeitskräften war unnötig, zumal er mit unvermeidlich hohen materiellen Einbußen und Zeitverlusten verbunden war. Stalin jedoch verwarf diese Variante der Reparationsleistungen von Anfang an. Er hielt an seiner Revolutionstheorie fest, die da besagte, daß moderne Technologien und Anlagen deutscher Herkunft die nächste Etappe der Industrialisierung und Entwicklung einer modernen Volkswirtschaft in der Sowjetunion nachhaltig entscheidend beeinflussen würden. Darum ging der Großteil der Sonderlieferungen aus Deutschland nicht an die durch den Krieg vernichteten oder halbzerstörten Betriebe, sondern wurde zur Erweiterung bestehender oder zum Aufbau neuer Industrien verwandt.

Eigentümlicherweise erwähnten die Alliierten bei ihrer Diskussion um deutsche Reparationsleistungen weder in Jalta noch in Potsdam das intellektuelle Eigentum Deutschlands an wissenschaftlich-technischem Know-how. Wie die Entwicklung später gezeigt hat, bestand allgemeines Interesse daran; jede der Verhandlungsdelegationen war jedoch bemüht, sich zumindest formal an international übliche Gepflogenheiten von Anstand und Moral zu halten.

Später warf die sowjetische Presse Amerikanern wie Engländern vor, Jagd auf Deutschlands wissenschaftlich-technische Archive, geheime Technologien und deutsche Wissenschaftler zu machen. Nicht, ohne dabei die angeblich weiße Weste der eigenen Regierung gebührend herauszustreichen. Und das, obwohl Stalin Truman und Churchill kaum nachstand. In den ersten Nachkriegsjahren schossen in der Sowjetunion Forschungsinstitute und Labors, die auf deutsche Erfindungen zurückgriffen, wie Pilze aus dem Boden. Dafür sorgte allein schon die Berliner Bibliothek für technische Patente. Sie wurde mitsamt den ebenfalls patentierten neuen Werkstoffen aufgrund der Verfügung Nr. 9 780 - streng geheim - des Staatlichen Komitees für Verteidigung vom 3. August 1945 durch den Leiter des Büros für Erfindungswesen in der Staatlichen Plankommission, Pawel Sysojew, in die Sowjetunion abtransportiert.

Damit waren die deutschen Reparationsleistungen in Sachwerten jedoch noch nicht erschöpft. Die Alliierten hatten vertraglich vereinbart, vor allem in Rüstungsbetrieben Industrieanlagen und andere Werte zu demontieren, um das militärische Potential des einstigen Kriegsgegners zu vernichten. Diese Anlagen sollten in den Siegerländern zu friedlichen Zwecken und nicht etwa zu einem neuerlichen Rüstungswettlauf genutzt werden. Stalin wurde selbst hier noch wortbrüchig und verkehrte das gegebene Versprechen in dessen genaues Gegenteil.

Fast die gesamte in Ostdeutschland demontierte Rüstungsindustrie wurde - zumindest teilweise - in sowjetischen Militärbetrieben wieder aufgebaut. Panzer- und Geschützfabriken, sowie Werften für die Kriegsmarine, Munitionsfabriken und ingenieurtechnische Anlagen wurden zu „Trophäen" erklärt.

Über Stalins Absicht, das eigene Rüstungspotential durch deutsche Reparationsleistungen zu stärken, ließe sich sicher streiten, hätte er nicht in seinen streng geheimen Weisungen ganz unverhohlen deklariert, daß die Anlagen deutscher Rüstungsbetriebe „zwecks Übernahme, Erweiterung und Projektierung" von Rüstungsvorhaben" demontiert werden müßten.

Vor allem die technischen und Speziallabors der Wehrmacht, sowie die Anlagen von Heeresversuchstellen und Testgeländen gingen denn auch ausnahmslos an militärische Einrichtungen in der Sowjetunion.

Das Ministerium für chemische Industrie und die Hauptverwaltung der Chemischen Dienste in der Roten Armee bekamen dadurch deutsche Großanlagen zur Herstellung chemischer Massenvernichtungswaffen. An einem einzigen Tag, dem 3. August 1945, unterschrieb Stalin drei Verfügungen des Staatlichen Komitees für Verteidigung, die die Dislozierung dieser Produktionsanlagen auf dem Gebiet der Sowjetunion regelten. Sie wurden peinlichst genau und innerhalb der angegebenen Fristen erfüllt.

Unter der Federführung des Generals der technischen Einheiten, Konstantin Schalkow demontierten drei Bataillone der chemischen Dienste, zwei Flammenwerfer-Bataillone und 60 Reserveoffiziere Hauptverwaltung für Chemiewaffen der Roten Armee, unterstützt von 20 Technikern des Ministeriums für chemische Industrie das deutsche Chemiewerk „Orgadid" in Ammendorf, das nach Tschpajewsk kam. Mitarbeiter der Hauptverwaltung für Beutegut und sowjetische Repatrianten rissen „Ergstan" - einen Betrieb zur Produktion chemischer Kampfstoffe in Staßfurt - ab, der nach Kineshma umgesetzt wurde. Die zur IG Farben gehörende Wolfener Phosgenfabrik kam nach Dsershinsk in der Nähe von Gorki, dem heutigen Nishni Nowgorod.

Während des gesamten Kriegszeitraums war Stalin geradezu fieberhaft bemüht, immer neue chemische Kampfstoffe, teilweise mit völlig neuen Eigenschaften anzuhäufen. Als er sich dann auch noch in den Besitz des deutschen Produktionspotentials für chemische Kampfstoffe brachte, sah er sich einem Überschuß gegenüber, den die Sowjetunion nicht verkraften konnte. Daher wurden vor allem die wenig effektiven Ypritbomben in den Hohen Norden verbracht und bis Anfang der sechziger Jahre im Eismeer versenkt.

Die deutschen Reparationsleistungen sind nach wie vor eine Gleichung mit vielen Unbekannten. Von einigen militärstrategischen Geheimnissen soll im nächsten Kapitel die Rede sein.

IV.
Das russische Comeback von Siemens

Wie Sergej Koroljow, der Konstrukteur der russischen Welt-
raumschiffe zu berichten weiß, fing Stalin 1947 an, sich für
Ufos zu interessieren. Hier irrt der Wissenschaftler meiner
Meinung nach gründlich. Da die sowjetische Luftabwehr noch
nicht über Radar verfügte, waren für Stalin als Oberkommandierenden alle Flugkörper, die die sowjetische Aufklärung weder
visuell noch durch Schall orten konnte, wenigstens bis zum
Ende des Krieges unbekannte fliegende Objekte - Ufos. Natürlich hätte er das vor den ehemaligen Verbündeten und späteren
Gegnern nie zugegeben.

Die offensichtliche Unterlegenheit von Luftabwehr und
Kriegsmarine machten Stalin, je länger der Krieg dauerte, nahezu krank. Besonders wurmte ihn, daß Deutschland angeblich
verstärkt an neuen lenkbaren Raketenwaffen arbeitete. Einige
Zeit hoffte er noch auf die Hilfe der Alliierten, da beim Staatlichen Komitee für Verteidigung eine Ständige Kommission
zum Austausch militärischen Know-hows mit Großbritannien
und den USA gegründet worden war. Die Alliierten geizten
jedoch mit neuen Erkenntnissen aus der Funkelektronik und
die Staatsbank der UdSSR litt zudem chronisch an Gold- und
Devisenmangel. Stalin mußte daher eigene Wege gehen.

1943 wurde auf seine Weisung hin beim Staatlichen Komitee für Verteidigung ein Rat für Radar gebildet. Ihm stand der
Stellvertretende Vorsitzende des Ministeriums für Elektrotechnik, Axel Berg, vor. Berg hatte durch seine Arbeiten zu Funkmeßtechnik und Unterwasserschall von sich reden gemacht.
Trotz größter gemeinsamer Anstrengungen blieb den Wissenschaftlern und Ingenieure der Erfolg fast ein Jahr lang versagt.
Erst Anfang 1945, als das Team einige in Deutschland erbeutete Versuchsanlagen bekam, zeichnete sich eine Wende ab.

Auch das Institut für Raketentechnik, das dem Ministerium
für Luftfahrt unterstand, konnte nichts Nennenswertes vor-

weisen. Stalin indessen drängte mehr und mehr, neue Waffenarten - vor allem für Luftabwehr und Aufklärung - zum Einsatz
zu bringen. Mit der Verfügung 8 206 - streng geheim - des
Staatlichen Komitees für Verteidigung vom 19. April 1945
wurde beim Ministerium für Munition das Staatliche Zentrale
Konstruktionsbüro Nr. 1 für Raketentechnik gegründet. Gleichzeitig wurde in der Moskauer Munitionsfabrik Nr. 67 eine
Versuchsstelle lenkbarer Raketen eingerichtet. Die Termine
waren mehr als knapp. Ganze zwei Wochen hatten Wissenschaftler und Techniker für die Organisation des Konstruktionsbüros und die Produktion der Nullserie. Wie ernst es Stalin
damit war, zeigt der letzte Absatz seiner Verfügung:

„Auf die Mitarbeiter des Staatlichen Zentralen Konstruktionsbüros sind die durch die Verfügung 5 201 des Staatlichen Komitees
für Verteidigung geregelten Vergünstigungen für das Institut für
Raketentechnik beim Ministerium für Luftfahrt anzuwenden, sofern diese eine zusätzliche Entlohnung sowie Zuschläge für die
Kenntnis von Fremdsprachen betreffen."

Die Autoren des Programms gingen offenbar davon aus, daß in
Bälde mit reicher technischer Beute aus Deutschland zu rechnen war. Besonders abgesehen hatten sie es auf den Siemens-
Konzern. Er galt, zusammen mit den wichtigsten Betrieben
von Telefunken und AEG, als führend bei der Verwirklichung
des Programms zur Herstellung elektronischer und Raketenwaffen sowie neuer Kommunikations- und Radartechnik.
    Erste Kontakte zwischen Rußland und der Firma Siemens
gehen auf die Zeit von Zar Nikolaus I. zurück. Nach der
Oktoberrevolution wurden sie offiziell eingestellt, doch schon
gegen Ende der zwanziger Jahre, als die Rote Armee heimlich
mit der Reichswehr zusammenarbeitete, hoffte die Sowjetregierung, die alten Geschäftskontakte bald wiederherzustellen.
Den militärtechnischen Erfindungen von Siemens begegnete
man in Moskau mit größtem Interesse. Das beweisen auch
Berichte führender sowjetischer Militärs, die zu jener Zeit zum
Erfahrungsaustausch in Deutschland waren.

Der Leiter der chemischen Hauptverwaltung der Roten Arbeiter- und Bauern-Armee, Jakow Fischmann, berichtete *Michail Frunse*, dem Minister für Verteidigung und Flottenangelegenheiten, schon am 10. März 1925 aus Berlin über „neue Methoden der Raummessung mit Schall":

„Die gesamte Apparatur stammt von der Firma Siemens & Halske. Ich halte diese Methode sowohl für die Artillerieaufklärung als auch für die Seekriegsflotte für sehr bedeutsam. Wie mir ein Firmenvertreter sagte, habe die Tschechoslowakei bereits Kaufinteresse signalisiert. Allerdings sei beschlossen worden, derartige Geräte nicht an Mitglieder der Entente zu verkaufen. Material und Preise sind der Zentralen Hauptverwaltung für Auslandsaufklärung (des KGB - die Übersetzerin) zugegangen."[41]

Am 13. Januar 1929 schreibt Generalinspekteur der Roten Armee, Ieronim Uborewitsch an den dem Minister für Verteidigung und Flottenangelegenheiten, Kliment Woroschilow aus Berlin:

„Das von Professor Pschor konstruierte Flakgeschütz der Firmen ‚Siemens' und ‚Zeiss' ist die technische Leistung schlechthin. Sie stellt alles, was es bislang auf diesem Gebiet gab, in den Schatten.

Ich habe fünf Schüsse mit diesem Gerät auf eine Zielscheibe beobachtet, die per Flugzeug in die Luft katapultiert wurde. Die Ergebnisse waren überwältigend genau. Trotz aller Versuche, herauszufinden, inwieweit die Deutschen bereit sein könnten, uns bei der Herstellung eines solchen Geschützes zu helfen, habe ich keine klare Antwort bekommen...

Ich kenne die Arbeiten unserer Forscher aus dem Institut für Schwachstromtechnik in Leningrad und muß feststellen, daß die Deutschen so gut wie einsatzreife Muster haben, während die Arbeiten unserer Genossen sich mindestens noch anderthalb bis zwei Jahre hinziehen dürften, wobei noch nicht klar ist, was für eine Qualität dabei erreicht wird."[42]

Die Hoffnungen der Roten Armee und der sowjetischen Rüstungsindustrie erfüllten sich jedoch nicht und Erfolge zeichneten sich ansatzweise erst im Frühjahr 1945 ab. Am 21. März wies das Staatlichen Komitee für Verteidigung den Minister für Elektroindustrie, Iwan Kabanow, und den Kommandeur der 1. Ukrainischen Front, Marschall Iwan Konjew, an, drei Röhrenwerke der Firmen Siemens, Lorenz und Telefunken im polnischen Liegnitz zu demontieren. Deren gesamte Ausrüstung wurde in das Moskauer Glühlampenwerk Nr. 632 und in die Glühlampenfabrik Nr. 747 in Scholkowo abtransportiert, wo Röhrenverstärker, Kathodenstrahlröhren für Radaranlagen und spezielle Prüfstände für Vakuum-Funktechnik hergestellt werden sollte. An diese Betriebe ging auch der gesamte Vorrat an den in Deutschland erbeuteten Chips, Halbfertigprodukten und Rohstoffen.

Am gleichen Tag unterschrieb Stalin zwei weitere Verfügungen. Eine ging an Kabanow und betraf den Abtransport der Anlagen, Geräte, des Radars und des Versuchsfeldes, sowie des technischen Archivs und der Bibliothek aus dem Telefunken-Funkwerk in Leibusdorf in das Moskauer Forschungsinstitut Nr. 106 für Elektrotechnik. Die zweite Verfügung wies Berg als Vorsitzenden des Rates für Radarforschung an, das gesamte Eigentum der Radarreparaturwerkstätten in Wartenburg für das Werk 703 des Ministeriums für Schiffsbau abzutransportieren. Dieses sollte dann die Verteilung der Beute zwischen den „interessierten Betrieben" vornehmen.

Im April stießen die Beuteguteinheiten der Roten Armee in den geräumigen Kellern einer Bierbrauerei in Budafok bei Budapest auf große Lager für elektrotechnische Anlagen und Montage-Zubehör der Firma „Siemens", „Siemens-Schukkert" und der AEG. Der Fund kam in die Ukraine - nach Krasny lutsch und Charkow. Gleichzeitig begann der Abtransport von Anlagen und Prüftechnik der deutschen Firma „Erik Posharski" nach Kiew. In der Fabrik Nr. 784 des Ministeriums für Bewaffnung sollte die Produktion optisch-mechanischer Geräte für

Rüstungszwecke aufgenommen werden. Dorthin kam auch eine Spezialabteilung von Zeiss in Neudamm.

Aus den halbzerstörten „Werne-Werken T" von Siemens & Halske in Haselhorst bei Berlin wurde gut ein halbes Tausend intakter Anlagen nach Kaluga verbracht. Ein weiterer, im Berliner Stadtteil Charlottenburg angesiedelter Betrieb der Firma Siemens & Halske, der Telefone herstellte, ging nach Jushnaja an das „Granswjas-Werk", das dem Ministerium für Nachrichtenwesen unterstand. Das Elektrodenwerk der „Siemens Plania Werke" kam nach Stalinsk, dem heutigen Donezk, und nach Kudinowo. Auch vier Berliner AEG-Betriebe, wo Funk- und Meßtechnik, Spezialglühlampen, Kenotronen, Röntgenröhren und vieles andere mehr hergestellt wurden, sowie zwei Betriebe der AEG-Sachsenwerke in Niedersedlitz und Radeberg bei Dresden wechselten ihren Standort.

Da immer neue Lieferungen von Funk- und elektrotechnischen Anlagen in die Sowjetunion fällig wurden, hielt sich der Stellvertretende Minister für Elektroindustrie der UdSSR, Anton Towstopalow ständig in den zur Demontage freigegebenen „Objekten" auf. Dank seines Einsatzes wurden auch die Hallen von „Osram", „Kassierer" und der Darlovidwerke in Berlin leer gemacht. Das gleiche Schicksal traf in Dresden Koch & Sterzel, Albert Ebert, Franz Kostorp, Radio-Mende und Alfred Lüscher.

Im Köpenicker Funkwerk lief zeitgleich die Demontage und Verpackung der Vakuum-Anlagen mit mehr als 2 000 Stück Funkmeßgeräten für das Moskauer Forschungsinstitut Nr. 10, das dem Ministerium für Schiffbau unterstand. Der Minister für Flugzeugindustrie Alexej Schachurin beaufsichtigte die Verladung der Singer-Werke in Wittenberge, deren Anlagen an das Radar-Werk Nr. 283 in Leningrad gingen.

Die Anlagen aus deutschen Funkwerken und Betrieben der Elektroindustrie kamen vornehmlich nach Moskau, Leningrad, Charkow, Nowosibirsk, Tomsk, Woronesh und in Städte im Moskauer Gebiet. Dazu gehörten auch Lieferungen von elektronenoptischen Wandlern aus den AEG-Werken in Freiberg und den Karl-Zeiss-Werken in Unlenpig nach Charkow in der Ukraine, sowie Lieferungen aus den Berliner Blaupunkt-Werken nach Moskau. Für die Seekriegsflotte wurde unter anderem deren technische Dokumentation sowie die Ausrüstungen der zum Krupp-Konzern gehörenden Werke für Schiffsausrüstungen und Torpedos in der Nähe von Waldenburg requiriert. Sie landeten in Leningrader Werften. Die Anlagen der zu den „Külbo-Werken" gehörenden „Planeta" dagegen gingen an die Werft in Taganrog, während die feinmechanischen Werkstätten der Firmen „Focht" in Damgarten und „Lange-Mastke" in Greifenberg in das Leningrader Forschungsinstitut Nr. 49 abtransportiert wurden, das dem Ministerium für Schiffbau angegliedert war.

Je mehr technische Güter aus Deutschland eintrafen, desto aufwendiger betrieb Stalin sein Radarprogramm, von dem immer mehr Waffengattungen und Teilstreitkräfte profitierten. Die Verfügung 9 047 - geheim - des Staatlichen Komitees für Verteidigung vom 10. Mai enthielt Anweisungen zur Gründung von Produktionsbetrieben im Verband des Ministeriums für Verteidigung der UdSSR, in denen Radarstationen projektiert und hergestellt werden sollten, die ein „genaues Schießen auf unsichtbare und schnelllbewegliche Ziele" ermöglichten. Im Ministerien für Bewaffnung entstand eine neue, vierte Hauptverwaltung. Ihr wurde das ebenfalls neu gegründete Konstruktionsbüro Nr. 20 unterstellt, das im Rat für Technik einen eigenen Sektor bildete. Außerdem wurden ihm Sonder-Arbeitsgruppen aus dem Konstruktionsbüro für Artillerie sowie dem Konstruktionsbüro für Marineartillerie und Radar und zwei Spezialbetriebe zugeordnet. Für die gesamte Projektierung und Serienfertigung wurden 950 000 Dollar sowie eine Unzahl von erbeuteten Anlagen freigegeben.[43]

Die deutschen „Sonderlieferungen" für die Radarproduktion beschränkten sich natürlich nicht auf die Technik allein. Was abtransportiert wurde, ging weit über das hinaus, was zu Papier gebracht wurde. Das belegt unter anderem ein Bericht des Stellvertretenden Leiter des Konstruktionsbüros Nr. 17 w,

Wladimir Malyschew, über seine Aufgaben bei der Demontage des Transformatorenwerkes in Freistatt:

„Minister Schachurin, der persönlich den Fortgang unserer Arbeit verfolgte, ging bei seinem Besuch im Zentralen Konstruktionsbüro Nr. 17 auf die besondere Bedeutung dieses Betriebes ein und wies uns darauf hin, daß die Ausführung der Bauarbeiten in unserem Betrieb den vor uns stehenden gewaltigen Aufgaben gerecht werden müsse, die wir bei der Herstellung von Flugradars zu erfüllen haben. Auf der Grundlage dieser Anweisung sowie in Übereinstimmung mit dem Befehl des Bevollmächtigten für Beutegut der 1. Ukrainischen Front haben wir in dem Betrieb in Freistatt alle Anlagen demontiert und sie mitsamt der halbfertigen Produktion, der elektrischen Anlagen, dem Mobiliar und dem Fahrzeugpark abtransportiert."[44]

In Malyschews Demontage-Beschreibung ist alles aufgeführt. Bis hin zum letzten Nagel. Dafür gab es gute Gründe.

Sowjetische Radars tauchten bereits im September und Oktober 1945 auf. Das Ministerium für Verteidigung bekam Testexemplare von Geräten für den Schutz von Bombern im Falle eines Angriffs von hinten, genannt „TON", sowie SSL-Signalgeber, die anzeigten, wann ein Flugzeug ins Visier der gegnerischen Luftaufklärung geriet, Funkortungsstationen „GNEIS", „TJUIS", „REDUT", „Pegmatit", Leitstationen für Schiffe „MARS", Leitstationen für Geschütze „SON", sowie Rundblick-Stationen des Typs „Light warning" und vieles andere mehr.

Für seine Erfolge bei der Entwicklung der Radartechnik wurde A. Berg - der Mensch des XX. Jahrhunderts - 1946 zum Ordentlichen Mitglied der Akademie der Wissenschaften der UdSSR berufen.

Auch das Ministerium für Staatssicherheit kam bei der Verteilung der „Trophäen" aus deutschen Funk- und Elektrokonzernen nicht zu kurz. Die reiche kurländische Beute an neuesten Radarausrüstungen teilten sich der Marschall des Heeres Iwan Peresypkin und der Minister für Staatssicherheit

Wladimir Merkulow. Die von ihnen begutachteten Muster sandten sie an Kabanow zwecks Serienfertigung. Darunter waren auch Prototypen von Abhörzentralen, die an Werke des Ministeriums für Elektroindustrie in Leningrad und Charkow gingen.

Für das Ministerium für Staatssicherheit wurden auch das AEG-Werk für Starkstromtechnik und Cosinus-Kondensatoren in Rosenthal sowie das Lorenz AG Zweitwerk für Funkmeßtechnik in Mittweida und dessen Zweigstellen in Mühlhausen und Hohenelbe demontiert. Ersteres kam nach Serpuchow, letztere gingen - genauso wie die Georg-Seibt-Werke in Zittau - nach Gorki. Bei der Demontage des Berliner Funkhauses und des dortigen Fernsehzentrums wurde das Beutegut - Tonaufzeichnungs- und Tonwiedergabegeräte, sowie Abhörtechnik - gemeinsam mit den Beständen des Lagers der Alliierten Kontrollkommission in Bukarest nach Moskau verbracht.

Kurzum: Nach dem Sieg über Deutschland siegte in den Organen für Staatssicherheit die technische Revolution. Der Bau von speziellen „Objekten" für die Sicherheit wurde sowohl in der Sowjetunion als auch in den besetzten Gebieten in bisher nicht gekanntem Umfang vorangetrieben. Der technische Nachlaß der SS-Sondereinheiten und der Abwehr verschwand im KGB und dessen geheimen Betrieben. Auf Anforderung Merkulows bekam das Ministerium für Staatssicherheit, wo immer es erforderlich war, aus der Kriegsbeute alles nur Erdenkliche, selbst dann, wenn es sich - wie bei Starkstromleitungen und Toilettenbecken aus farbigem Porzellan - um ausgesprochene Mangelware handelte.

Für Stalin allerdings war der Siemens-Nachlaß vor allem deshalb interessant, weil er glaubte, damit den technischen Rückstand der Sowjetunion aufholen zu können. Kurz vor Kriegsende wurde ihm offenbar klar, daß in der militärischen Forschung unverzeihliche Fehler und Versäumnisse begangen worden waren.

Junge Wissenschaftler wie Jakow Seldowitsch und Julij Chariton von der Leningrader Technischen Fachhochschule sprachen schon 1939-40, genauso wie *Igor Kurtschatow*, auf den Sitzungen der sowjetischen Akademie der Wissenschaften begeistert über die Kettenreaktion bei der Spaltung von Uran, die furchtbare Explosionen hervorrief.

Für die nach wie vor in den Kategorien der roten Kavallerie denkende Nomenklatura waren das jedoch nur Märchen und dröges Zeug. Auch dann noch, als Deutschland, Frankreich, Großbritannien und die USA in Laborversuchen bereits an der Kernspaltung arbeiteten. Der Krieg spaltete die Phalanx der Atomphysiker in zwei Lager. Zwischen den USA und Großbritannien einerseits und dem Deutschen Reich andererseits entbrannte ein gnadenloser Wettlauf, der erst 1945 sein Ende fand. Die Sowjetunion konnte - nicht zuletzt durch eigenes Verschulden - in keiner Weise mithalten. Schon allein deshalb nicht, weil Roosevelt und Hitler die Wissenschaftler ernster nahmen als Stalin.

Im Herbst 1939 wurden führende deutsche Atomphysiker wie Werner Heisenberg, Carl-Friedrich von Weizsäcker, Paul Grattek, Otto Hahn, Wilhelm Groth, Diebner u.a. unter Leitung ihres uniformierten Kollegen Erich Schumann in der „Urangesellschaft" zusammengefaßt. Sie unterstand der Hauptverwaltung Bewaffnung. Wissenschaftliches Zentrum der Gesellschaft wurde das Physikalische Institut der Kaiser-Wilhelm-Gesellschaft in Berlin, zu dessen Rektor Professor Heisenberg berufen wurde. An den Forschungsarbeiten wurden auch die Institute für physikalische Chemie der Universitäten von Hamburg, Greifswald, Rostock, Leipzig und Heidelberg beteiligt.

In nur zwei Jahren war die Heisenberg-Gruppe mit den theoretischen Vorarbeiten und Versuchen für den Bau eines Uranreaktors mit schwerem Wasser fertig. Auf der Suche nach spaltbarem Material entschied man sich für die Isotope Uran 238 und Uran 235, die in herkömmlichen Uranerzen vorliegen.

Im Sommer 1940 schloß von Weizsäcker die theoretischen Arbeiten zur Umwandlung des Uran-Isotops 238 in ein neues Element ab. Dieses hatte ähnliche Eigenschaften wie das Uran-

Werner Karl Heisenberg (1901-1976)

Otto Hahn (1879-1968) und Lise Meitner (1878-1968) im Laboratorium

Isotop 235, das später in den USA die Bezeichnung Plutonium bekam, und konnte zur Kernspaltung verwendet werden.

Die deutschen Forscher waren auf ausreichende Vorräte an Uran, schwerem Wasser oder reinem Graphit angewiesen. Für Laborversuche reichten zwar die Uran-Erze, die in Jachimow in der Tschechoslowakei gefördert wurden; für die Serienproduktion indessen wurde weit mehr benötigt. Noch heikler sah es bei schwerem Wasser aus. Doch für dieses Problem fand sich alsbald eine Lösung. Nach der Besetzung Belgiens im Frühjahr 1940 fielen den Deutschen im Erzaufbereitungswerk Union Mineur bei Oolen 1 200 t Urankonzentrat und damit fast die Hälfte sämtlicher weltweit verfügbarer Uranreserven in die Hände. Die andere Hälfte wurde im September des gleichen Jahres illegal aus dem Kongo nach New York gebracht. Nach der Okkupation Norwegens waren die Deutschen auch im Besitz der „Norsk-Hydro-Werke" in Rjukana, dem damals weltweit einzigen Hersteller und Lieferanten von schwerem Wasser. Kurz vor der Besetzung exportierte Norwegen auf Bitten Frederic Joliot-Curies 185 Kilo schweres Wasser nach Paris. Dieses gelangte ebenfalls in die USA.

Im Dezember 1940 war die Heisenberg-Gruppe mit dem Bau des ersten Forschungsreaktors fertig. In Oranienburg begann die Firma „Auergesellschaft" mit der Aufbereitung metallischen Urans. In den Geheimlabors von Siemens suchte man bereits nach Wegen zur industriellen Graphit-Reinigung. Graphit sollte bei Fehlen von schwerem Wasser im Reaktor als Neutronenbremser verwendet werden.

Fast zeitgleich begannen Forschungen zum energetischen Teil des Projektes.

Der Weg zur Atombombe war für Deutschland frei, wie Heisenberg ohne auch nur den leisesten Anflug eines Zweifels im Sommer 1942 auf einer Beratung bei Rüstungsminister Albert Speer erklärte. Seiner Meinung nach würden bis zur Produktion der Bombe noch zwei, höchstens jedoch fünf Jahre vergehen. In der Reichsführung hatte man nichts anderes erwartet und das Projekt bekam weiterhin jede Unterstützung.

Stalin soll sich dem Vernehmen nach Ende 1943 besonnen haben. Sein Geheimdienst übermittelte ihm damals eine Information, die sich nicht so leicht verdrängen ließ: Die USA und Deutschland, so hieß es, arbeiteten heimlich an einer gigantischen Waffe. Ernsthaft mit der Atomforschung setzte er sich jedoch erst Ende 1944/Anfang 1945 auseinander - ein Jahr, nachdem die Verfügung über die Einrichtung des von Professor Kurtschatows geleiteten Labors Nr. 2 der Akademie der Wissenschaften in Kraft trat.

Die Verfügung 7 357 des Staatlichen Komitees für Verteidigung vom 19. Januar 1945 ließ wenig Zeit für die Fertigstellung des Zyklotronlabors im Leningrader physikalisch-technischen Institut. Schon am 1. Januar 1946 sollte dort die Arbeit aufgenommen werden. Zwei Akademiemitglieder - Abram Joffe, der Institutsdirektor, und Abram Alichanow, der Bauleiter, waren persönlich für die Einhaltung des Termin verantwortlich. Knapp einen Monat später, am 21. Februar, unterschrieb Stalin die Verfügung 7 572 des Staatlichen Komitees für Verteidigung „Über die Ausbildung von Atomphysikern für das Labor Nr.2 und die ihm angegliederten Dienststellen".

Diese Verfügung regelt in sechzehn Punkten bis ins Detail genau Bauleistungen, materielle Ausstattung und Finanzierung der Ausbildung, die Bereitstellung von Laborräumen, deren personelle Ausstattung, sowie den Bau eines Zyklotrons für die Moskauer Universität. Um die benötigte Anzahl von Studenten für den Studiengang „Atomphysik" zusammenzubekommen, wurden Beststudenten der oberen Semester aus anderen Hochschulen angeworben.

Leningrader Universitäten und Fachhochschulen, sowie das Moskauer Institut für Feinchemie wurden per Staatsplan beauftragt, verstärkt Chemiker für radioaktive und seltene Elemente, Spezialisten für Verdichter, sowie Molekularphysiker auszubilden. In nur einem Monat mußte die Staatliche Zentralverwaltung für Statistik alle Physiker mit deren genauem volkswirtschaftlichen Tätigkeitsbereich erfassen. Der Bericht ging an das Kurtschatow-Institut, das die benötigten Fachleute anforderte. Alle Verfügungen trugen den Stempel - streng geheim/besonders wichtig -. (Dies war die höchste Geheimhaltungsstufe des KGB - Anmerkung der Übersetzerin).

Bis zum Sommer 1945 kümmerte Stalin sich nicht sonderlich um die Forschungen der Atomphysiker. Zusammen mit *Lawrentij Berija* gab er jedoch Anweisung, das Projekt bevorzugt mit Baumaterial, Anlagen und Häftlingen aus den Straflagern zu versorgen.

Erst nach dem Atombomben-Abwurf auf Hiroshima und Nagasaki beschäftigte er sich eingehend mit dem Atomkonzept. Mit der Verfügung Nr. 9 887 - streng geheim - o.p. -[45] des Staatlichen Komitees für Verteidigung vom 20. August 1945 wurde beim Staatlichen Komitee für Verteidigung ein Sonderausschuß ins Leben gerufen, der „sämtliche Arbeiten zur Nutzung der dem Uran-Atom innewohnenden Energien", besonders jedoch den Bau von „atomenergetischen Anlagen sowie die Projektierung und Herstellung der Atombombe" koordinieren sollte. Zum Vorsitzenden des Ausschusses wurde Lawrentij Berija bestellt; Außerdem gehörten ihm Malenkow, Wosenessenskij, Boris Wannikow, Awraami Sawenjagin, Kurtschatow, Pjotr Kapiza, Wladimir Machnjow und Michail Perwuchin an. Das Gremium wurde von Kadern der Nomenklatura beherrscht; nur zwei seiner Mitglieder waren Wissenschaftler. Das fiel jedoch nicht weiter ins Gewicht, denn dem Komitee wurde ein von Wannikow geleiteter technischer Rat unterstellt, zu dessen wissenschaftlichem Sekretär Alichanow berufen wurde. Ihm gehörten die Akademiemitglieder Joffe, Kapiza, Kurtschatow, Witalij Chlopin, sowie Iwan Wosenessenskij, Isaak Kikoin und Chariton als korrespondierendes Mitglied, sowie Stalins Beobachter Machnjew und Sawenjagin an. Sie unterrichteten ihn über alle wissenschaftlich-technischen Fachdiskussionen und Projekte, die später im Rat erörtert wurden. Zur direkten Anleitung der gesamten Forschungstätigkeit, der Baustellen, Projektierungs- und Konstruktionsbüros sowie entsprechender Produktionsbetriebe wurde beim Ministerium für Verteidigung der UdSSR die

1.Hauptverwaltung gebildet. Nach der Gründung des Sonderkomitees, des technischen Rates und der 1. Hauptverwaltung
beim Ministerrat der UdSSR wurde in der Staatlichen Plankommission eine Materialverwaltung für das Sonderkomitee
gebildet, die der stellvertretende Planungschef, Nikolaj Borisow,
leitete. Nachdem Wannikow zum stellvertretenden Vorsitzenden des Sonderkomitees und zum Chef der 1. Hauptverwaltung ernannt worden war, wurde dieser von seiner Funktion
als Minister für Munition entbunden.

Beachtung verdient vor allem der letzte Punkt der Verfügung. Mit ihm läßt Stalin die Katze aus dem Sack. „Genosse
Berija wird angewiesen, Maßnahmen zu treffen, damit die sowjetische Auslandsaufklärung möglichst umfassende technische
und wirtschaftliche Informationen zu Uranindustrie und Atom-
bomben beschaffen kann. Berija übernimmt die Leitung sämtlicher diesbezüglicher Aktivitäten der Sicherheitsorgane, der
Hauptverwaltung für Aufklärung der Roten Armee und anderer Organisationen."[46]

Warum Stalin diesen Weg wählte, ist bis heute ungeklärt.
Entweder mißtraute er seinen eigenen Leuten und kopierte
daher ausländische Erfahrungen bis ins letzte Detail oder aber
er wählte aus Zeitgründen den Weg des geringsten Wider-
stands. Wahrscheinlich beides. Diesen Schluß läßt ein weiterer
Satz aus der Verfügung durchaus zu. Dort heißt es nämlich:
„Auf dem Staatsterritorium der UdSSR aber auch außerhalb
seiner Grenzen - in Bulgarien, der Tschechoslowakei und in
anderen Staaten - sind verstärkt geologische Erkundungen durchzuführen und entsprechende Verarbeitungskapazitäten zu schaffen."[47]

Wahrscheinlich waren die Leute aus dem Sonderkomitee
Heisenberg und dessen Kollegen auf die Spur gekommen. Rät-
selhaft war allerdings, wieso die Verfügung ausgerechnet bulga-
risches Uran erwähnte. Hinweise auf dessen Vorhandensein
fanden sich weder bei den Atomphysikern, noch bei den sowjetischen Projektverantwortlichen. Woher auch hätten sie
wissen sollen, welcher Herkunft das zu Forschungszwecken

Lawrentij Berija
(1899-1953)

Wladimir Bontsch-Brujewitsch
(1873-1955)

Georgi Alexandrow
(1908-1961)

Andrej Chruljew
(1892-1962)

gelieferte Uran war, von dem in der Verfügung 7 408 des Staatlichen Komitees für Verteidigung vom 27. Januar 1945 die Rede war. Das Dokument mit der Unterschrift Stalins und dem Vermerk - streng geheim - von besonderer Wichtigkeit - war nur für *Molotow* und Berija bestimmt. Dort liest man:

„1. In Bulgarien ist die Suche, Erkundung und Förderung von Uranerzen in der Ortschaft Goten und dessen Umgebung zu organisieren. Gleichzeitig sind andere bekannte oder mögliche Lagerstätten uranhaltiger Erze und Mineralien geologisch zu erkunden.

2. Das Ministerium für auswärtige Angelegenheiten (Gen. Wjatscheslaw Molotow) wird beauftragt, mit Vertretern Bulgariens über eine gemeinsame Sowjetisch-Bulgarische Gesellschaft mit sowjetischer Aktienmehrheit zwecks Suche, Erkundung und Förderung von Uranerzen in Goten und dessen Umgebung, sowie zur Erkundung anderer bekannter oder möglicher Lagerstätten uranhaltiger Erze und Mineralien zu verhandeln.

Bei den Verhandlungen mit Bulgarien und in der gesamten Dokumentation zur Gründung der Aktiengesellschaft sind die Lagerstätten als ‚radiumhaltig' zu benennen."

Die ersten Uran-Lieferungen der neugegründeten Aktiengesellschaft wurden von „Feinden der bulgarischen Revolution und des Weltproletariates" mit bloßen Händen und unter Aufsicht von Spezialeinheiten des NKWD und KGB gefördert. Das Sklavenheer wurde kontinuierlich „aufgefrischt". Das wird jedenfalls in Bulgarien erzählt. Allerdings gibt es heute nur noch wenige Augenzeugen dafür. Die damaligen Machthaber klammern sich nach wie vor an die von Stalin in Umlauf gebrachte Legende, wonach Bulgarien seinerzeit lediglich nicht waffenfähiges Industrieuran in die Sowjetunion lieferte.

Nicht zufällig spricht Stalin in seiner Verfügung vom 20. August von „möglichst umfassenden Informationen". Einige Fakten waren zu jenem Zeitpunkt nämlich schon bekannt.

Durch die Verfügung 8 861 „streng geheim" des Staatlichen Komitees für Verteidigung vom 31. Mai 1945 bekam die Moskauer Zweigstelle des Labors Nr. 2 die Ausrüstungen eines Speziallabors, sowie die gesamte wissenschaftliche Bibliothek der Institute für Physik und Chemie der Universitäten Greifswald und Rostock. Demontage und Abtransport des Beutegutes galten als „Maßnahme von besonderer Wichtigkeit im Interesse des Staates". Ihren Fortgang überwachte der auch für die Straflager zuständige stellvertretende NKWD-Chef Wassilij Tschernyschow. Für die Auswahl der Laborausrüstungen und der Bücher aus den Bibliotheken war Michail Pewsner, ein Mitarbeiter des Kurtschatow-Labors verantwortlich.

Sowjetische Beutegut-Einheiten und die Insassen ehemaliger KZ's bargen aus den von Trümmern verschütteten unterirdischen Hallen der „Auergesellschaft", die einem amerikanischen Luftangriff zum Opfer gefallen war, noch intakte Anlagen und Uran-Vorräte.

Letzte Zweifel an Stalins Atomplänen räumt die Verfügung 9 944 - streng geheim - des Staatlichen Komitees für Verteidigung vom 30. August 1945 aus. Auch sie stammt aus der „besonderen Mappe für die Regierung" und regelt den Bau der Objekte A und G, die beide mit Uran-Graphit-Reaktoren ausgestattet waren. Dort gelang sowjetischen Wissenschaftlern am 25. Dezember 1946 die erste kontrollierte Kernspaltung. In der Verfügung heißt es:

„Der Minister für Elektroindustrie, Kabanow wird angewiesen, innerhalb einer Woche der 1. Hauptverwaltung beim Ministerrat die gesamte Einrichtung des aus Berlin-Siemensstadt abtransportierten Siemens-Forschungslabors, einschließlich Geräte, Laborglas, Reagenzien und der Bibliothek zu übergeben.
...Der Minister für Bewaffnung, Chruljew, wird angewiesen, der 1. Hauptverwaltung beim Ministerrat Mobiliar aus dem Beutegutlager seiner Behörde zu übergeben.
...die 1. Hauptverwaltung beim Rat der Minister ist ermächtigt, für die Ausstattung der Objekte A und G aus Deutschland die benötigten Anlagen, Geräte, Materialien sowie technische Literatur in

unbegrenzter Höhe als Reparationsleistungen abzutransportieren."

Offensichtlich war das Siemens-Labor zunächst in falschen Händen. Dieser Irrtum wurde jedoch umgehend korrigiert. Was konkret in die Sowjetunion verbracht wurde, läßt sich schwer sagen, denn alle technischen Informationen zum sowjetischen Uranvorhaben sind Staatsgeheimnis und werden es sicherlich noch lange bleiben. Experten vermuten, daß man bei Siemens an einem Reaktor für elektromagnetische Uran-Spaltung gearbeitet hat. Mit Bestimmtheit läßt sich jedoch sagen, daß Siemens Kurtschatow und dessen Leute ein ganzes Stück weitergebracht hat. Im Vergleich zu dieser Hilfe nehmen sich die etwa zweihundert klapperigen Bettstellen, ein paar Hundert Teppiche sowie einige Dutzend Klaviere, Flügel und andere Einrichtungsgegenstände, die in die Siedlungen der Atomforscher gebracht wurden, mehr als bescheiden aus.

Bis heute ist nichts über den Verbleib zweier wissenschaftlicher Zentren des Deutschen Reiches bekannt: Der Leipziger Universität und des Physikalischen Instituts der Kaiser-Wilhelm-Gesellschaft in Berlin. Die Top-Wissenschaftler dieses Instituts wurden im Herbst 1944 nach Straßburg evakuiert. Eine zweite Gruppe, zu der auch Heisenberg gehörte, kam nach Echingen. Dort wurde der in Berlin abgebaute Atomreaktor neu aufgebaut. Die Alliierten hatten vereinbart, daß Echingen zur französischen Besatzungszone gehören würde. Die Amerikaner indessen griffen den Verhandlungen vor, eroberten die Stadt und nahmen die deutschen Physiker gefangen. Unter ihnen war auch Otto Hahn. Heisenberg selbst floh nach Bayern. Bevor die Franzosen in Echingen einmarschierten, sprengten die Amerikaner den Reaktor. Die Franzosen nannten die Operation später „Betrug".

Reiche Beute machten die Amerikaner nicht. Ihnen fielen nur von Weizäckers Kladden zu Laborversuchen in die Hände. Von dem Archiv Heisenbergs fehlt jede Spur.

Die schon erwähnte Verfügung des Staatlichen Komitees für Verteidigung vom 30. August 1945 beautragte darüber hinaus den Bevollmächtigten des Sonderkomitees, Saburow, weitere Anlagen und wissenschaftlich-technische Geräte aus Deutschland für die Forschungszentren und Versuchsstellen der sowjetischen Atomwissenschaftler aus Deutschland abzutransportieren.

Für die Erfüllung der Stalinschen Verfügungen waren Berija und dessen Untergebene zuständig. Ihnen ist es zu verdanken, daß der deutsche Physiker Klaus Fuchs seine Geheimnisse preisgab. Fuchs, den die Nationalsozialisten verfolgten, war nach Großbritannien geflüchtet und emigrierte dann in die USA, wo er im Rahmen des Manhattan-Projekts an der Entwicklung der Atombombe mitarbeitete. Fuchs gab seine Erkenntnisse gewissenhaft an die sowjetische Aufklärung weiter. Von dort aus wiederum bezogen auch Kurtschatow und Chariton ihre Informationen. Chariton äußerte dazu gegenüber dem Publizisten Jaroslaw Golowanow „Fuchs war über vieles informiert. Er wußte beispielsweise Einzelheiten zur Teilchen-Ladung explosiver Gemische. Daher wurde beschlossen, eigene Erfindungen zurückzustellen und statt dessen die erhaltenen Informationen zu nutzen."

Nach dem Krieg kehrte Fuchs nach England zurück, wo er von der britischen Abwehr enttarnt wurde. Wegen Zusammenarbeit mit dem KGB wurde er zu 14 Jahren Haft verurteilt, von denen er neun absaß. Seinen Lebensabend verbrachte Fuchs in der DDR.

Nachdem die ausländische Variante zur Herstellung einer Atombombe erstmalig erfolgreich erprobt worden war, soll Wiktor Turbiner, der Erfinder und Konstrukteur der ersten sowjetischen Bombe, geweint haben. Er konnte es einfach nicht fassen.

Genauso brennend interessierte sich Stalin auch für die geheime Raketenforschung, für die sogenannte Vergeltungswaffe „V", in die Hitler große Hoffnungen setzte. Sowjetische wie ausländische Forscher und Konstrukteure nannten sie „Fliegendes Geschoß." Um sie ranken sich viel Legenden. Ihre wahre, dokumentarisch belegte Geschichte ist jedoch weitgehend unbekannt.

Wernher von Braun und General Dornberger, der militärische und wissenschaftliche Leiter des Vorhabens „Vergeltungswaffe", waren den Atomforschern in ihrer Entwicklungsarbeit um vieles voraus. Im Sommer 1942 ging die V1 in Serienfertigung. Im Herbst begannen erste Versuche mit den ballistischen V2-Raketen. Wie die sowjetische Aufklärung der Regierung in Moskau berichtete, haben deutsche Raketentruppen von September bis Dezember 1944 Großbritannien mit 225 Raketen angegriffen. 40% schlugen im Großraum London ein. Über Belgien gingen 515 Raketen nieder, in Nordfrankreich, Holland und Luxemburg 60.[48] Quellen, die andere Zahlen zum Einsatz deutscher Raketen während des gesamten Kriegszeitraums bringen, übertreiben.[49]

Hitlers eindeutige Nordwestorientierung für den Einsatz der Raketenwaffen ist Gegenstand einer ganzen Reihe gewagter Vermutungen und Spekulationen. Der Minister für Bewaffnung Wannikow war vorsichtiger:

„Die Deutschen hatten gute Gründe, die neue Wunderwaffe nur an der Westfront, nicht aber im Osten, dem wichtigsten und entscheidenden Kampfabschnitt, einzusetzen. Der Südosten Englands mit London, aber auch Belgien waren erklärtes Haupteinsatzgebiet für Raketenwaffen großer Reichweite und dieses Ziel rechtfertigte offenbar die hohen Kosten für einen Abschuß von Deutschland aus."[50]

Die erste V1 kam Ende Oktober 1944 aus Großbritannien in die Sowjetunion. Wahrscheinlich war sie in die Nordsee gefallen und dort von englischen Tauchern geborgen worden. Dem Geschoß waren bereits Teile entnommen. So fehlte beispielsweise die automatische Treibstoffzuleitung für den Motor des Autopiloten und der Kompaß. Ob dies Absicht oder ein Versehen war, läßt sich nicht mehr feststellen.

Stalin gab Anweisung, die fehlenden Teile sofort nachzubauen und eine der V1 ähnliche Flügelbombe zu entwickeln. Das deutsche Muster wurde in den Betrieb Nr. 51 für Luftfahrttechnik gebracht. Mit ihm befaßte sich der Chefkonstrukteur für Düsenantrieb, Wladimir Tschelomej.

Nach kaum drei Monaten hielt Schachurin mit einer prall gefüllten Dokumentenmappe bei Stalin Vortrag. Die Versuche seien erfolgreich gewesen, berichtete der Minister. Tschelomej hatte zwei Varianten eines Düsenantriebs gebaut: *D-3 und D-5*[51] und der Ingenieur Leonid Sorokin einen Autopiloten und einen Magnetkompaß zur Kursüberwachung. Zwei Prototypen waren bereits fertig montiert und hatten erste Erprobungen im Windkanal hinter sich. Mit den Versuchsergebnissen war Stalin zufrieden. Noch aber waren die neuen Waffen nicht im freien Flug erprobt worden.[52] Schachurin, der an die Zuverlässigkeit der Versuchsmuster glaubte, bestand auf Testflügen bei gleichzeitiger Aufnahme der Serienproduktiom. Stalin gab grünes Licht.

Es wurde beschlossen, zusätzliche Serien von Flügelbomben herzustellen und diese von Februar bis April in der Hungersteppe zu testen. Vor allem Geschwindigkeit und Reichweite der neuen Geschosse, Treffergenauigkeit, Autopilot und der Kompaß mit Kurskorrektur sollten überprüft werden. Da es keine Startrampen gab und die Konstrukteure nicht in der Lage waren, ein eigenes System dafür zu entwickeln, beschloß man, die Geschosse mit Bombern des Typs Pe-8, Il-4 und Er-2 abzuwerfen. Um die Arbeiten weiter zu beschleunigen, setzte Stalin für die Konstrukteure personengebundene Prämien aus: für den Bau einer Flügelbombe mit Antrieb 150 000 Rubel, für Problemlösungen in Verbindung mit dem automatischen Flugbetrieb 50 000 Rubel und für den Bau von Abschußrampen 75 000 Rubel. Um einzelne Arbeiter und Techniker zu prämiieren, die sich um die Erfüllung des Auftrags besonders verdient gemacht haben, bekam Schachurin einen zusätzlichen Prämienfond von 3 Millionen, und Wannikow von 300 000 Rubeln.[53]

Ohne die Ergebnisse der Testflüge abzuwarten, bekamen die Betriebe Nr. 51, 122, 125 und 458 der Ministerien für Luftfahrt und Munition Anweisung, mit der Produktion der Waffe zu beginnen. Betriebe aus vier weiteren Ministerien fungierten als Zulieferer. Zur Erweiterung der Produktionsfläche und des Versuchsfeldes bekamen das Forschungsinstitut Nr. 1, das Forschungsinstitut für Luftfahrt, sowie die an der Produktion beteiligten Betriebe 700 Stück Ausrüstungen, die unter der Kategorie „Mangelware" rangierten. Der Minister für Außenhandel, Anastas Mikojan wurde beauftragt, weitere 700 Stück Spezialwerkzeugmaschinen in Großbritannien und den USA einzukaufen. Der Minister für Finanzwesen, Arseni Swerjew mußte außerdem 50 000 Rubel in Devisen freigeben, für die sowjetische Außenhandelsbetriebe ausländische wissenschaftliche und technische Fachliteratur besorgen mußten. 15 Absolventen der Akademie der Luftwaffe, 30 Absolventen von Fachhochschulen für Militärtechnik, sowie 2 500 Techniker wurden für die Produktion der neuen Waffe freigestellt.

Ganze Züge mit Versuchsanlagen und Ausrüstungen für Flugplätze rollten Richtung Hungersteppe. Anfang Februar kam vom Oberkommandierenden der 1. Ukrainischen Front, Marschall Konjew, eine erfreuliche Nachricht. Seine Truppen hatten im Raum Katowice-Szenzctochau ein deutsches Testgelände entdeckt, auf dem Raketen und Flügelbomben erprobt wurden. Eine Expertengruppe unter Leitung von Generalmajor Nikolaj Petrow vom Flugsicherungsdienst bekam Befehl, das Versuchsgelände zu inspizieren und den Abtransport der Anlagen vorzubereiten.

All diese Mühen waren jedoch vergeblich. Bei Kattowitz fand man nur Teile bereits zerlegter fliegender Geschosse und die Überreste demontierter Abschußrampen. Die Feldversuche in der Hungersteppe indessen wurden verschoben. Versuche, den Prototypen der Flügelbombe D-5 mit dem neuen Bomber Er-2 abzuwerfen, wurden abgesagt, weil es Probleme mit dem Treibstoffgemisch gab. Zudem rückten die sowjetischen Truppen unaufhaltsam nach Westen vor und bald schon hatten die Raketenbauer mehr Glück.

Im März 1945 nahm Marschall Konjew die „Huta-Bankowa-Werke" in Dombrowa Gurna und die Ferrum-Werke in Kattowitz ein, wo die deutschen Raketen hergestellt wurden. Deren Anlagen wurden im April nach Moskau abtransportiert. Sie kamen in das Konstruktionsbüro Nr. 47 des Ministeriums für Munition, das dort entstand.

Anfang April fanden die sowjetischen Truppen in Speck bei Altdamm endlich die Abschußrampen der Raketen. Sie wurden sofort in das Werk Nr. 458 bei Sawjolowo gebracht.

Auch der Mai brachte reiche Beute. Zunächst besetzte die Rote Armee die Raketen-Versuchsstelle Insel bei Peenemünde - Wernher von Brauns wissenschaftliches Domizil. Nach einer Vorabinspektion von Institut und Versuchsgelände setzte sich der Chefingenieur des Betriebes Nr. 9 des Ministeriums für Munition, Swintschitzki dorthin in Marsch. Ihn begleiteten 15 Experten, unter ihnen auch der künftige sowjetische Raketenspezialist Koroljow. Die Gruppe wurde durch Beutegut-Einheiten und ehemalige Kriegsgefangene unterstützt. Mit einer Verfügung des Staatlichen Komitees für Verteidigung in der Tasche, nahmen sie 150 V2-Turbinen, Funksteuerung, 20 Sätze Graphitrollen, 25 Prüfstände, unterirdisch verlegte Leitungssysteme und anderes mehr in Besitz. Ein Teil der Abschußrampen und Versuchsanlagen für Raketen größerer Reichweite ging an das Testgelände auf der Krim.[54]

Innerhalb weniger Tage beförderten die Flugzeuge der Luftarmee von General Stepan Krasowski mehr als 200 Stück Spezialanlagen, Zubehör, Halbfertigprodukte und technische Unterlagen in das Zentrale Konstruktionsbüro Nr. 17 des Ministeriums für Luftfahrt. Sie stammten aus Betrieben in Mittelstein, Rockers und Juschenburg[55], wo die V2, Relais für deren Steuerung und Geräte zur Steuerung von Flugzeugen hergestellt wurden.

Der Direktor des Forschungsinstituts Nr. 24 des Ministeriums für Munition, Pjotr Cholodny, veranlaßte in Fürstenberg persönlich den Abtransport von Versuchsmodellen, Zeichnungen und einer technologischen Beschreibung der Betriebe für sein Institut.

Am 31. Mai erließ das Staatliche Komitee für Verteidigung eine weitere, streng geheime Verfügung „zur Erkundung und Ausfuhr von Laborausrüstungen, Zeichnungen und Versuchsmodellen deutscher Flügelbomben und Raketen". Das Dokument beauftragte Minister Wannikow, aus den Rhein-Metall-Borsig-Werken in Berlin-Marienfelde unverzüglich alle Versuchsanlagen versandfertig zu machen. Sie gingen an den Betrieb Nr. 67 in Moskau und das Konstruktionsbüro Nr. 1, wo ein analoger Betrieb aufgebaut werden sollte. Der Leiter der technischen Abteilung des Ministeriums, Michail Klawsut erledigte diesen Auftrag. Im letzten Teil der Verfügung ging es um operative Arbeit:

„...Da die Entwicklung der Raketentechnik in der UdSSR höchste Priorität hat, werden die Bevollmächtigten des Sonderkomitees beim Staatlichen Komitee für Verteidigung, die Genossen Saburow, Sernow, Gamow und Kutschumow angewiesen, die Standorte von Laboratorien und Anlagen, sowie Versuchsmodellen und technischer Zeichnungen vor Ort zu erkunden und dem Sonderkomitee beim Staatlichen Komitee für Verteidigung unverzüglich Vorschläge zu deren Überführung an das Ministerium für Munition zu unterbreiten.

...Die Hauptverwaltung für zivile Luftfahrt (Genosse Fjodor Astachow) wird angewiesen, Zeichnungen und Versuchsmodelle von Raketen sowie teure Laborausrüstungen per Flugzeug an das Ministerium für Munition zu überstellen.[56]

Um den Jagdeifer der Beutegut-Abteilungen weiter anzukurbeln, gab Stalin am gleichen Tag die Anweisung, alle Bevollmächtigten des Sonderkomitees beim Staatlichen Komitees für Verteidigung, sowie dessen Angestellte im Sold und der Verpflegungsrationen den Führungsstäben der Rückwärtigen Dienste der Roten Armee gleichzustellen.

Die Suche begann sofort und auch die einzureichenden Vorschläge ließen nicht lange auf sich warten. Klawsut organisierte in nur zwei Monaten den Abtransport von Material, Laborausrüstungen, technischer Dokumentation und der Bibliothek, sowie der Energieversorgungssystems des Berliner Staatlichen Instituts für technische Chemie in die Forschungsinstitute Nr. 6 und 24.

Im Juli kamen die Bevollmächtigten des Sonderkomitees beim Staatlichen Komitee für Verteidigung nach Nordhausen.

Die Geheimnisse der deutschen Raketenforschung beschäftigten nicht nur die Sowjetregierung. Obwohl die USA im Besitz der Atombombe waren, interessierten sie sich brennend für die Peenemünder Projekte. Im April kamen sie nach Nordhausen, wohin die Produktion der V1 und V2-Raketen teilweise ausgelagert worden war. Auf dem Seeweg über Antwerpen konnten sie mehr als 100 komplette ballistische Raketen, sowie einen Teil der technischen Dokumentation in die USA bringen. Die sowjetische Aufklärung und die Bevollmächtigten des Sonderkomitees beim Staatlichen Komitee für Verteidigung konnten in Nordhausen nur noch Nachlese halten.

So schien es jedenfalls. Die Verfügung 9 716 - streng geheim - des Staatlichen Komitees für Verteidigung vom 3. August 1945 liest sich anders. Demzufolge wurden aus den unterirdischen Hallen der „Nordwerke" und der „Mittelwerke", vier Kilometer nördlich von Nordhausen, 3 000 Stück Spezialanlagen abtransportiert.

Die Anlagen zur Herstellung der V1, zur Produktion von Flugzeugmotoren und Strahltriebwerken kamen in die Luftfahrtbetriebe in Moskau und Ufa. Die Anlagen zur V2-Produktion und zur Herstellung der Taifun-Geschosse für die Luftabwehr wurden Moskauer Betrieben des Ministeriums für Munition zugesprochen.

Wie aus einem Bericht von Minister Wannikow an die Regierungskommission deutlich wird, war die Sowjetunion im Besitz detailliertester Kenntnisse der deutschen Raketentechnik:

„Bei der Inspektion von Betrieben, Konstruktionsbüros und Übungsgeländen in Deutschland, Polen, der Tschechoslowakei, Ungarn und Österreich, wo neue Raketen entwickelt, gebaut und erprobt wurden, sowie durch Befragung von Personen, die an diesen Entwicklungen beteiligt waren, sind Zeichnungen, Versuchsmodelle, Material, technische Dokumentation, Fotos, Filme und andere Dokumente zusammengetragen worden, die eine vorläufige technische Bestandsaufnahme ermöglichen und in Einzelfällen sogar für den Bau einzelner Exemplare ausreichen.

...Die deutschen Raketen, besonders die großkalibrigen mit erhöhter Reichweite, wie beispielsweise die V 2, sind so kompliziert, daß ein Ministerium allein das Problem nicht bewältigen kann. Erforderlich ist das Zusammenwirken mehrerer Branchen, wie Elektroindustrie, Motoren- und Turbinenbau oder Schwermaschinenbau usw.

...Die Super-Langstrecken-Raketen wurden in Karlshagen und Peenemünde auf der Insel Usedom bei Stettin entwickelt. Dort befand sich das deutsche Raketenforschungszentrum.

...Das Fernsteuerungssystem der Raketen ist äußerst kompliziert. Es besteht fast ausschließlich aus elektrischen und funktechnischen Elementen. 83 Elektroden sowie etwa 80 Relais steuern eine Vielzahl elektrischer Antriebsmechanismen und Elektromotoren. Ihre Serienfertigung ist nur unter den Bedingungen sehr hoher Produktionskultur möglich.

Die Steuerungssysteme wurden in Zusammenarbeit von Siemens AEG und Telefunken hergestellt. Die Kosten des Fernsteuerungssystems machen den Großteil der Gesamtkosten der Rakete aus."[57]

Wannikow datiert seine Niederschrift auf den 18.9. Juli 1945. Zu jenem Zeitpunkt war der Abtransport der Peenemünder Anlagen noch nicht abgeschlossen.

In allernächster Nähe zu Peenemünde, auf der Insel Rügen, hatte Telefunken bei Göhren ein Forschungsinstitut. Matrosen der Baltischen Flotte verluden dort Ende Juli Radaranlagen und die technische Dokumentation. Sie gingen nach Leningrad.

Auch die deutsche Flugzeugindustrie war für die Sowjetunion ein wunder Punkt. Sowjetische Konstrukteure und Industriekapitäne, die eine Menge an ideologischem Ballast mit sich herumschleppen mußten, waren während des gesamten Krieges auf die von Iljuschin gebauten Bomber und Kampfflugzeuge mit Recht stolz. Sie allein konnten es, was bestimmte taktische und technische Parameter anbelangt, mit den deutschen Maschinen aufnehmen. Allerdings nur bis spätestens 1943. Die späteren Typen von Bombern, Jagdflugzeugen und Stukas der Luftwaffe gehörten einer völlig neuen Generation von Flugzeugen mit Strahltriebwerken und Autopiloten an. Sowjetische Konstrukteure und Flugzeugbauer konnten bei ihrem Anblick nur hilflos mit den Armen rudern. Zu ihrer Rechtfertigung kann nur gesagt werden, daß die unglaublichen Verluste der Roten Armee zu Kriegsbeginn zwangsläufig zu einem Massenausstoß an vereinfachten Typen führten. Negativ schlug außerdem zu Buche, daß die Verbesserung ihrer Kampfeigenschaften an den relativ bescheidenen Möglichkeiten der Herstellerbetriebe und nicht zuletzt am Mangel an entsprechend geschulten Facharbeitern scheiterte. Der technische Rückstand der sowjetischen Flugzeugindustrie gegenüber Deutschland machte sich besonders gegen Ende des Krieges bemerkbar.

Als Stalin seine streng geheime Verfügung unterschrieb, durch die die Kasaner Flugzeugwerke, wo der viermotorige Bomber B-4 hergestellt werden sollte, mit deutschem Beutegut aufgerüstet wurden, sagte er, daß dieser Flugzeugtyp nur mit moderner Technik - Radar, Zielgerät, Bordelektronik, Bewaffnung und Bombenabwurfschacht - produziert werden könne.[58]

Ähnliche Anweisungen bekamen auch die Kiewer Flugzeugwerke. Dorthin hatte man Produktionsanlagen aus Torun sowie Ausrüstungen der Babelsberger „Arado-Werke" gebracht. Drei Zweigstellen der Firma in Klausdorf gingen an den Sonderstützpunkt Nr. 2 der Hauptverwaltung für Beutegut. Die Ausrüstung der Warnemünder Flugzeugwerke, wo die Fokke-Wulf-190 gebaut wurden, sowie deren neun Zweigstellen in Malchin, Stavenhagen, Teterow, Thiessen, Tutow und Greinswalde teilten sich die 23. Flugzeugfabrik in Moskau und die Leningrader Flugzeugwerke. In der Nähe von Warnemünde fand man übrigens ein Modell des Düsenbombers „ARADO 234" das nach Kratowo bei Kasan kam.

Das gleiche Schicksal ereilte die Messerschmitt-Werke in der sowjetischen Besatzungszone. In den Messerschmitt-Werken im österreichischen Wiener-Neustadt hatten sowjetische Truppen schon im April 13 neue Jagdflugzeuge der Typen Me-109 G und der Neuentwicklung 10-P erbeutet. Drei davon kamen zu Forschungszwecken in das Forschungsinstitut der Luftstreitkräfte der Roten Armee, zehn an die Offiziershochschule für Luftkampf in Luberzy bei Moskau. Beim Sturm des Prager Militärflugplatzes im Mai 1945 wurden sechs Me-262 erbeutet. Vier wurden sorgfältig in ihre Einzelteile zerlegt. Ihre Überführung in das Forschungsinstitut Nr. 1 der Flugzeugindustrie dauerte ganze zehn Tage.

Auch nach Kriegsende wartete auf die Konstruktionsbüros der Flugzeugindustrie und die Sonderstützpunkte der Beutegutabteilungen reiche Beute aus dem Nachlaß deutscher Flugzeugwerke und Forschungszentren.

Das betraf unter anderem die Firmen „Hirt", „Hentschel", „Otto Peran", „Heinkel", „Daimler-Benz", „Mofa", „Steyer-Daimler-Puch" und „Junkers".

Am Schluß seines Berichtes für die Regierungskommission schrieb Minister Wannikow:

„Viel Arbeitet wartet auf uns, um all die Modelle und das gesamte Material zu untersuchen, damit die neue Raketentechnik weiter vervollkommnet werden kann. Sie hat absolute Priorität und muß bei der Bewaffnung an vorderster Stelle stehen..."[59]

V.
Auf den Schwingen des Reichs

Bevor von Partei- und Regierungsgeheimnissen die Rede sein soll und um zu verstehen, um welche Technologien es sich handelt, ist es angebracht, einen kurzen Blick auf die Vielfalt deutscher Raketentechnik zu werfen. Nur so wird man der Bedeutsamkeit der Kriegsbeute gerecht. Um so mehr, da viele Parameter von Modellen für Kampfflugzeuge sogar in der Fachliteratur fehlen.

Im Sommer 1945 machten die sowjetischen Militärs Bestandsaufnahme. Aus der Sicht eines Konstrukteurs waren die V1-Raketen Flugapparate mit automatischer Fernsteuerung. Auf Kurs getrimmt wurden sie durch einen Kompaß mit Kurskorrektur, einem Höhenmeßgerät und dem eingegebenen Kurs. Die Reichweite - sie lag bei maximal 400 Kilometern - wurde durch einen Kilometerzähler kontrolliert. Die Fluggeschwindigkeit betrug bis zu 600 km/h. Die Startmasse betrug 2,2 Tonnen, der Sprengsatz wog etwa 700 kg.

Die einstufige ballistische Rakete V2 - auch als A4 bekannt - wurde durch ein kompliziertes funkmechanisches Fernsteuerungssystem gelenkt. Kurskorrekturen erfolgten von den Boden-Abschußrampen mit Hilfe spezieller Startanlagen, die mit ferngesteuerter Funkmechanik und Radar ausgerüstet waren. Die Rakete wurde durch ein Flüssigkeits-Strahltriebwerk mit einer Schubkraft von 25 Tonnen gezündet. Die V2 hatte eine Masse von zwölfeinhalb Tonnen, ihre Sprengladung wog etwa 700 Kilo. Ihre Reichweite lag bei 350-400 km. Für gewöhnliche Kampfaufgaben stieg die Rakete etwa 90-100 km auf, in Sonderfällen erreichte sie jedoch spielend die doppelte Höhe.

Auf der Basis der V2 entwickelten Wernher von Braun und Chefkonstrukteur Herrmann Oberth Ende 1944 Pläne zum Bau einer zweistufigen ballistischen Interkontinentalrakete des Typs A-9/A-10 mit einer Reichweite von bis zu 5 000 km. Bei einer Masse von bis zu einer Tonne sollte sie diese Entfernung nach dem Willen ihrer Schöpfer möglichst in 35-40 Minuten bewältigen. Mit solchen Raketen wollte man die Großstädte in den USA angreifen. Die Operation mit dem Decknamen „Elster" trat am 30. November 1944 in die heiße Phase, als ein U-Boot zwei Agenten des Reichssicherheitsdienstes an der amerikanischen Ostküste aussetzte: Erich Gimpel und William Colpag. Sie hatten in einem Siemens-Labor ein Spezialtraining absolviert und sollten auf New Yorker Wolkenkratzern Funkbojen anbringen, die sie, um die Treffsicherheit der angreifenden Raketen zu erhöhen, zu einem Zeitpunkt in Betrieb setzen sollten, der ihnen noch mitgeteilt werden würde. Beide Agenten flogen jedoch auf und das Projekt A-9/A-10 kam über das Versuchsstadium nicht hinaus.[60]

Die ferngelenkte Rakete „Rheintochter" sollte gegen Bomber eingesetzt werden. Sie wurde mit einem Flüssigkeits- bzw. Pulver-Strahltriebwerk gezündet und per Funk von der Erde ferngesteuert. Sie hatte eine Masse von einer Tonne; ihr Sprengsatz wog 150 kg.

Die ferngelenkte Enzian-Rakete war zum Abschuß von Flugzeugen entwickelt worden. Sie hatte Flüssiggas-Strahltriebwerke und drei Kreisel. Auch sie wurde von einer Bodenstation aus per Funk gesteuert. Entwickelt hatte sie die Firma Messerschmitt, die Steuerung stammte von „Askania".

Die nicht ferngelenkte Rakete „Rheinbote" war zum Abschuß auf weit entfernte Ziele - bis zu 180 km - entwickelt worden. Sie wurde durch ein Pulver-Strahltriebwerk gezündet und wog 1,7 t. Ihr Sprengsatz hatte eine Gewicht von 40 Kilo.

Auch die Taifun-Raketen waren nicht lenkbar. Sie wurde als Fliegerabwehrgeschoß eingesetzt. Mit Flüssigkeits- oder Pulverstrahltriebwerken gezündet, flog sie in 20 km Höhe am besten. Flugkörper und Abschußrampen wurden nicht gefunden. Ebensowenig technische Zeichnungen. Nur ihr Funktionsschema sowie die Anlagen, mit denen sie gebaut wurde, existieren.

Von einer weiteren nicht ferngelenkten Rakete ist nur die russische Bezeichnung „SK-500-PC" bekannt. Sie wurde als

Luft-Luft-Rakete eingesetzt und hatte eine Pulverzündung. Ihre Reichweite lag bei 1,5 km. Ihr Sprengsatz wog bis zu 120 Kilo.

Die ferngelenkte Rakete des Typs „Schmetterling" wurde mit Flüssigkeits-Strahltriebwerken gezündet. Die Boden-Luft-Rakete wurde in den Schönefelder Hentschel-Werken entwickelt und hergestellt.

Die ferngelenkte „Wasserfall"-Rakete wurde mit einem Säure-Flüssigkeits-Strahltriebwerk gezündet. Modelle fand man nicht, dafür aber einen kompletten Satz von Zeichnungen nebst technischer Beschreibung.

Die Gleitbombe HS-293 wurde zur Bekämpfung schwimmender Ziele auf See durch Flugzeuge eingesetzt. Sie verfügte über eine Funksteuerung und erreichte ein Gewicht von bis zu zwei Tonnen. Ihr Sprengsatz wog etwa 600 kg.

Auch die mit Strahltriebwerk versehene Gleitbombe HS-294 war zur Bekämpfung schwimmender Ziele auf See durch Flugzeuge entwickelt worden. Die mit Funksteuerung ausgerüstete Waffe wog annähernd zwei Tonnen, ihr Sprengsatz etwa 600 kg.

Die zweimotorige Düsenmaschine Messerschmitt-262 wurde als Jäger und Jagdbomber entwickelt. Ihr Gasturbinen-Triebwerk JUMO-004 erreichte eine Stundengeschwindigkeit von 950 km und konnte Einsätze bis zu 50 Minuten fliegen. Sie war mit vier 30-mm-Bordkanonen ausgerüstet.

Der Düsenabfangjäger Messerschmitt-163 hatte einen Walther-Flüssigkeitsantrieb. Er konnte schnell aufsteigen und erreichte beim Geradeausflug Höchstgeschwindigkeiten von bis zu 1 000 km/h, wobei die Maschine sich bis zu acht Minuten in der Luft halten konnte; bei niedrigeren Geschwindigkeiten sogar bis zu einer halben Stunde. Die Maschine war mit zwei 20- oder 30-mm-Bordkanonen bewaffnet.

Die „Arado-234" hatte zwei bzw. vier Gasturbinen-Triebwerke des Typs BMW-003. Sie konnte sowohl als Aufklärer, Bomber und bedingt auch als Jagdflugzeug eingesetzt werden und erreichte eine Höchstgeschwindigkeit von 850 km/h. Ihre

Bewaffnung bestand aus zwei 20-mm-Bordkanonen und zwei 500-Kilo-Bomben.

Die „Heinkel-162" war mit einem BMW 003-Gasturbinen-triebwerk ausgerüstet und als Jäger entwickelt worden. Ihre Geschwindigkeit lag bei 900-950 Stundenkilometern.

Beim Flugzeugbau spielte der Antrieb eine herausragende Rolle, da die Flugeigenschaften in erster Linie von den Triebwerken abhängen.

Den Gasturbinen-Motor JUMO-004 entwickelte die Firma Junkers mit Zulieferungen von zwei weiteren Unternehmen. Er ermöglichte eine Höchstgeschwindigkeit von 900-950 Stundenkilometern und hatte einen achtstufigen Axialverdichter, eine Gasturbine mit Brennkammern und Einlaufapparat.

Das Gasturbinen-Strahltriebwerk BMW-003 war mit JUMO-004 nahezu identisch, hatte jedoch einen siebenstufigen Verdichter und anstelle von sechs eine einzige, zylindrische Brennkammer. Dieses Triebwerk war kompakter und wog mit 800 Kilo erheblich weniger.

Das von Heinkel entwickelte Gasturbinen-Strahltriebwerk unterschied sich der Konstruktion nach von seinen Vorgängern vor allem durch einen zweistufigen Axialverdichter und war zudem nur 520 kg schwer.

Das Walther-Flüssigkeits-Strahltriebwerk arbeitete mit Wasserstoffperoxyd und Natrium-Permanganat und wog bis zu 1,2 t.

In der Kriegsbeute fand sich ein weiteres BMW-Testmodell, das die Geschwindigkeit von Flugzeugen mit Gasturbinen-Strahltriebwerken erhöhen sollte. Anstelle der elektrischen Zündung wurde hier das in Deutschland entwickelte selbst-zündende Tonka-Treibstoffgemisch verwendet, das sich aus elf Komponenten zusammensetzte. Damit konnten Explosionen, die in mit herkömmlichen Treibstoff arbeitenden Flüssigkeits-Triebwerken häufig auftraten, zuverlässig vermieden werden.[61]

Nach ersten Berichten über die in Deutschland erbeuteten Materialien und technischen Versuchsmuster von Raketen und anderen Waffen beauftragte Stalin Malenkow, den Vorsitzenden des Sonderkomitees, die heißersehnte Beute zu verteilen. Sie in natura zu besichtigen, lehnte der Generalissimus ab. Er begnügte sich mit einem flüchtigen Blick auf Fotos.

Wieder wurde eine Sonderkommission der Regierung gebildet. Zu ihrem Leiter wurde diesmal der Minister für Luftfahrt, Schachurin ernannt. Stalin wie Malenkow warnten ihn, das Fahrrad nicht zum zweiten Mal zu erfinden, sondern auf die fertigen Ergebnisse deutscher Konstrukteure zurückzugreifen, dabei jedoch künftige Forschungsvorhaben und dadurch notwendig werdende Umstrukturierungen der Industrie zu berücksichtigen. Stalin als Vorsitzender des Staatlichen Komitees für Verteidigung mißtraute seinen Ingenieuren offenbar. Vielleicht aber wollte er einfach Zeit sparen und drohte ihnen daher im Falle von Mißerfolgen Erschießungen an, wie sie bei „Volksschädlingen" Ende der dreißiger Jahre praktiziert wurden. Gegenüber den Ministern und seiner Umgebung erklärte er ausdrücklich, daß die Beute der gerechte Zins des deutschen Reiches für das im Kriege vergossene Blut des Volkes sei und von politischen oder gar wissenschaftlichen Mauscheleien daher keine Rede sein könne.

Der weiche, gelbliche Einband mit dem Signum der Staatsdruckerei, der den schon erwähnten Bericht der Regierungskommission birgt, enthält einundzwanzig Blatt, eng mit Maschine geschrieben. Als Anhang wurden ihm Auswertungen der Pläne und Konstruktionsschemata zur Adaption der deutschen Erfindungen auf zwei Bögen schwarzen Fotopapiers beigefügt. Außerdem liegt ihm ein von Schachurin unterzeichnetes Begleitschreiben mit dem eckigen Dienstsiegel des Ministeriums für Luftfahrt und der Aktennummer 22/3341 - streng geheim - vom 5. August 1945 bei. In dem Bericht heißt es:

„1. Das Ministerium für Luftfahrt wird angewiesen, folgende deutsche Waffenarten zu untersuchen und nachzubauen: Düsenflugzeuge, Gasturbinen- und Flüssigkeits-Stahltriebwerke, sowie Raketen.

Das Ministerium für Luftfahrt wird zudem intern Materialien und Versuchsmodelle deutscher Raketen wie folgt auswerten:

a) Das Forschungsinstitut Nr. 1 konzentriert sich auf die Adaption deutscher Flüssigkeits-Strahltriebwerke der Typen „Walther" und BMW und Startbeschleuniger für Flugzeuge, sowie die Untersuchung von Treibstoffen (Wasserstoffperoxyd, Natrium- und Kalziumpermanganat, Tonka und flüssigen Sauerstoff), die die Deutschen für Flüssigkeits-Strahltriebwerke verwendet haben.

Auszuwerten sind auch die deutsche ME-163 mit Walther-Flüssigkeits-Strahltriebwerk, sowie alle Arbeiten und Materialien deutscher Firmen, Versuchsstellen und Konstruktionsbüros zu Flüssigkeits-Strahltriebwerken und Flüssigkeitsflugzeugmotoren.

b) Das Zentrale Staatliche Institut für Luftfahrt konzentriert sich auf die Auswertung von Forschungs- und Versuchsmaterial aus deutschen Forschungsinstituten und Konstruktionsbüros zur Aerodynamik von Düsenflugzeugen und Strahltriebwerken.

c) Das Zentrale Institut für Flugzeugmaschinenbau konzentriert sich auf die Auswertung aller Arbeiten zu Gasturbinen-Strahltriebwerken der Typen JUMO-004, BMW-003 und Heinkel und wertet Arbeiten der DWL, sowie der Konstruktionsbüros von Junkers, Heinkel und BMW aus.

d) Das Allunionsinstitut für Flugzeugmaschinenbau konzentriert sich auf die Auswertung von Material, das zur Herstellung von deutschen Gasturbinenflugzeugmotoren und Flüssigkeits-Strahltriebwerken, sowie Düsenflügzeugen verwendet wurde.

e) Das Forschungsinstitut für Luftfahrt untersucht und erprobt alle erbeuteten Modelle von Düsenflugzeugen im Flug.

a) Das Werk Nr. 26 (Chefkonstrukteur Chefingenieur Gen. Wladimir Klimow, Direktor Gen. Wassilij Balandin) wird angewiesen, den deutsche Gasturbinen-Antrieb JUMO-004 nachzubauen und dessen Serienfertigung aufzunehmen.

b) Das Werk Nr. 16 (Chefkonstrukteur Gen. Kolosow, Direktor Gen. Makar Lukin) wird angewiesen, den deutschen Gasturbinen-Flugzeugmotor BMW-003 nachzubauen und dessen Serienfertigung aufzunehmen.

c) Das Werk Nr. 115 (Chefkonstrukteur Gen. Alexander Jakowlew) wird angewiesen, Düsenjäger mit dem deutschen Gasturbinen-Antrieb JUMO-004 zu entwickeln.

d) Das Werk Nr. 155 (Chefkonstrukteur Gen. Artjom Mikojan) wird angewiesen, zweimotorige Jäger mit dem deutschen Gasturbinenmotor BMW-003 zu entwickeln.

e) Das Werk Nr. 155 (Chefkonstrukteur Gen. Semjon Lawotschkin) wird angewiesen, Düsenjäger mit dem deutschen Gasturbinen-Antrieb JUMO-004 zu entwickeln.

f) Das Werk Nr. 51 (Chefkonstrukteur Gen. Tschelomej) wird angewiesen, Raketen analog der von Deutschland gegen England eingesetzten V1 zu entwickeln und zu erproben.
   Für die Koordinierung der Raketenforschung wurde im Ministerium für Luftfahrt eine gesonderte Hauptverwaltung für Raketentechnik gebildet, die der Stellvertretende Minister Dementjew leitet. Die Kommission schlägt vor, das bestehende Organisationsschema beizubehalten.

2. Das Ministerium für Munition wird angewiesen, deutsche Raketen folgender Typen auszuwerten: Ferngesteuerte und nicht ferngesteuerte Raketen mittlerer und großer Reichweite, Fliegerabwehrraketen, Trägerraketen großer Reichweite wie die V2, Flüssigkeits- und Pulver-Strahltriebwerke für Raketen.

Das Ministerium für Munition organisiert die Auswertung von Material und die Erprobung von Mustern deutscher Raketentechnik, wie folgt:

a) Dem Nationalen Konstruktionsbüro wird ein Forschungsinstitut für Raketentechnik angegliedert, das sich mit sämtlichen Problemen ferngesteuerter und nicht ferngesteuerter Raketen und deren Antrieb befaßt.

b) Ein Forschungsinstitut für Raketentechnik mit Versuchsfeld wird gegründet, in dem alle Materialien und Anlagen konzentriert werden, die aus dem deutschen Raketenforschungszentrum in Peenemünde abtransportiert wurden.

c) Es wird ein Zentrales Konstruktionsbüro zur Entwicklung von Raketenwaffen mittlerer und großer Reichweite (bis zu 100 km) sowie zur Entwicklung von Fliegerabwehrraketen mit Pulverzündung gebildet.

d) Es wird ein Zentrales Konstruktionsbüro zur Entwicklung von funkgesteuerten Raketen großer Reichweite analog der deutschen V2, sowie zur Entwicklung von Fliegerabwehrraketen mit Flüssigkeitszündung und Flüssigkeits-Strahltriebwerken gebildet.

e) Es wird ein gesondertes Zentrales Konstruktionsbüro zur Raketentechnik in Peenemünde auf der Basis des deutschen Raketenforschungszentrums gebildet, das alle verfügbaren Spezialisten auf diesem Gebiet umfaßt.

f) Zur Leitung und Koordinierung aller Arbeiten auf dem Gebiet der Raketentechnik wird im Ministerium für Munition eine gesonderte Hauptverwaltung Raketentechnik unter Leitung des Stellvertretenden Ministers Goremkin gebildet.

Um das Ministerium für Munition bei der Vervollständigung der Institute und der Zentralen Konstruktionsbüros zu unterstützen, werden dem Nationalen Konstruktionsbüro des Ministeriums für Luftfahrt die Zweigstelle des Forschungsinstituts Nr. 1 mit den dort tätigen Raketenspezialisten Jurij Pobedonoszew, Michail Tichonrawow, Sorokin, Bessonow, Dellon, Tschernyschow u.a., sowie das Konstruktionsbüro des Genossen Leonid Duschkin zu Flüssigkeits-Strahltriebwerken angegliedert. Der Hauptverwaltung Artillerie der Roten Armee wird das Konstruktionsbüro von Genossen Ingenieur Schor angegliedert.

3. Das Ministerium für Elektroindustrie wird angewiesen, folgende deutsche Raketenwaffen auszuwerten und nachzubauen: Funkmessortungsstationen, Freund-Feind-Kennungsgeräte, Richtstrahl-Geräte für die Bodenstationen, Funkmeßgeräte zur Zielkoordinatenbestimmung, Steuerpulte, Funksender, Digitalanlagen, Funkempfänger, Monitore, Wähler, Telemechanik, Apparate zur Eigensteuerung von Raketen.

   Das Ministerium für Elektroindustrie organisiert die Auswertung von Material und die Erprobung von Mustern deutscher Raketentechnik, wie folgt:

   a) Das Forschungsinstitut Nr. 20 des Ministeriums für Elektroindustrie konzentriert sich auf die Untersuchung und den Nachbau aller Arten von Radars zur Fernsteuerung von Fliegerabwehr-Raketen und Raketen mit großer Reichweite V2. Dazu wird innerhalb des Forschungsinstituts eine gesonderte Abteilung für Raketentechnik gebildet.

   b) Das Forschungsinstitut Nr. 160 und das *WEI* konzentrieren sich auf Forschung und Entwicklung sämtlicher Vakuum-Geräte für Raketentechnik. Dazu wird im *WEI* ein Speziallabor gebildet.

   c) Das Forschungsinstitut Nr. 108 konzentriert sich auf Erforschung und Nachbau von Monitoren und Radarstationen zur Bestimmung der genauen Koordinaten von Raketen.

   d) Dazu wird innerhalb des Forschungsinstituts eine gesonderte Abteilung für Raketentechnik gebildet.

4. Das Ministerium für Bewaffnung wird angewiesen, folgende deutsche Raketenwaffen auszuwerten und nachzubauen: Optische Geräte zur Beobachtung sämtlicher, radargesteuerter

Raketen, Abschußrampen für Fliegerabwehr- und V2-Raketen, Rechentechnik für die Bodenleitzentren und Radarstationen zur genauen Ermittlung der Zielkoordinaten.

Das Ministerium für Bewaffnung organisiert die Auswertung von Material und die Erprobung von Mustern deutscher Raketentechnik, wie folgt:

a) im Ministerium für Bewaffnung wird ein gesondertes Forschungsinstitut für Fliegerabwehr-Raketen gebildet.

b) Das Zentrale Konstruktionsbüro der Artillerie von Genosse Wassilij Grabin und das Zentrale Konstruktionsbüro für Marineartillerie von Genosse Ilja Iwanow konzentrieren sich auf die Forschung und Entwicklung von Systemen lenkbarer Fliegerabwehr- und V2-Raketen.

c) Dazu wird innerhalb des Ministeriums für Bewaffnung eine gesonderte Abteilung für Raketentechnik gebildet.

5. Das Ministerium für Schiffbau wird angewiesen, folgende deutsche Raketenwaffen auszuwerten und nachzubauen: Düsenmotore und Düsenschiffsmotore, Gasturbinen für Torpedos mit Düsenantrieb, Torpedos mit Düsenantrieb, Funksteuerungssysteme für See-Luft-Raketen und die Küstenartillerie, Radarstationen für die Ortung und Erkennung gegnerischer Ziele, Richtstrahlgeräte und Radarstationen für die exakte Bestimmung von Zielkoordinaten und Entfernungen von Raketen, Rechner, Steuerpulte, Geräte zum synchronen Empfang und Senden von Daten der Rakete, Höhenflossen, Geräte, die Daten zur Position der Rakete übermitteln und Geräte zur Eigensteuerung von Raketen.

Das Ministerium für Schiffbau organisiert die Auswertung von Material und die Erprobung von Mustern deutscher Raketentechnik, wie folgt:

a) im Ministerien für Schiffbau werden ein Versuchswerk, sowie ein Konstruktionsbüro für Forschung und Nachbau von Düsenmotoren und Düsenschiffsmotoren unter Leitung von Professor Lewkow und Professor Putilow gebildet.

b) Das Forschungsinstitut Nr. 45 und das Werk Nr. 190 des Ministeriums für Schiffbau konzentrieren sich auf die Erforschung und den Nachbau aller Materialien und Erarbeitungen zu Gasturbinen für Torpedos mit Strahltriebwerken.

c) Das Forschungsinstitut Nr. 400 des Ministeriums für Schiffbau konzentriert sich auf die Erforschung und den Nachbau von düsengetriebenen Schnelltorpedos mit Flüssigkeitsantrieb .

d) Das Forschungsinstitut Nr. 10 des Ministeriums für Schiffbau konzentriert sich auf die Erforschung und den Nachbau sämtlicher Funkmeßtechnik zur Steuerung seegestützter Raketen und Raketen der Küstenartillerie.

e) Dazu wird in der technischen Abteilung des Ministeriums für Schiffbau ein gesonderter Sektor für Raketentechnik gebildet.

6. Das Ministerium für chemische Industrie wird angewiesen, Treibstoffe und Treibstoffgemische für Flüssigkeits-Strahltriebwerke zu untersuchen und zu synthetisieren. Dazu wird innerhalb des Ministeriums die Arbeit wie folgt organisiert:

a) Das Versuchswerk Nr. 3 des Ministeriums für Chemieindustrie konzentriert sich auf die Erforschung und Synthese von Treibstoffgemischen und deren Komponenten für Flüssigkeits-Strahltriebwerke.

b) Dazu wird in der technischen Abteilung des Ministeriums für Chemieindustrie eine gesonderte Abteilung zu Chemieprodukten für Raketentechnik gebildet.

7. Das Ministerium für Minenwerfer wird angewiesen, Röhrenpumpen für Flüssigkeits-Antriebe bei Raketen zu untersuchen und zu entwickeln. Diese Arbeiten werden im Allunionsinstitut des Ministeriums für Minenwerfer entsprechend der technischen Aufgabenstellung des Ministeriums für Munition realisiert.

8. Die Kommission hält es für zweckmäßig, die Einrichtung eines zentralen Versuchsgeländes für Raketentechnik zu empfehlen, auf dem die Hauptverwaltung für Artillerie der Roten Armee Raketen und ferngesteuerte Raketen erproben kann. Das Versuchsgelände sollte außerdem von allen Hauptverwaltungen des Ministeriums für Verteidigung und sämtlichen anderen, an dem Projekt beteiligten Ministerien genutzt werden.

Die Hauptverwaltung Artillerie der Roten Armee wird angewiesen, das Zentrale Versuchsgelände für Raketentechnik mit Radar und spezieller Technik auszurüsten, damit Forschungsarbeiten und Versuche mit Raketen durchgeführt werden können.

9. Das Ministerium für Luftfahrt (Gen. Schachurin), das Ministerium für Munition (Gen. Wannikow), das Ministerium für Schiffbau (Iwan Nosenko), das Ministerium für Bewaffnung (Gen. Dmitrij Ustinow) und das Ministerium für Elektroindustrie (Gen. Kabanow) werden angewiesen, in den Fachschulen ihrer Branchen Studiengänge zur Ausbildung von ‚Fachleuten für Raketentechnik' einzurichten."

Stalin bestätigte den Bericht der Regierungskommission.

Früher als alle anderen kam der Konstrukteur Tschelomej mit seinem Auftrag zu Rande, denn die Forschungseinrichtungen, Werke und Versuchsfelder, die zur Produktion der sowjetischen V1 benötigt wurden, gab es bereits. Zur Belohnung mußte Tschelomej zusätzlich die lenkbare Fliegerabwehrrakete „Schmetterling" nachbauen.

Auch die Konstrukteure aus dem Ministerium für Bewaffnung verloren keine Zeit. Noch vor der historischen Sitzung der Regierungskommission im Juni 1945 hielt Wannikow bei Malenkow Vortrag:

„Nach Eingang der Zeichnungen und Dokumentation zur Rakete ‚Rheinkurier' hat das Zentrale Konstruktionsbüro Nr. 1 auf der Basis der Nr. 13 DD und des ‚Rheinkuriers' eine vierkammerige Rakete mit Pulverzündung M-13 und einer Reichweite bis zu 50 km entwickelt. An diesem Modell sollen wichtige Konstruktionsdaten überprüft werden, damit Kammern sukzessive wegfallen können."[62]

Es war klar, daß damit die Entwicklung einer mehrstufigen Rakete in Angriff genommen werden sollte. An diesem Projekt hatten mit wechselndem Erfolg schon frisch aus der *„Scharaschka"*[63] entlassene Wissenschaftler, wie Walentin Gluschko und Sergej Koroljow Jahre gearbeitet. Bis dahin war es jedoch noch ein weiter Weg. Zunächst mußte all der organisatorische Kleinkram, wie zusätzliche Forschungsinstitute, Konstruktionsbüros und Versuchsstellen, bewältigt werden. Gleichzeitig ging die Suche nach Dokumenten und den Versuchsmustern deutscher Waffen weiter.

Viele sowjetische Fehlleistungen konnten durch das Zentrale Archiv für Militärtechnik Deutschlands behoben werden. Das betraf nicht nur Entwicklung und Herstellung von Raketen, sondern auch Panzer und Panzerabwehrwaffen, Artillerie, U-Boote und andere Waffen. Gerüchte wollen wissen, daß das Archiv vor dem Sturm Berlins verladen und mit der Eisenbahn in Richtung tschechische Grenze abtransportiert wurde. Auf der Suche nach dem verschwundenen Schatz überschlug sich die Militärische Abwehr förmlich.

Daher kam am 29. September 1945 General Lew Gaidukow nach Moskau. Gaidukow, vormals Abteilungsleiter im ZK der KPdSU und Mitglied des Kriegsrates der Hauptverwaltung der Garde-Minenwerfer-Einheiten, war damals Leiter der Expertengruppe, die mit der Suche nach Dokumenten und Ausrüstungen von Werken und Labors für die Herstellung von Raketen beauftragt war. Vom Flugplatz aus fuhr Gaidukow sofort zu Malenkow. Der aber war gerade sehr beschäftigt und so wurde der General nicht vorgelassen. Gaidukow gab seinen Rapport im Vorzimmer ab und Malenkow bekam ihn erst am nächsten Tag zu Gesicht:

„Eine Gruppe von Experten, die zu der von mir gebildeten Kommission für die Sammlung und Auswertung von Material zu deutschen Raketen angehören, hat das Zentrale Militärtechnische

Archiv der deutschen Wehrmacht gefunden. Dieses Archiv haben wir seit langem gesucht. Nach uns vorliegenden Informationen war das Archiv mit einem aus 30 Waggons bestehenden Sonderzug unter SS-Bewachung in die Tschechoslowakei abtransportiert worden. Entsprechende Nachforschungen blieben jedoch ohne Erfolg.

Das Archiv wurde auf dem Prager Bahnhof gefunden. Die Tschechen wußten davon und konnten rechtzeitig etwa 20 Tonnen Zeichnungen und andere technische Unterlagen in ihr militärtechnisches Institut überführen.

Wir haben alle Maßnahmen zur Bewachung des Archivs getroffen und bemühen uns gegenwärtig, den durch die Tschechen beschlagnahmten Teil sicherzustellen.

Das Archiv ist für uns natürlich von großen Interesse und sehr wertvoll.

Ich bitte um die Genehmigung, das Zentrale Militärtechnische Archiv der Wehrmacht schnell nach Moskau überführen zu dürfen und mit den interessierten Dienststellen einen Verteilungsplan vorzubereiten."[64]

Am 1. Oktober gab das Sonderkomitee auf seiner Beratung dem Gesuch Gaidukows in dessen Beisein statt. Nun mußte nur noch ein heißer Draht zur Benes-Regierung gefunden werden. Während man sich darüber im Sicherheits- und Außenministerium noch die Köpfe zerbrach, koppelten Experten der Gaidukow-Kommission in Prag einfach einige Wagen an den Beutezug nach Moskau an. Ein paar Tage später konnten die Diplomaten mit ihren Wahrheiten und Unwahrheiten auch jenen Teil des Archives sicherstellen, der in tschechischem Besitz war. Dieser wies jedoch große Lücken auf. Vielleicht hatten die Deutschen in ihrer Eile nicht alles verladen. Möglicherweise aber hatte Eduard Benes, während Gaidukow noch auf die regierungsamtliche Erlaubnis wartete, von der Sache Wind bekommen und einige der technischen Geheimnisse an die Briten weitergegeben. Nichts desto trotz erwies sich das Archiv als Goldgrube für die Militärs.

Um die Geheimnisse der Zeichnungen und Versuchsmodelle zu entschlüsseln, reichte der eigene Kopf auf den Schultern jedoch nicht aus. Darum wurde schon bald darauf beschlossen, Punkt 2e der Verfügung in Angriff zu nehmen. Da man jedoch darauf bedacht war, keinerlei Verdacht bei den Alliierten zu wecken, entstand das dort erwähnte Forschungszentrum nicht in Peenemünde, sondern in einem Vorort von Nordhausen. Dort war es sicherer. Außerdem gab es dort nicht nur Werkhallen, sondern auch eine größere Gruppe deutscher Spezialisten. Sie hatten früher Raketen konstruiert und gebaut und wohnten dort.

General Gaidukow leitete das Geheime Konstruktionsbüro. Zu seinem Stellvertreter wurde Koroljow ernannt. Die deutschen Wissenschaftler machten keine Probleme, als sie für die Mitarbeit herangezogen wurden. Für Lebensmittel war in dem verwüsteten Nachkriegsdeutschland alles zu haben - von der Mundharmonika bis hin zu geistigen Werten.

Das Zentrum vervollständigte zunächst die technischen und Produktionsunterlagen für die V2. Ein weiteres geheimes Konstruktionsbüro in Oberschöneweide, das vom Stellvertretenden Minister für Munition Dmitrij Djatlow geleitet wurde, nahm sich der anderen Raketentypen an. Die Sache entwickelte sich. Gleichzeitig wurden im Kreml Befürchtungen laut, daß durch allzu emsige Forschungsarbeit in Deutschland Informationen durchsickern könnten, was zu einem handfesten politischen Skandal geführt hätte. Die Ministerien trieben ihre Forschungszentren daher zur Eile an und drängten sie, in die UdSSR überzuwechseln, wo neue Institute und Konstruktionsbüros schon auf sie warteten. Einige waren eiligst umgerüstet worden.

So auch die Insel Gorodomlja im Seligersee in der Nähe von Ostaschkow. Dort wurde 1932 für das Ministerium für Landwirtschaft ein Forschungsinstitut zur Bekämpfung von Tierseuchen gebaut. Der isolierte Standort wurde so gewählt, daß keine Gefahr für die Bevölkerung bestand. Das Institut gab es jedoch nicht lange. 1935 löste der Ministerrat es auf und übergab alle Bauten dem Ministerium für Verteidigung für geheime Forschungen.

Am 20. November 1945 schrieb der Landwirtschaftsminister Iwan Benediktow an Molotow und bat diesen, das Institut am alten Standort neu gründen zu dürfen. Benediktow begründete sein Ersuchen damit, daß durch das „Fehlen effektiver Methoden zur Bekämpfung die erwähnten Krankheiten gründlich untersucht werden müßten.[65] Militärs und Seuchenforscher stritten erbittert um die Insel. Aus gutem Grunde, denn kurz zuvor, nach einem handfesten Krach mit der Hauptverwaltung für Veterinärmedizin der Roten Armee, hatte das Landwirtschaftsministerium den Militärs einen Teil des Maul-und Klauenseuche-Forschungsinsituts auf der Insel Riems im Greifswalder Bodden abgenommen und etwa hundert Waggonladungen mit Ausrüstungen aus dem Institut abtransportiert.

Der ganze Stolz des künftigen Instituts war eine elektrisch betriebene Schwebebahn mit zwei Strängen, die die Insel mit dem Festland verbinden sollte.[66]

Gegen Ende des Jahres wurde deren Territorium mit Stacheldraht umzäunt und wenig später kam in Ostaschkow in Kisten verpacktes Beutegut an. Darin befanden sich jedoch weder die Schwebebahn noch veterinärmedizinische Gerätschaften, sondern Prüfstände, technische Unterlagen und anderes Zubehör für die Montage ballistischer Raketen. Das Ministerium für Landwirtschaft hatte das Nachsehen. Die Öffentlichkeit allerdings war der Meinung, auf der Insel würde erneut zu Seuchen geforscht. Den Raketenvätern konnte das nur recht sein. In den Wohngebäuden wurden über hundert deutsche Wissenschaftler und Techniker mitsamt ihren Familien und ein bißchen Hausrat einquartiert. Sie waren auf Empfehlung Gaidukows und Koroljows ausgesucht worden. NKWD und militärische Abwehr organisierten die Deportation.

1946 wurde das zentrale Raketenversuchsgelände Kapustin Jar (bei Saratow am Mittellauf der Wolga - die Übersetzerin) fertig. Dessen Ausrüstung stammte wie auch das Versuchsmaterial ausschließlich aus der Kriegsbeute. Mit Hilfe deutscher Spezialisten wurden die ersten Raketen im Oktober 1947 gestartet. Ein Jahr darauf wurden die R-1 - eine Weiterentwicklung der V2 - erprobt. Bald darauf folgten Raketen des Typs R-2 und R-3 bis hin zu der berühmten Interkontinentalrakete R-7. Sie war die Hoffnung der sowjetischen Raumfahrt und der Raketentruppen.

Da sie nicht länger gebraucht wurden, verließen im Herbst 1953 die letzten deutschen Spezialisten die Insel im Seligersee. Unter ihnen waren der mit Wernher von Braun befreundete Helmut Grettrup und so angesehene Wissenschaftler wie Kurt Magnus, Schmidt oder Hans Hoch. Ihre Projekte gaben sie bei *Dmitrij Ustinow* im Ministerium für Bewaffnung ab, das federführend für die gesamte Raketenforschung war. Bis zum ersten bemannten Weltraumflug waren es noch knapp acht Jahre. Daß er stattfinden würde, daran zweifelte schon damals niemand unter den sowjetischen Konstrukteuren und Wissenschaftlern mehr. Genausowenig, wie niemand an den auf den ersten Blick phantastisch anmutenden Projekten der deutschen Konstrukteure Eugen Sänger und Johann Bredt hatte, die den Bau eines Stratosphären-Langstreckenbombers mit Autopiloten planten, der bis zu 300 km aufsteigen würde. Die theoretischen Forschungen und Projektberechnungen dazu wurden schon 1944 abgeschlossen. Sowjetische Spezialisten wußten davon und diskutierten nach dem Kriege hinter vorgehaltener Hand darüber. Offen bleibt, ob sie von der Erfindung nur gehört hatten, oder sie selbst in Augenschein nehmen konnten.

Das war aber noch nicht alles. Ende 1944 suchte die Diversionsabteilung auf Befehl von Walter Schellenberg, dem Chef des Reichssicherheitshauptamts der SS 250 Flieger aus, die angeblich die V1 als Kamikaze fliegen sollten. Die Raketen sollten von Langstreckenbombern transportiert werden und dann Kuybischew, Tscheljabinsk, Magnitogorsk und die Industriestädte hinter dem Ural beschießen. Die Sowjetunion tat dies als „eine der letzten Zuckungen" Schellenbergs ab und die Schadenfreude kannte keine Grenzen, als entsprechende Versuche nicht zum Ziel führten. Bei der Verdammung des Nationalsozialismus fiel die technische Seite des Projekts allerdings völlig unter den Tisch. Dabei hatte man in Peenemünde das

Überlebensproblem der Piloten in der Rakete im Prinzip geklärt. Schließlich mußte er bis zum Endes des Fluges am Leben bleiben. Die Geschwindigkeit, die das Geschoß beim Zielanflug erreichte, gestattete ihm zudem, sich aus der Rakete herauzukatapultieren. Zumindest bei Flugbahnen mit geringem Anstieg. Deren Erweiterung bis in die Stratosphäre mußte folgerichtig der nächste Schritt sein. Auch die technischen Unterlagen für die Todesflieger landeten in sowjetischen Konstruktionsbüros...

Betrachtet man die Fotos deutscher Raketentechnik, die den Berichten der Ministerien beigefügt sind, verschwindet das Zeitgefühl. Gegenwart und Vergangenheit werden eins. So sehr ähneln die erbeuteten Versuchsmuster den sowjetischen ferngelenkten und nichtferngelenkten Fliegerabwehr-Flügelraketen und Panzerabwehrgeschosse. Eine in Stellung gebrachte V2 sieht aus wie der Fliegerabwehr-Komplex, mit dem 1961 die U-2, geflogen von Francis Gary Powers, abgeschossen wurde.

Auch die Amerikaner suchten in Deutschland heimlich nach Material zur Raketenforschung. Ihre Bemühungen endeten mit dem Ausfliegen Wernher von Brauns und Walter Dornbergers. Von Braun leitete zunächst die Montage einer aus Nordhausen angelieferten V2 auf dem Versuchsgelände in Fort Bliss (Texas) und war danach Chefkonstrukteur der mehrstufigen Trägerrakete, mit der später die Raumschiffe amerikanischer Astronauten in den Weltraum befördert wurden. Dornberger wurde Chefkonstrukteur des Flugzeugkonzerns „Bell".

Die Amerikaner waren bei der Nutzung der technischen Hinterlassenschaft des Reiches ehrlicher als die sowjetischen Konstrukteure. Die Pentagon-Zeitschrift „Stars and Stripes" gab in aller Öffentlichkeit zu, daß die deutsche V2 der amerikanischen Rüstungsindustrie mindestens fünf Jahre Forschung und Entwicklung erspart hat. Als die in Deutschland erbeuteten Raketen eintrafen, steckten unsere Forschungen noch in den Kinderschuhen, schreibt das Blatt.

VI.
Die Junkers-Kolonie an der Wolga

Fast alle Branchenmministerien unterhielten in der Nachkriegszeit besondere Konstruktionsbüros, in denen deutsche Spezialisten tätig waren. Das Schicksal hielt für die unfreiwilligen
Emigranten Überraschungen jeder Art bereit. Natürlich waren
ihre Lebensbedingungen mit der Strafarbeit und den tierischen
Lebensbedingungen der KZ-Häftlinge nicht zu vergleichen.

Man erzählt sich, daß deutsche Konstrukteure und Radarspe-
zialisten sich in Leningrad an freien Tagen gern auf dem Platz
der Dekabristen trafen, um die Strahlen der fahlen nördlichen
Sonne zu genießen oder auf dem Newski-Prospekt spazieren
gingen, wo evangelische und katholische Kirchen Erinnerun-
gen an ihre Heimat wachriefen.

Die Einsiedler vom Seligersee wurden häufig nach Moskau
gefahren - ins Theater, in Museen oder auf Ausstellungen. Die
Elektrotechniker, die im Moskauer Dynamo-Werk arbeiteten,
waren häufig Gäste bei Fußballspielen.

Das geschah nicht etwa deshalb, weil Stalin gütiger als Hitler war, sondern weil deutsche Wissenschaftler und Techniker
in den vielen Geheimbetrieben der Rüstungsindustrie, die statt
einer Adresse eine Postschließfachnummer hatten, gebraucht
wurden, wie die Luft zum Atmen. Im Grunde genommen
betrachtete man diese Leute genauso als Kriegsbeute und Un-
terpfand der Vergeltung wie Beutewaffen oder Werkzeugmaschinen.

Offiziell waren die deutschen Spezialisten staatenlos, und in
keiner Weise durch die sowjetische Sozial- und Arbeits-
gesetzgebung geschützt. Kurzum - sie waren vogelfrei, und nur
dieser Status machte ihr geheim gehaltenes Sklavendasein in
der Sowjetunion überhaupt möglich.

Auf dem Höhepunkt einer hysterisch geführten nationali-
stischen Propagandakampagne, mit der Stalin gegen alle Er-
scheinungsformen des Kosmopolitismus schonungslos abrech-

nete, mußten sie schicksalsergeben alle Qualen der Erniedrigung auf sich nehmen. Zwiefach bekamen sie die Knute zu spüren. Die Ideologen in den sogenannten Schulen des Kommunismus und die Sicherheitsorgane, die fast in jedem Deutschen einen eingefleischten Nazi und Schädling wähnten, bemühten sich nach Kräften, den Ankömmlingen die alte Weltanschauung mit Gewalt auszutreiben und ihnen nicht minder gewaltsam eine neue einzuimpfen. Ein fragwürdiges Unterfangen, doch die in ihren Dogmen befangene Parteiführung setzte große Hoffnungen in die Rundschreiben, „methodischen Anleitungen" und großmäuligen Aufrufe, wachsam zu sein. Mit ihnen wurde die Bevölkerung, dort, wo Deutsche arbeiteten, förmlich bombardiert. Am 14. Juli 1947 verabschiedete das Zentralkomitee der KPdSU sogar eine streng geheime Entschließung zur „politischen und kulturellen Arbeit unter den in der UdSSR lebenden deutschen Spezialisten". Deren „Umsetzung" besorgte ZK-Sekretär *Michail Suslow*.

Dieses Dokument ging über den Rahmen der allfälligen Verfügungen weit hinaus. Stalin, der es als „politisches Programm von besonderer Bedeutung" bezeichnete, hoffte, die Deutschen durch die geplante Umerziehung nach ihrer Rückkehr als seine fünfte Kolonne und Machtsäule des künftigen deutschen Staates benutzen zu können. Eine Alternative gab es nicht: Wer sich der politischen Gehirnwäsche verweigerte und offen rebellierte, verschwand spurlos in „Lagern mit verschärftem Regime". Statt in einem Krematorium endete sein Leben in Massengräbern direkt auf dem Territorium der Strafkolonien, die weitab jeder menschlichen Ansiedlung lagen.

Eine der größten deutschen Kolonien befand sich in den Kuibyschewer Flugzeugwerken. Im Versuchswerk Nr. 2 gab es drei Konstruktionsbüros. Wie aus den Akten hervorgeht, sollten die dort beschäftigten deutschen Spezialisten „mit ihrem technischen Wissen die Erfüllung des Regierungsprogramms zur Produktion neuer Motoren und Geräte für den Flugzeugbau gewährleisten."

Im besonderen Konstruktionsbüro OKB Nr. 1 waren 85% aller Beschäftigten Deutsche, im OKB 2 80% und im OKB 3 fast 62%. Insgesamt arbeiteten in den Flugzeugwerken 405 deutsche Techniker und Ingenieure, 258 Facharbeiter und 37 Angestellte. Zusammen mit deren Familienangehörigen war die deutsche Kolonie 1 174 Mann stark.

Auch sie blieb von den Auswirkungen der berüchtigten ZK-Entschließung nicht verschont. Am 10. Mai 1948 - einen Tag nach dem Tag des Sieges - tauchte in dem Versuchswerk ein gewisser Michail Gusinskij auf. Der sendungsbewußte Genosse wies sich als Mitarbeiter der Kulturabteilung aus dem Zentralrat der Sowjetgewerkschaften aus und erklärte, er sei der für die Arbeit unter den Deutschen zuständige Gruppenleiter. Um sich einen „Überblick über die Lage vor Ort" zu verschaffen, brauchte er zehn Tage. Nach Moskau zurückgekehrt, verfaßte er stehenden Fußes einen - selbstverständlich streng geheimen - Rechenschaftsbericht über seine Dienstreise an Nina Popowa, die verantwortliche Sekretärin im Zentralrat der Sowjetgewerkschaften:

„Die Anwesenheit einer solch großen Menge deutscher Spezialisten verlangt der Werkleitung, der Parteiorganisation und dem Gewerkschaftskomitee des Betriebes ein Höchstmaß an Wachsamkeit ab, besonders, was die vernünftige und richtige Verteilung der Arbeitskräfte anbelangt. Diese bedürfen neben ständiger Kontrolle ihrer Arbeit kontinuierlicher politischer Arbeit, damit reaktionäre und faschistische Elemente isoliert werden können. Diesen muß vor allem die Möglichkeit entzogen werden, Einfluß auf ihre Kollegen auszuüben. Bei der Verwirklichung dieser Aufgabenstellung muß auf Hilfe durch die den Ideen der sowjetischen Arbeiterklasse näher stehenden Kollegen (Genossen der SED) zurückgegriffen werden.

Der Betriebsdirektor, Genosse Olechnowitsch, hat die benötigten Arbeitskräfte in Deutschland selbst ausgewählt und war von Anbeginn an über deren politische Ansichten und fachliche Qualifikation gut informiert.

Bekannt war gleichfalls, daß sich unter den zur Arbeit in den Flugzeugwerken verpflichteten deutschen Spezialisten 173 ehemalige NSDAP-Mitglieder befinden, u.a. die Chefkonstrukteure Scheibe (Besonderes Konstruktionsbüro Nr. 1), Prestel (Besonderes Konstruktionsbüro Nr. 2) und Lertes (Besonderes Konstruktionsbüro Nr. 3), die mit Hitlerorden ausgezeichnet wurden. Anstatt die Funktionen des Chefkonstrukteurs und Leiters in den Besonderen Konstruktionsbüros klar voneinander abzugrenzen und mit allen wirtschaftlichen und Verwaltungsaufgaben sowjetische Mitarbeiter zu betrauen, hat Genosse Olechnowitsch eine Situation geschaffen, in der eine Gruppe führender Nationalsozialisten alle übrigen Deutschen kontrolliert. Der Betriebsdirektor und dessen Stellvertreter haben angewiesen, daß die Deutschen sich mit allen Problemen an die deutschen Chefkonstrukteure zu wenden haben, die ihrerseits gegenüber der sowjetischen Werkleitung als Vertreter aller Deutschen auftreten.

Das hat dazu geführt, daß sich binnen kürzester Zeit der Einfluß der Nazis ausbreiten konnte. Sie üben Druck auf alle anderen aus, bedrohen diese und schreiben ihnen vor, wie sie sich zu verhalten haben. Chefkonstrukteur Scheibe, der ehemalige Junkers-Chefkonstrukteur, hat den NSDAP-Ingenieur Maaß zu seinem Bevollmächtigten Vertreter für Verwaltungsaufgaben ernannt, so daß dieser sich im gesamten Jahr 1947 mit seinem eigentlichen Aufgabengebiet nicht befassen konnte. Typisch ist, daß Maaß eine ganze Reihe von Erklärungen zu verschiedenen Angelegenheiten ,im Namen der deutschen Leitung' unterschrieben hat und eine sogar im Namen der Junkers-Direktion.

All das geschah unter den Augen der sowjetischen Werkleitung. Der für die ausländischen Arbeitskräfte zuständige Assistent des Werkdirektors, Genosse Galkin, hatte nichts Besseres zu tun, als einen gewissen Freihammer, der seit 1932 der NSDAP angehörte, zu seinem persönlichen Sekretär und Dolmetscher zu ernennen. Dieser Freihammer gehorcht weniger den Anweisungen Galkins, sondern eher denen seiner nazistischen Führung (Scheibe und dessen Clique - Feuchte, Singer, Pohl und Maaß).

Es ist daher nicht verwunderlich, daß sich im Mai 1947 eine offen faschistische Organisation bilden konnte - der Rat des Vertrauens, dessen Vorbild die auf Befehl Hitlers 1933 in Deutschland geschaffenen Organisationen gleichen Namens sind. Dem ,Rat' steht der Nazi Dickel vor, dessen Familie in der britischen Besatzungszone lebt.

Erst nach Anweisung durch das Sicherheitsministerium hat Genosse Olechnowitsch im Juni 1947 den Rat aufgelöst. Ob dieser Befehl tatsächlich befolgt wird, wurde jedoch nicht überprüft. Anzumerken ist, daß die Deutschen in Kuybischew, deren Gruppe sich ‚Gesellschaft zum Schutz deutscher Interessen' nennt, einen bevollmächtigten Vertreter in Dessau, in der sowjetischen Besatzungszone hat, woher die Mehrzahl der Deutschen kommt. Dieser Bevollmächtigte ist der Ingenieur Schorlemmer, wohnhaft in Dessau, Thälmann-Allee 74.

Im Namen der gesamten Gruppe hat Scheibe Schorlemmer dafür gedankt, daß dieser die Interessen der in Kuybischew lebenden Deutschen so gut wahrnimmt.

Da die Deutschen auf keinerlei nennenswerten Widerstand trafen, haben sie, nach Aussagen des Direktors, bereits im August 1947 anstelle des aufeglösten ‚Rat des Vertrauens' fünf Kommissionen gebildet. Diese sind für Wohnung, Gemüseanbau, Soziales, Kultur und Kontrolle zuständig. Außerdem besteht ein Ehrengericht.

Typisch ist, daß alle Kommissionen von alten Nazis geleitet werden. Vorsitzender der Kulturkommission ist ein gewisser Heinrich, seit 1934 Mitglied der NSDAP. Die Sozialkommission leitet der ehemalige Vorsitzende des ‚Rates', Dickel, das Ehrengericht der Nazi Larenzen.

Der Werkdirektor, Genosse Olechnowitsch hat erst gegen Ende meines Aufenthaltes zugegeben, daß er die Kommissionen auf Vorschlag Scheibes bestätigt hat; erklärte jedoch, das Ehrengericht würde nicht mehr zusammentreten.

Das entspricht jedoch nicht den Tatsachen. Die Deutschen selbst haben mir in Anwesenheit des Direktors und des Leiters der Sonderabteilung im Ministerium für Luftfahrt, Genossen Gulai, erklärt, das Ehrengericht wäre sehr aktiv.

Nach Aussagen des Chefkonstrukteurs erlegt das Ehrengericht den Deutschen Geldbußen zugunsten der sogenannten Gemeinschaftskasse auf, die von Scheibe und dessen Clique verwaltet wird.

Nachdem die nazistische Gruppierung alle organisatorischen und verwaltungstechnischen Schaltstellen an sich gerissen hatte, gründete sie Ende 1947 eine Organisation, die ihre Position weiter festigte.

Während die Gemeinschaftskasse aus Geldbußen und freiwilligen Beiträgen finanziert wurde, finanziert sich die im November 1947 gegründete ‚Kasse der gegenseitigen Hilfe' aus ständigen Beiträgen. Diese liegen ziemlich hoch; der Mindestbeitrag wurde auf 20 Rubel festgesetzt.

Das Statut wurden den Mitgliedern der Kasse ohne Diskussion aufs Auge gedrückt; deren Verwaltung wurde durch einen vom Direktor gegengezeichneten Befehl Scheibes ernannt. Ihr Vorsitzender ist ein gewisser Pflügel, seit 1935 Mitglied der NSDAP. Außerdem gehören ihr der 1934 in die NSDAP eingetretene Heinrich Zobel (NSDAP-Mitgliedschaft seit 1937) und der 1940 eingetretene Blücher an. Nur ein Mitglied der Kommission ist kein Nazi. Schatzmeister ist Scheibes Sekretär Pell.

Die Kasse ist ziemlich populär. Im Krankheitsfall bekommen die Deutschen nur 50% ihrer Bezüge, den Rest zahlt die Kasse dazu.

Auch Familien, deren Ernährer gestorben ist, sowie Behinderte bekommen, da diese Probleme bislang von der Regierung nicht geklärt wurden, Zuschüsse von der Kasse. Daher fühlen sich die Deutschen weitgehend von den Nazis abhängig.

Während der Unterschriftensammlung für die dritte Staatsanleihe zur Wiederherstellung und Entwicklung der sowjetischen Volkswirtschaft, forderten viele Deutsche ein geheimes procedere. Einige geben offen zu, daß sie vor den Nazis Angst hätten.

Der Deutsche Kühl, der für die Anleihe gezeichnet hatte, sagte, daß er fortan nicht auf Unterstützung durch die Kasse rechnen könne. Deren Vorstand erklärte, daß all diejenigen, die für die Anleihe gezeichnet hätten, als wohlhabend betrachtet würden und daher keinen Anspruch auf Leistungen aus der Kasse hätten, da sie es sich offenbar leisten könnten, den Sowjetstaat finanziell zu unterstützen.

Die Anleihe war allerdings nicht richtig organisiert. Anstatt politisch weniger verhärtete Deutsche mit der Unterschriftensammlung zu betrauen, beauftragte die Werksleitung damit die als Nazis verschrieenen Chefkonstrukteure. Sie wurden auch beauftragt, auf einem Meeting über die Anleihe zu sprechen.

Es ist daher nicht zufällig, daß in den Besonderen Konstruktionsbüros Nr. 1 und 2, wo Scheibe und Prestel das Sagen haben, die Beteiligung bei 26 bzw. 31% lag, während in den Produktionsabteilungen fast alle gegenzeichneten.

Scheibe und die Ingenieure Pohl, Klaus und Teuer vermerkten auf der Unterschriftenliste: ‚Meine Unterschrift bedeutet nicht, daß ich mit meiner Verschleppung in die Sowjetunion einverstanden bin.' Ihre Beiträge wurden daraufhin gestrichen; ihr demonstrativer Auftritt verfehlte jedoch auf die anderen Deutschen nicht seine Wirkung.

Während der Unterschriftensammlung kam es unter den Deutschen zu heftigen antisowjetischen Äußerungen. Andere fürchteten sich, nach ihrer Unterschrift schikaniert zu werden.

Werkleitung, Partei- und Gewerkschaftsorganisation waren außerstande, jene Deutschen als Redner zu gewinnen, die jeden Monat freiwillig einen Teil ihres Lohnes für die Anleihe zeichneten.

Seit März 1948 ist Genosse Jelisawetin für die ausländischen Arbeitskräfte zuständig. Er trennte sich von Freihammer als Dolmetscher. Dieser arbeitet jetzt direkt im Konstruktionsbüro. Spürbare Veränderungen sind jedoch nicht zu verzeichnen.

Bis zu meiner Ankunft am 10. Mai hat die Werkleitung sich in keiner Weise bemüht, zu ergründen, was in der Gruppe der Deutschen eigentlich vor sich geht. Freihammer gibt weiterhin Verfügungen heraus, die er im Namen Scheibes aushängt. Diese werden in der Regel von der Werkleitung nicht kontrolliert. Daher konnte beispielsweise eine Verballhornung der zehn Gebote ausgehängt werden, die erklärt, wie man ohne Anstehen zu Brot kommt, oder eine Warnung für Leute die russisch lernen. Diese, so hieß es dort, kämen nach Sibirien - die Besten mit der Eisenbahn, die anderen zu Fuß. Wer kein Russisch lerne, käme dagegen schnell nach Deutschland zurück. Die Schuldigen konnten nicht ermittelt werden.

In letzter Zeit wird im Werk verstärkt die Parole ausgegeben, daß all diejenigen, die gut arbeiten, in der Sowjetunion bleiben müßten. Wer sich dagegen keine große Mühe gibt, darf nach Deutschland zurück.

Meine Aufgabe, den tatsächlichen Hergang der Ereignisse zu ergründen, wurde außerordentlich erschwert. Der Parteisekretär des Werkes, Genosse Sawenkow und der Vorsitzendes des Gewerkschaftskomitees, Genosse Stawijskij waren mangelhaft informiert. Genosse Jelisawetin, der Assistent des Direktors für Ausländerfragen und Major Kolynenkow, der Assistent für Kaderfragen, haben sich, obwohl viel Material über die Deutschen

vorhanden ist - Umfragen, eine Mappe mit den Verpflichtungser-
klärungen und andere von Freihammer verfaßte Schriftstücke -
nie ernsthaft damit auseinandergesetzt. Sie machten dafür unzu-
reichende Deutschkenntnisse geltend, obwohl im Betrieb fünf
Dolmetscher arbeiten.

Mir und dem Chef der Sonderverwaltung des Ministeriums für
Luftfahrt, Genossen Gulai, erklärte Werkdirektor Olechnowitsch,
daß - abgesehen von den Problemen, die die Unterstützung für
die Hinterbliebenen, Invalidenrente oder die Abberufung mangelhaft qualifizierter Arbeitskräfte betreffen und die im Ministerium
oder in der Regierung entschieden werden - mit den Deutschen
im Grunde genommen alles in Ordnung sei.

Olechnowitsch war bemüht, die politische Brisanz der von mir
angesprochenen Fakten in jeder Weise herunterzuspielen, da er
sich offenbar schuldig fühlt. Olechnowitsch fühlt sich überhaupt
als Herr über den gesamten Betrieb, er ignoriert Parteisekretär
und Gewerkschaftskomitee. Anfänglich versuchte Olechnowitsch
sogar, ganz ohne Parteiorganisation auszukommen und begegnete dem im Herbst 1947 zum Parteisekretär ernannten Genossen Sawenkow äußerst unfreundlich.

Der Stellvertretende Abteilungsleiter für Agitation und Propa-
ganda im Gebietskomitee der KPdSU, Kapitonow, besuchte das
Werk im März 1948. Der Direktor übergab ihm Material, aus dem
hervorgeht, daß bei ihm alles zum Besten stehe. So fiel auch sein
Diskussionsbeitrag auf der Propagandistentagung im ZK der
KPdSU am 29. März aus.

In Wirklichkeit jedoch bestand die gesamte politische Arbeit
aus ein paar Vorträgen, einigen Dutzend Filmvorführungen und
der Verteilung deutscher Zeitungen und Zeitschriften, die der
Zentralrat der Sowjetgewerkschaften abonniert hat. Was die Erfüllung der Produktionsaufgaben angeht, so hat diese der Chef
der Sonderverwaltung im Ministerium für Luftfahrt, Genosse Gulai
kontrolliert, der zur gleichen Zeit wie ich im Betrieb war.

Einige Fakten, die ein Schlaglicht auf den politischen und
moralischen Zustand der Deutschen Gruppe werfen, wurden jedoch von mir aufgeklärt.

Die Entlohnung ist nicht immer gerecht. Auch hier werden
Scheibe und Prestel eindeutig bevorzugt. Ein gewisser Georg
Pohl beispielsweise, einer der engsten Gefolgsleute Scheibes,
ehemaliger Hauptmann der Luftwaffe und ausgesprochen antiso-

wjetisch eingestellt, wird in den Gehaltslisten als Chef einer nicht existenten Versuchsabteilung geführt und bekommt 4 500 Rubel monatlich, obwohl er eigentlich als Dolmetscher arbeitet. Pohl spricht ausgezeichnet russisch, ist Anwalt und berät die Deutschen in allen Rechtsfragen, wobei er keine Gelegenheit zu antisowjetischer Agitation ausläßt. Es gibt Anhaltspunkte, wonach er die Parolen in Umlauf gebracht hat, denen zufolge alle, die schlecht arbeiten, eher nach Hause können. Pohl hat ziemlich offen zugegeben, daß er Hitlers Politik mit Ausnahme der Rassentheorie für richtig hält. (Das ist dadurch zu erklären, daß er wegen einer nichtarischen Großmutter Unannehmlichkeiten mit der Gestapo hatte.) Dessen ungeachtet hat Pohl die Unterstützung des Direktors, der auch seine Gehaltserhöhung durchgesetzt hat - Pohl bekam anfänglich 3 000 Rubel - und keine Anstalten macht, ihn zur Arbeit zu zwingen, obwohl Parteisekretär und Sicherheitsorgane dieses Problem schon vor meiner Ankunft zur Sprache gebracht hatten.

Ingenieur Wollmann, auch er ehemaliges NSDAP-Mitglied, wird als Chef einer nicht existenten Informatik-Abteilung geführt. Er bekommt 3 000 Rubel monatlich. 75% seiner Arbeitszeit verbringt er damit, ein Buch darüber zu schreiben, wie eine Produktionsgesellschaft nach dem Vorbild des Utopisten Charles Fourier organisiert werden könnte.

Der Nazi Behrens wird als Leiter der Materialbeschaffungsgruppe im Besonderen Konstruktionsbüro Nr. 1 geführt. Tatsächlich beschäftigt er sich hauptsächlich mit der Ausgabe von Bleistiften und anderem Zeichenmaterial. Dessen ungeachtet hat Scheibe ihn für eine vom Direktor bestätigte Prämie vorgeschlagen.

Die unverhältnismäßig hohen Einstufungen für Pohl und andere werden noch deutlicher, wenn man sieht, wie Möller, einer der besten Konstrukteure, der viele dringend benötigte Geräte entwickelt, 5 000 Rubel bekommt und die Konstrukteure Pfeifer und Rogge, die ebenfalls ordentlich arbeiten, 4 500 bzw. 3 500 Rubel bekommen.

Erwähnt werden muß auch der Selbstmordversuch Möllers, der sich mit dem Chefkonstrukteur des Besonderen Konstruktionsbüros Nr. 3, Lertes, nicht gut steht. Möller ging im März in den Wald und nahm eine Überdosis Veronal. Erst nach vier Stunden wurde er gefunden. Da er sich die Zehen erfroren hatte, mußten diese amputiert werden, weshalb er bis heute im Krankenhaus liegt. Dabei hätte ein so wertvoller Fachmann wie Möller Anspruch auf Bedingungen, die ihm die Arbeit so effektiv wie möglich machen, um so mehr, da der Nazi Lertes als Konstrukteur nicht viel wert ist.

Obgleich die Fakten eindeutig beweisen, daß viele Nazis ihr Geld umsonst bekommen, setzt die Betriebsleitung gewöhnliche Arbeiter unter Druck, wodurch die Lage noch komplizierter wird. Obermeister Wiedehold, 66, seit dreißig Jahren als Meister tätig und SED-Mitglied, wurde am 15. Mai durch den Direktor abgelöst und arbeitet seither als Schlosser. Kontrollen ergaben, daß Wiedehold ordentlich gearbeitet hat, es keine Beanstandungen gab und durch seine Umsetzung einfach Planstellen gespart werden sollten. Derartige Entscheidungen sind politisch falsch, diskreditieren die Sowjetunion und spielen den Nazis in die Hände.

Die Sonderverwaltung des Ministeriums für Luftfahrt und die Betriebsleitung haben nichts unternommen, um die freien Planstellen in den Konstruktionsbüros mit sowjetischen Fachleuten zu besetzen. Nur im Besonderen Konstruktionsbüros Nr. 3 arbeiten als Chef der Genosse Leontjew und als Produktionsleiter Genosse Janowitsch. Vor ein paar Tagen wurde Genosse Mitjaschin zum Chefkonstrukteur ernannt.

In den Besonderen Konstruktionsbüros Nr. 1 und 2 dagegen sind Scheibe und Prestel nach wie vor die unumschränkten Herrscher. Die Genossen Semenow und Kwasow - zwei junge sowjetische Spezialisten, die dort arbeiten - haben die Lage nicht unter Kontrolle, da sie nur stellvertretende Chefkonstrukteure sind. Während im Besonderen Konstruktionsbüro Nr. 3 die Regierungsaufgaben erfolgreich in Angriff genommen werden, ist in den Büros Nr. 1 und 2 in anderthalb Jahren kein einziges Produkt bis zur Produktionsreife entwickelt worden.

Aufgrund eines ZK-Beschlusses ist in der Wohnsiedlung eine Achtklassenschule für die Kinder der deutschen Spezialisten eröffnet wurden, die 298 Kinder besuchen. Nur der Schulleiter und einer seiner Stellvertreter sind sowjetische Bürger. Die anderen 16 Lehrer sind deutsche Spezialisten und deren Ehefrauen. Das wirkt sich zwangsläufig auf das gesamte Leben in der Schule aus, wo sowjetische Unterrichtsmethoden im Grunde genommen nicht praktiziert werden. Die Lage wird dadurch noch verschlimmert, daß der Schulleiter und dessen Stellvertreter gleichzeitig Russisch unterrichten, überlastet sind und daher die deutschen Lehrer kaum kontrollieren können.

Unter den Pädagogen, die am wenigsten geeignet sind und sofort abgelöst werden müssen, sind der Lehrer für Naturwissenschaft, der ehemalige Wehrmachtsoffizier Gerhard Schwabe und dessen Frau Ingrid, die Deutsch unterrichtet und bei den Nazis zehn Jahre Lehrerin war. Beide sind bei den Schülern sehr beliebt, weil sie viele Einsen vergeben. Gerhard Schwabe hat keine Ahnung, wer Timirjasew ist und nennt Pawlow einen Tierquäler. Ihn zu beauftragen, die Grundlagen des Darwinismus zu lehren, ist unmöglich.

In den Unterrichtsstunden seiner Frau Ingrid Schwabe sind Fälle bekannt geworden, wo nach dem Motto ‚Deutschland über alles' nazistische Ideologie verherrlicht wurde. Während der Vorbereitungen auf die Maifeierlichkeiten mußte die Klasse im Auftrag von Frau Schwabe ein Bild zeichnen, auf dem ein Mädchen dargestellt ist, das auf einem Stein vor einem Gefängnistor sitzt. Das Mädchen weint und seine Tränen fallen in ein Gefäß und auf die Steine, wo Blumen wachsen. Damit soll nach Darstellung von Frau Schwabe der Schmerz der Deutschen in der Sowjetunion und die Hoffnung auf Erlösung ausgedrückt werden.

Englisch unterrichtet der Sohn des Nazi-Ingenieurs Singer, der sich freiwillig zur Wehrmacht gemeldet hatte. Singer war bis Sommer 1946 in englischer Gefangenschaft.

Da es an Lehrern mangelt, werden Geschichte der sowjetischen Völker, Staatsbürgerkunde und Geographie nicht unterrichtet. Auch die außerunterrichtliche Tätigkeit ist kaum entwickelt. Den Elternbeirat hat Scheibe ernannt, und in ihm sind Gerhard Schwabe und der Nazi Heinrich tonangebend.

Das Bildungsministerium der RSFSR kümmert sich nicht um die Schule. Lehrbücher für die oberen Klassen sind kaum vorhanden, Parteiorganisation und Gewerkschaftskomitee des Betriebes mischen sich in die Angelegenheiten der Schule nicht ein.

Während meiner Anwesenheit im Betrieb wurden in deutscher Sprache zwei Vorträge zur internationalen Lage und zu den Sowjetgewerkschaften gehalten.

Am 17. Mai habe ich den 1. Sekretär des Kuybischewer Gebietskomitees der KPdSU, Genossen Alexander Pusanow, über die Lage der Deutschen im Werk eingehend informiert. An

119

dem Gespräch nahmen auch der Chef der Sonderverwaltung des Ministeriums für Luftfahrt, Genosse Gulai, der Werkdirektor, Genosse Olechnowitsch, der Betriebs-Parteisekretär Genosse Sawenkow und der für Maschinenbau verantwortliche stellvertretende Sekretär des Gebietsparteikomitees, Genosse Benkowitsch teil.

Genosse Pusanow gab Anweisung, die Mißstände in der politischen Arbeit mit den deutschen Spezialisten zu beseitigen, die deutsche Schule grundlegend zu reorganisieren und sofort einen Instrukteur einzustellen, der künftig, so wie es die Entschließung des Zentralrats der Sowjetgewerkschaften verlangt, für die politische Arbeit mit den deutschen Spezialisten verantwortlich sein wird.

Genosse Pusanow sagte, es sei absolut unzulässig, daß nazistische Elemente in der Gruppe der deutschen Spezialisten die Führungsrolle spielen und verlangte, deren Kommissionen und das Ehrengericht unverzüglich aufzulösen. Die gesellschaftliche Arbeit sollen fortan Deutsche organisieren, die SED-Mitglied sind. Außerdem wurde der Vorschlag gemacht, die Leitung der ‚Kasse der gegenseitigen Hilfe' demokratisch wählen zu lassen und deren Aktivitäten ständig zu kontrollieren.

Am 19. Mai fand ein Gespräch zwischen den Chefkonstrukteuren der Besonderen Konstruktionsbüros Nr. 1 und 2, Scheibe und Prestel mit dem Chef der Sonderverwaltung des Ministeriums für Luftfahrt, Genosse Gulai statt, an dem auch Konstrukteur Brander teilnahm. Dabei wurde festgestellt, daß der Betrieb unzureichend mit den benötigten Rohstoffen versorgt wird und Arbeitskräfte fehlen, weshalb die Regierungsaufträge zu langsam erfüllt werden. Das Gespräch verlief so, daß nicht etwa der Vertreter des Ministeriums die Deutschen wegen nicht erfüllter Aufträge kritisierte, sondern diese die schlechte Leitung des Ministeriums bemängelten. Außerdem versuchten die Konstrukteure, einige Deutsche in Schutz zu nehmen, die wegen Verletzung der öffentlichen Ordnung auf der Straße oder in Geschäften mit Geldbußen oder einem Gerichtsverfahren rechnen müssen.

Während des Gespräches unterlief dem Genossen Gulai ein schwerwiegender politischer Fehler. Auf eine entsprechende Frage von Prestel sagte er, die Deutschen würden möglicherweise solange in der Sowjetunion arbeiten müssen, bis es ein sowjetisches Deutschland gäbe.

Vor meiner Abreise wurde im Werk ein Plan für die politische
und kulturelle Arbeit mit den deutschen Spezialisten aufgestellt,
der auf dem dazu vom Zentralrat der Sowjetgewerkschaften
bestätigten Maßnahmenkatalog basiert. Genosse Benkowitsch
versprach, die Anweisungen des 1. Sekretärs Genossen Pusanow
in kürzester Frist zu verwirklichen und die Erfüllung des Plans zu
kontrollieren."[67]

Frau Popowa war offenbar über die ungeheure Frechheit ihrer
„Untergebenen" derart empört, daß sie eine Kopie des Gusinskij-
Berichtes an die entsprechende Instanz im Zentralkomitee - die
Organisationsabteilung - schickte. Deren erboster Vizechef Lasar
Slepow und dessen Kollege Michail Charlamow aber gab das
Material nebst einer Aktennotiz an Ideologie-Sekretär Suslow
weiter. Dort heißt es:

„Wir meinen, daß die im Bericht des Genossen Gusinskij erwähnten Mißstände von einer kompetenten Expertengruppe überprüft werden müssen, die ein Mitarbeiter der Kaderabteilung beim
ZK oder des Ministerrates der UdSSR leiten sollte."[68]

Mit einer solchen Wendung der Ereignisse hatten weder der
Betriebsdirektor noch die deutschen Konstrukteure gerechnet.
Nach den „Maßnahmen" vergingen diesen ihre Forderungen
nach Einführung deutscher Ordnung im Betrieb. Zumal auch
die anderen Konstruktionsbüros gerüffelt wurden.

Trotz alledem ging es den Spezialisten besser als den ge-
wöhnlichen deutschen Arbeitern. Ihr Schicksal besiegelte die
Verfügungen Nr. 7 161 und 7 252 - streng geheim - des Staatlichen Komitees für Verteidigung vom 15. und 29. Dezember
1944. Damit wurden die Betriebe der meisten Branchenministerien ermächtigt, im Januar und Februar 1945 140 000
Deutsche zur Zwangsarbeit in der Volkswirtschaft der UdSSR
zu rekrutieren und zu internieren.

Obwohl sie keine Kriegsgefangenen waren, sondern als Facharbeiter geführt wurden, unterschieden sie sich in ihrer sozia-
len Stellung kaum von diesen. Entsprechend einer Instruktion

des NKWD wurden aus den internierten deutschen Arbeitskräften Bataillone von je tausend Mann gebildet, die von einem Kommandeur des Ministeriums für Verteidigung befehligt wurden. Die Instruktion sah vor, die Internierten „kasernenmäßig in Baracken unterzubringen". Die Baracken und der dazu gehörige Hof mußten einen Zaun oder Stacheldraht haben.[69] Zur Arbeit wurde in Kolonne marschiert, ohne Wache, aber in Begleitung von Aufsehern. Der Lohn mußte den deutschen Arbeitern monatlich ausgezahlt werden. Nach Abzug der Kosten für Unterbringung, Verpflegung, Bettwäsche und Bewachung, sowie für die Leitung des Bataillons und einer zehnprozentigen Abgabe für „zentrale Leistungen - Krankengeld, medizinische und kulturelle Betreuung".

Weiter heißt es in der NKWD-Anweisung:

„Innerhalb der Internierungsobjekte gilt dasselbe Reglement wie in den NKWD-Lagern für Kriegsgefangene. Verstöße gegen Disziplin und Reglement in den Internierungsobjekten und während der Arbeit können durch die Kommandeure entsprechend den Statuten der Roten Armee geahndet werden. Flucht, Arbeitsverweigerung oder mehrfache grobe Verstöße gegen die Disziplin im Bataillon oder in den Produktionsbetrieben können durch Deportation in die NKWD-Lager im Hohen Norden oder in Lager mit verschärftem Regime geahndet werden. Andere, durch die Strafgesetzgebung geregelte Straftaten der Internierten werden auf der Grundlage des Strafsesetzbuches der UdSSR vor einem Militärgericht verhandelt."[70]

Das war jedoch noch nicht alles. Um Terror- und Diversionsakte im Hinterland der sowjetischen Truppen zu unterbinden, unterzeichnete Stalin im Februar 1945 folgenden Befehl:

„Im Bereich der Front sind alle zu körperlicher Arbeit tauglichen deutschen Männer im Alter von 17-50 Jahren, die eine Waffe tragen können, mobil zu machen. Deutsche, die nachweislich in der Wehrmacht oder in Volkssturm-Einheiten gedient haben, werden als Kriegsgefangene betrachtet und in die NKWD-Kriegsgefangenenlager deportiert. Aus allen übrigen Männern sind

Arbeitsbataillone von 750-1 000 Mann zur Arbeit in der Sowjetunion, vor allem in Weißrußland und der Ukraine zu bilden."[71]

Dieser Personenkreis, der nach der Kapitulation Deutschlands
durch politische Unliebsame bereichert wurde, wird im NKWD-
Sprachgebrauch gemeinhin als „Arrestanten" bezeichnet. Wie
die stellvertretenden NKWD-Vorsitzenden Kruglow und
Tschernyschow ihrem Chef Berija Ende Mai 1945 berichteten,
arbeiteten zu jenem Zeitpunkt bereits 188 000 deutsche Internierte und 100 000 Arrestanten in sowjetischen Betrieben.
140 000 mußten Kohle fördern und 55 000 wurden in der
Hüttenindustrie eingesetzt.[72]

Gegen Ende des Sommers 1945 fanden unter den Internierten „Säuberungen" statt. Mütter von Säuglingen, Schwangere
und Menschen mit ansteckenden Krankheiten wurden nach
Hause geschickt. Ihren Platz nahmen „Neuzugänge" aus
Deutschland ein. Später lockerte Berija die Isolation; die Internierten durften Kleiderpakete empfangen und bekamen Schreib-
erlaubnis für einen Brief monatlich.

Nichts fürchteten die Deutschen mehr als Rache und Vergeltung durch sowjetische Bürger. Dazu kam es jedoch nicht.
Die Russen und Internierte verstanden einander nur zu gut. Sie
hatten vieles gemeinsam.

VII.
Wessen Gehirn ist schöner und warum

Wer in der Parteiführung als erster auf den Gedanken kam, das Genie eines Führers auf der Basis von Zellen zu untersuchen, läßt sich heute nicht mehr feststellen. Nichtsdestotrotz kam jedoch schon 1926 aufgrund einer Vereinbarung zwischen den damals befreundeten Regierungen Deutschlands und Sowjetrußlands der Genetiker Oskar Vogt nach Moskau, um Lenins Gehirn zu untersuchen, der im übrigen ein entfernter Verwandter Vogts war. Nach zweijähriger erfolgreicher Arbeit wurde das von Vogt gegründete Labor auf Anweisung Stalins zu einem Hirnforschungsinstitut umgebildet, das Vogt bis 1933 leitete.

Nachdem sich die politische Situation in Deutschland durch die Machtübernahme Hitlers grundlegend geändert hatte, mußte Vogt zurückkehren. Sowjetische Kollegen setzten sein Werk allein fort. Nicht immer war den jungen Wissenschaftlern Erfolg beschieden. Sie hatten die Aufgabe, die Entwicklung des Denkens bei großen Persönlichkeiten von der Wiege bis zur Bahre in all ihren Einzelheiten zu erforschen, um durch künstliche Beeinflussung menschlicher Gene das große Ziel des Kommunismus anzusteuern - die Herausbildung harmonisch entwickelter, gleichgeschalteter Menschen. Daher bekamen die Wissenschaftler es nicht nur mit den grauen Zellen von Kämpfern der Leninschen Garde zu tun, sondern untersuchten auch die Gehirne von Maxim Gorki, dem Sänger Leonid Sobinow dem Physiologen Iwan Pawlow und anderer Talente.

Institutsgründers Vogt hatte es nach seiner Rückkehr nach Deutschland nicht einfach. Hitler machte als erster seinem Unmut über die Versuche des Genetikers Luft. Was, so der Führer, könne Lenin schon im Gehirn gehabt haben, außer Watte, Watte und nochmals Watte. Vogt, den des Führers Geschrei nicht sonderlich beeindruckte, arbeitete in seinem

Institut in Berlin-Buch einfach weiter. Allerdings unter strenger staatlicher Aufsicht.

Nach 1935 brauten sich jedoch politische Gewitterwolken über seinem Kopf zusammen. Vogt hatte sich bei den Nazis nicht nur durch seine demokratischen Auffassungen unbeliebt gemacht, sondern auch durch seine Frau Cecile - eine Französin, die als Wissenschaftlerin ebenfalls einen guten Ruf hatte. 1937 wurde der angepaßte und bei der Reichsführung gut angeschriebene Genetik-Professor Hans Spatz zum neuen Institutsdirektor berufen und Vogt mußte seinen Hut nehmen.

Vogt ließ sich kurz darauf in Neustand an der schweizerischen Grenze nieder und forschte dort als Privatmann weiter. Nach dem Krieg gründete er in Düsseldorf und Frankfurt am Main zwei neue Forschungsinstitute.

Spengler hat mit seinem Buch „Lenins Hirn" versucht, den verschlungenen Lebensweg des Wissenschaftlers Vogt nachzuzeichnen. Die Fachwelt lehnt sein Buch jedoch als zu reißerisch ab. In seinem Vorwort beruft Spengler sich auf Rolf Haßler, einen Schüler Vogts, der berichtet, wie Vogt im Oktober 1941 mit einem regierungsnahen Wissenschaftler in einem Eisenbahnabteil saß und dieser sich brüstete, Hitler habe eine spezielle Verfügung unterzeichnet, wonach Lenins Gehirn nach der Einnahme Moskaus nach Berlin gebracht würde. Vogt war über solcherart Umgang mit dem wertvollen genetischen Material ebenso empört, wie über den Umgang der Nazis mit der ideologischen Beute. Er ahnte, was passieren würde. Das Hirn Lenins stellte nach Auffassung vieler Koryphäen die Entwicklung der Makrostruktur in ihrer vollkommensten Ausprägung dar und war daher für die Forschung von unschätzbarem Wert.

Vogts Erregung war natürlich grundlos, das Leben verlief anders und genau deshalb führte mich mein Weg in das etwas düster wirkende, gotisch anmutende rotbraune Gebäude in der Moskauer Obuch-Gasse, wo der Direktor des Hirnforschungsinstituts, Oleg Adrianow auf mich wartete. Ihm übergab ich eine Kopie der von Stalin unterzeichneten Verfügung 9 782

- streng geheim - des Staatlichen Komitees für Verteidigung vom 3. August 1945. Dort heißt es:

„1. Das Ministerium für Gesundheitswesen der UdSSR (Genosse Georgi Miterew) wird angewiesen, für das Hirnforschungsinstitut in Moskau die gesamte Laborausrüstung und die wissenschaftlich-technische Dokumentation des Hirnforschungsinstituts in Berlin-Buch zu übernehmen.

2. Genosse Miterew wird die Demontage und den Abtransport der Anlagen überwachen. Ihm werden vier Spezialisten beigegeben.

3. Die Hauptverwaltung für Beutegut der Roten Armee (Genosse Wachitow) wird angewiesen, mit der Demontage der unter Punkt 1 aufgeführten Anlagen spätestens am 20. August zu beginnen und sämtliche Arbeiten bis zum 20. September abzuschließen. Arbeitskräfte und Transportmittel werden entsprechend bereitgestellt.“

Eine Kopie der Verfügung ging zwecks Information und Kontrolle, außer an deren Adressaten, auch an die Mitglieder des Staatlichen Komitees für Verteidigung Malenkow, Molotow, Berija, Wosenesenskij und Bulganin, sowie an ZK-Sekretär Andrejew, Marschall *Georgi Shukow* und andere hochrangige Sowjetfunktionäre.

„Von den Leuten, die damals nach Deutschland fuhren, lebt leider niemand mehr“, sagte Professor Adrianow, nachdem er zu Ende gelesen hat. „Gibt es wenigstens ein Protokoll über den Abtransport?“

Ein Protokoll fand sich natürlich nicht. Und vom Abtransport der Anlagen und Dokumente aus Buch hörte Adrianow zum ersten Mal. Ihm war jedoch sofort klar, daß das Archivdokument Zweifel an der ethischen Kompetenz seines Instituts aufkommen lassen würde. Daher machte er sich sofort ans Werk. Bei sämtlichen älteren Mitarbeitern des Instituts, befreundeten Wissenschaftlern und Professoren rief er an, in der

Hoffnung, einer von ihnen könnte zumindest andeutungsweise etwas von den deutschen Reparationsleistungen wissen.

Zunächst stellte sich nur heraus, daß der frühere, leider schon verstorbene Institutsdirektor Grigori Poljakow seinerzeit tatsächlich in Berlin war. Angeblich hatte er von dort nur das Fotolabor und das Kontrastmittel Cresilvilolett mitgebracht, von dem noch die Rede sein wird. Adrianow gab dennoch nicht auf. Endlich hatte er Professor Samuil Blinkow, den Methusalem der russischen Medizinprofessoren, am Telefon. Blinkow war über neunzig; wie Adrianow wußte, ging er aber weiterhin zu Konsultationen für Neurochirurgie-Studenten - und das bei strengem Frost. Und sein Gedächtnis ließ ihn auch nicht im Stich.

Blinkow bestätigte, daß Professor Poljakow tatsächlich in Berlin war und von dort neben Cresilviolett eine einmalige Sammlung wissenschaftlicher Arbeiten zur Genforschung des russischen Röntgenologen und Genetikers Nikolaj Timofejew-Resowskij mitgebracht hat. Daniil Granin hat das Leben Timofejew-Resowskijs, der weitgehend Autodidakt war, in seinem Buch „Wisent" erzählt. Timofejew-Resowskij war seinerzeit durch dasselbe Austauschprogramm nach Deutschland gekommen, wie Vogt in die Sowjetunion, und aus politischen Gründen dort geblieben. Während des Krieges forschte er in dem von Spatz geleiteten Berliner Institut. Spatz hatte sich auf die evolutionäre Morphologie des Hirns und die klinische Untersuchung seiner Erkrankungen, vor allem der Nerven spezialisiert und befaßte sich außerdem mit der *Pathoklismen-Theorie*[73]. Inwieweit sich die Forschungen von Timofejew-Resowskij und Spatz überschnitten, läßt sich schwer sagen. Da ihre Projekte jedoch durch das Reichs-Kriegsministerium gefördert wurden, ist anzunehmen, daß sie weniger mit Medizin, als mit speziellen militärischen Aufgabenstellungen zu tun hatten. Möglicherweise mit dem Einfluß äußerer Reizfaktoren, wie Strahlung, künstliche Signale und verschiedene Felder auf die Hirntätigkeit, sowie mit deren Bremsung, Aktivierung und Veränderungen der Psyche auf der Makro- oder der genetischen

Ebene. Infolge ihres Geheimhaltungsgrades kamen die Arbeiten Timofejew-Resowskijs nicht in das Moskauer Institut, sondern landeten im Giftschrank des sowjetischen Gesundheitsministeriums.

Timofejew-Resowskij selbst wurde nach Kriegsende repatriiert und forschte in einer der geschlossenen Anstalten Berijas weiter. Nach seiner Rehabilitierung arbeitete er in Obninsk, wo sich bis zum heutigen Tag sein persönliches Archiv befindet. Von seinen in Deutschland verfaßten Arbeiten fehlt jedoch jede Spur. Einige Forscher meinen, sie lägen in Jekaterinburg, wo Timofejew-Resowskij nach dem Kriege tätig war. Professor Adrianow indessen meint, das Archiv sei vernichtet worden, als Lysenkos Theorien für alleinseligmachend gepriesen wurden.

Professor Blinkow erzählte außerdem, daß zusammen mit Poljakow auch dessen Mitarbeiter Pjotr Anochin in Berlin war und eine ganze Bibliothek wissenschaftlicher Monographien mitgebracht hat, die er sich, wie Adrianow behauptet, persönlich unter den Nagel gerissen habe. Der spätere Professor Anochin habe nach Adrianows Worten die Kollektion niemandem gezeigt und daher ist auch zu deren Inhalt nichts bekannt.

Anochin übernahm bald nach seiner Rückkehr aus Deutschland einen Lehrstuhl an der Zentralen Fortbildungsakademie für Ärzte und wechselte später zum Setschenow-Institut. Sein Hauptinteresse galt weiterhin funktionellen Problemen der Hirntätigkeit. Zwischen 1954 und 1959 hat er, wie die „Große Medizinische Enzyklopädie" bestätigt, „Mechanismen von Abhängigkeit und Widerstand des Organismus unter Extrembedingungen" untersucht. Dieses Detail läßt zumindest Ähnlichkeiten mit den Forschungen in Buch anklingen. 1972 bekam Anochin den Leninpreis. Er ist Autor von 260 wissenschaftlichen Abhandlungen und hat neun Monographien verfaßt. Nach seinem Tode benannten seine Schüler das von ihm gegründete Forschungsinstitut für normale Physiologie nach ihm.

Adrianow gab mir die Adressen aller verwandten Forschungsinstitute. Für den Fall aller Fälle, wie er sagte. Er warnte mich aber, nach der deutschen Sammlung von Anochin zu suchen. Das war seiner Meinung nach ebenso sinnlos, wie der Versuch, die Geheimnisse des Giftschranks im Gesundheitsministerium enträtseln zu wollen. Mit seinem Institut, so Adrianow, habe es eine besondere Bewandnis und daher unterscheide es sich erheblich von anderen Hirnforschungsinstituten, auch solchen im Ausland, weshalb er von den Forschungen von Professor Spatz keine Ahnung habe. Auch deutsche Nachschlagewerke und Spenglers Buch enthalten keine Hinweise zu Spatz und dessen Arbeiten.

Adrianow erinnerte sich allerdings, Spatz 1965 in Düsseldorf getroffen zu haben. Spatz, so Adrianow, sei damals schon sehr alt gewesen und da beide an unterschiedlichen Themen interessiert waren, kam es zu keinem Gespräch mit diesem. Schon im Gehen bot Adrianow mir an, seine Giftküche zu besichtigen und mir selbst ein Bild zu der deutschen Hinterlassenschaft zu machen. Doktor Walerija Amuntz begleitete mich.

Zuerst führte sich mich in ein hohes, geräumiges Zimmer, dessen Interieur an ein Alchimistenlabor aus dem Mittelalter erinnerte. Links neben der Tür stand auf der Konsole eines weißen Schranks ein großes zylindrisches Gefäß auf dessen Boden ein menschliches Gehirn in einer durchsichtigen Flüssigkeit schwamm. Es sah aus wie ein eigenartig geformter Teigklumpen mit vielen Furchen. Walerija Amuntz erklärte mir, daß das Gehirn nach der Autopsie eine gallertartige Masse darstelle. Um deren Konsistenz zu erhalten, würde diese Masse mit verschiedenen Lösungen bearbeitet, wodurch das Gehirn seine ursprüngliche Farbe verlöre. Danach wird das Gehirn in seine Hälfte und andere Teile, wie Hinterkopf und Stirn zerlegt und mit entsprechenden Flüssigkeiten behandelt. Danach muß die Masse erkalten. Wie zum Beweis öffnete Walerija Amuntz die Flügeltüren des Schranks und holte einen Gegenstand hervor, der, wie ein Stück Käse, in gewöhnliches Papier eingewickelt war. Ausgepackt sah er wie ein unregelmäßiger

Paraffinwürfel aus, durch den die Oberfläche des Gehirns trübe hindurchschimmerte.

Genau so einen Würfel hatte man in meiner Gegenwart auf dem Mikrotrom - einer Erfindung Vogts hervorgezaubert. Das Mikrotrom ist eine Art Hobel, mit dem bis zu 20 Mikron dünne Schichten abgetragen werden können. Die abgetragene Hirnschicht wurde mit dem Pinsel auf eine kleine Glasplatte aufgetragen und danach mit Cresilviolett eingefärbt. Die Deutschen galten von jeher als Meister der Cresilviolettherstellung. Dessen sowjetisches Pendant war unzuverlässig und zu blaß. Die Ergebnisse ließen daher zu wünschen übrig. Das deutsche Präparat hingegen wirkt schneller und führt zu einem kräftig rosavioletten Farbumschlag, ohne die Mikrostruktur des Schnitts zu zerstören. Darum hatte Professor Poljakow es seinerzeit aus Deutschland mitgebracht. Deutsches Cresilviolett ist, wenn die Lagervorschriften eingehalten werden, mehrere Jahre haltbar. Daher reichte das erbeutete Kontrastmittel sogar noch für Stalins Gehirn, das sich dem Farbspektrum nach beträchtlich von dem weniger prominenter Mitbürger unterschied.

Importierte Kontrastmittel, so Walerija Amuntz, seien überhaupt sehr teuer und würden daher nur zum Einfärben von Hirnschnitten bekannter und begabter Persönlichkeiten verwendet. Dieser Ehrung beispielsweise wurde Anfang der neunziger Jahre *Andrej Sacharow* für würdig befunden. Als ich das Labor besuchte, wurde gerade das Gehirn von *Konstantin Stanislawski* seziert. Danach sollte der Schriftsteller *Nikolaj Ostrowskij* an die Reihe kommen. Obwohl Orginal-Cresilviolett zum Einfärben verwendet wurde, ließen die Ergebnisse aufgrund der langen Lagerung der Hirnpräparate zu wünschen übrig.

Der eingefärbte gezackte Schnitt, der wie eine skandinavische Insel mit vielen Fjorden aussieht, wird mit einer weiteren Glasplatte abgedeckt. Die Gesamtheit der aus den Teilen eines Hirns gefertigten Schnittpräparate stellt eine in sich geschlossene Sammlung dar, die für Forschungen genutzt werden kann. Sie ist lange haltbar und wartet oft jahrelang, bis ihre Stunde kommt. Manchmal allerdings wird sie gleich in Fotolabors gebracht, deren Ausrüstung etwas Museales an sich hatten. Von dem an eine Werkzeugmaschine erinnernden Fotomikroskop bis hin zu der fast zwei Meter langen Ziehharmonika mit Fotoplatten an den Enden wurden sie ausnahmslos nach Vogts Entwürfen in den zwanziger Jahren gebaut. Ob er oder Professor Poljakow sie nach Moskau gebracht haben, konnte nicht geklärt werden. Fest steht jedoch eines: Wenn die Färbung glückt, liefert die Mikrofotografie Ergebnisse, die ausländische Fachleute, die mit supermoderner Technik arbeiten, als besser einstufen. Vogt selbst hatte sein Gehirn übrigens auch zum Sezieren freigegeben. Eingefärbt ist es bereits und wartet nun in einem Düsseldorfer Institut auf die Analyse.

Eine Frage bleibt dennoch offen: Was wohl Stalin getan hätte, hätte er gewußt, daß das in Deutschland erbeutete Cresilviolett nebst der Vogtschen Mikrofilmtechnik nachfolgenden Generationen zu der Erkenntnis verholfen hätte, daß er Paranoiker war.

VIII.
Das Geheimnis der Farbe Khaki

Die traditionellen Farben sowjetischer Uniformen - scharlachrot, hell- und dunkelblau, meerblau, stahlgrau und das praktische Khaki - verschwinden zusehends und machen mehr und mehr einem monotonen Olivgrün Platz. Ihren Verzicht auf die Vielfalt der Farben und Schnitte begründen die Armeereformer damit, daß die Uniformen antiquiert und unpraktisch, technisch schwer herzustellen und daher aus Kostengründen nicht zu vertreten seien. Das mag so sein. Doch jedes Ding hat seine Vorgeschichte, die manchmal unerwartete Wendungen nimmt.

Den Krieg mit Deutschland begann die rote Armee mit ziemlich abgetragenen Uniformen. Sie war an die Soldaten und Kommandeure meist schon 1940 ausgegeben worden. In neuen Feldblusen und Hosen marschierten nur die im Frühjahr 1941 gezogenen Rekruten. Natürlich gab es erkleckliche Vorräte an ordentlicher Kleidung und Stiefeln, doch die Intendanzen in den Grenzgebieten fielen in den ersten Kriegswochen fast alle in die Hände des Gegners oder wurden vernichtet. Und gefallenen Kämpfern nahm man, wenn man Glück hatte, nur Waffen und Schuhwerk ab.

Die ganze Welt kleidete daher in der Folgezeit die Millionen-Armee ein. Die Textilfabriken arbeiteten Tag und Nacht, die Bevölkerung schickte Wäsche und warme Winterkleidung an die Front, die Alliierten lieferten wollene und halbwollene Tuche, Schuhe und Leder. Die englische Wolle ging allerdings eher an die Stabsoffiziere vom Oberst an aufwärts. Nicht so die alliierten Schuhe. Die wurden nach dem Gießkannenprinzip verteilt. Einer hatte Glück, der andere nicht. Leider liefen die Soldaten sich in ihnen in ein oder zwei Wochen die Füße wund. Wie sich später herausstellte, hatten die Schuster jenseits des Ozeans zu ihrer Herstellung ungefettetes, noch vor 1917 gegerbtes Leder verwendet. Um ihre Haltbarkeit zu erhöhen, bekamen sie eine doppelte Sohle, die sich nicht biegen ließ. Auf guten Straßen und bei trockenem Klima mochte das angehen, mit ihnen durch Schlamm und Morast zu waten, war eine Qual. Dann lieber unsere, sagten sich die Soldaten, auch wenn sie löcherig sind und Sohlen haben, die von Autoreifen stammten.

Durch den Engpaß mußten Rotarmisten häufig sogar mit gegnerischen Uniformen eingekleidet werden. 1943 beispielsweise wurden unter der kämpfenden Truppe 125 000 erbeutete Militärmäntel, 154 000 Feldröcke, 102 000 Hosen und über 109 000 Paar deutsche Schuhe verteilt. Mehr als zehn voll aufgefüllte Schützendivisionen wurden über Nacht in die Uniformen ihrer Gegner gesteckt. Glücklicherweise wurden in der Roten Armee im gleichen Jahr neue Rangabzeichen eingeführt. Sechs Branchenministerien und die ihnen unterstellten Betriebe waren mit der Herstellung von Schulterstücken, Knöpfen und Kragenspiegeln beschäftigt. Andererseits war es keine Seltenheit, daß frisch aufgefüllte Einheiten in Zivil, mit den Sachen, die sie gerade von zu Hause mitgebracht hatten, in den Kampf ziehen mußten.

Etwas besser sah es mit den Uniformen aus, als die sowjetische Armee außerhalb der Landesgrenzen kämpfte. Es wurde viel Beute gemacht und die Textilfabriken Osteuropas wurden ebenfalls auf Kriegsproduktion umgestellt. Allein die Bata-Werke in der Tschechoslowakei lieferten der Roten Armee über eine Million Paar Schuhe. Trotzdem schämten sich viele sowjetische Soldaten und Offiziere, als sie in die unterworfenen deutschen Städte einmarschierten. Schenkt man Statistiken der Hauptintendanz der Roten Armee Glauben, dann hatten im Mai 1945 fünf Millionen Rotarmisten keine ordentlichen Feldblusen und vier Millionen liefen mit zerlöchertem Schuhwerk herum. Die meisten von ihnen gehörten kämpfenden Einheiten an. Wie die Feldintendanzen in den besetzten Gebieten das Problem lösten, kann man sich leicht vorstellen. Das aber waren nur Tagesprobleme, die Armeeführung indessen war mit Zukunftsplänen beschäftigt.

Ende September 1945 sandte Armeegeneral Chruljew an Berija, Malenkow und Wosnessenskij eine Aktennotiz, in der es wortwörtlich hieß:

„Das Ministerium für Verteidigung hat sich mehrfach mit der äußerst unzureichenden Versorgung der Textilindustrie mit Farbstoffen befaßt, wodurch es zu verzögerten Auslieferungen für die Armee kommt. So bekam das Ministeriat für Textilindustrie zum Ankauf von Farbstoffen Mittel bewilligt, die nur 58% des Bedarfs abdecken.

Außerdem hat das Ministerium für chemische Industrie während des Krieges sein Sortiment an Farbstoffen von 200 im Jahre 1941 auf 30 im Jahre 1945 reduziert. Die Produktion von Farbstoffen, wie Hellblau, Himbeerrot, Signalrot und Preußischblau, die für die Armee besondere Bedeutung haben, wurde ganz eingestellt. Sogar die Versorgung von Generälen und Marschällen mit Uniformen der Farbe Meerblau verzögert sich, da entsprechende Farbstoffe fehlen.

Die vom Ministerium für chemische Industrie gelieferten Farben haben eine sehr schlechte Qualität. Aus Baumwolle gefertigte Uniformteile bleichen bei Sonneneinstrahlung schnell aus. Farbverluste treten so schnell auf, daß Uniformen, die an Rotarmisten ein und derselben Einheit im Abstand von wenigen Tagen ausgegeben wurden, sich innerhalb kürzester Zeit zu unterschiedlichsten Nuancen verfärben, was das einheitliche Aussehen im Glied in unverantwortlicher Weise stört.

Daher unterscheiden sich unsere Soldaten und Offiziere dem Äußeren nach sehr von denen der Alliierten, deren Uniformen auch nach langem Gebrauch nichts von ihrer ursprünglichen Farbgebung einbüßen. Das fällt insbesondere in Gegenden auf, die von unseren Truppen und den Alliierten gemeinsam besetzt werden.

Die schlechte Qualität der vom Ministerium für chemische Industrie hergestellten Farbstoffe ist der Rückständigkeit der verwendeten Produktionsmethoden sowie der Unkenntnis neuer Rezepturen geschuldet, die im Ausland, vor allem in Deutschland, seit langem bekannt sind.

Jetzt bietet sich die Möglichkeit, die Farbenherstellung in der Sowjetunion durch die Nutzung deutscher Produktionsbetriebe und deutscher Fachkräfte, sowie der bisher geheim gehaltenen Rezepturen entscheidend zu verbessern und aus den Betrieben in der sowjetischen Besatzungszone Farbstoffe zu importieren.

Das Problem sollte in kürzester Frist geklärt werden, um die gegenwärtig günstigen Umstände nicht zu verpassen."[74]

Auf die Niederschrift hin klingelten bei Berija Alarmglocken. Er berief schleunigst eine Beratung ein, an der die Minister für chemische und Textilindustrie, Perwuchin und Iwan Sedin, der stellvertretende Ministerpräsident Lasar Kaganowitsch und der Chef der Rückwärtigen Dienste der Roten Armee, Chruljew teilnahmen. Geleitet wurde die Beratung von Alexej Kossygin, damals stellvertretender Ministerpräsident der UdSSR und Regierungschef der Russischen Föderation. Sie verabschiedeten ein Programm zur Herstellung von Farben für Militärbekleidung auf der Basis deutscher Technologien.

Um die deutschen Produktionsmethoden zur Farbenherstellung kennenzulernen und zu übernehmen, wurde alsbald ein Teilabschnitt der zur „IG Farbenindustrie" gehörenden Farbenfabrik in Wolfen versuchsweise in Betrieb genommen. Später wurden sämtliche Anlagen des Werkes, wie auch die Ausrüstung anderer, zum Konzern gehörender Betriebe demontiert und in sowjetische Chemiefabriken abtransportiert. Unter anderem eine technologische Linie zur Herstellung von Pelzfarben, die damals einmalig war. Sie kam in das Werk Nr. 237 in Berjosniki, im ehemaligen Gebiet Molotow (*heute*). Um die Produktion in Gang zu setzen, kam eine Gruppe deutsche Chemiker und Technologen in die Sowjetunion.

Die Erfolge bei der Herstellung von Farben für die Uniformen der Roten Armee wurden zwei Jahre später, als die Soldaten und Offiziere neue Uniformen bekamen, in aller Öffentlichkeit vorgeführt.

Eine große Hilfe für die Modernisierung der sowjetischen Textilindustrie waren Anlagen und Rohstoffe der Kunstwolle-Werke in Viallenberg die in die KREPS-Fabrik in Kalinin kamen, die Produktionslinien der Kunstlederfabrik „Waiting Gesellschaft" in Großenhain, die an die Nogin-Fabrik im Moskauer Stadtteil Kunzewo gingen. Ebenso die Anlagen der Berliner Werke für gummierte Stoffe „Standard Para Gummifabrik Holzberg & Co." und vieles andere mehr.

Gleichzeitig wollte die Textilindustrie ihr Ansehen bei der Bevölkerung verbessern. Sedin, der Malenkow und Stalin bedrängte, setzte schließlich eine Steigerung der „Sonderlieferungen" durch. In den „Schlesischen Zellwollewerken" in Grünberg, die Staniolfasern herstellten, wurden Ausrüstungen und Rohstoffe in die Kamensk-Faserwerke bei Rostow gebracht. Die Anlagen der „Kunststoffwerke Fritz Kütner AG" in Dresden, die Viskose- und Polyamid-Seiden herstellten, kamen nach Kiew. Die Webstühle und andere Anlagen der „Gustav-Zandler-Teppichwerke" in Cottbus sowie der Namen „Weiske" in Görlitz gingen in das Textilkombinat in Obuchow. Die Flachsspinnapparate, Trockenöfen und andere Anlagen der deutschen Staatlichen Leinenwerke in Rhinow reichten aus, um die Leinenwerke in Ostrowskoje und Starorusskoje zu versorgen, sowie Reparaturwerkstätten im Leinenkombinat in Pskow einzurichten. Dem Ministerium für Textilindustrie wurden darüber hinaus Werkstätten und Fabriken der Konfektionsfirmen „Richter" in Zittau, „Draht- und Stoffwerke" in Mittweida, „Friese & Co." in Öderan, „Geller & Co." in Frankenberg, „Bauer" in Torgelow, „Ostmark" in Zanow, „Raimond Vegerer" in Braneburg u.a. zum Kauf überlassen.

Seither sind fünfzig Jahre vergangen. Eines Tages schaute ich wieder einmal bei dem Stellvertretenden Leiter der Zentralen Kleiderkammer des Verteidigungsministerium der Russischen Föderation, Oberst Wiktor Zarkow, vorbei, der außerdem Chef des gesamten Militärhandels ist. Zarkow hatte alle

Hände voll zu tun, weil an den Offiziersschulen gerade ein neues Studienjahr anfing. Die Telefone klingelten pausenlos; es gab Unstimmigkeiten mit den Lieferanten. Mal redete Zarkow sich in Wut, mal speiste er seine Gesprächspartner mit knappen Sätzen ab. Auf Befehl des Verteidigungsministers sollten alle Offiziere mit neuen, olivgrünen Uniformen eingekleidet werden. Die neuen Uniformen reichten offenbar nicht, die alten durften nicht mehr verwendet werden. Ich wollte wissen, warum man sich entschlossen hatte, den Uniformen eine andere Farbe zu geben. Früher, so Zarkow, habe das ostdeutsche Polychemkombinat die Farben geliefert. Da es die DDR nun nicht mehr gäbe, müsse man sehen, wie man nun zurechtkomme.

Wie sich herausstellte, hatte sich die DDR im Rahmen der vom Comecon beschlossenen „sozialistischen Integration der Bruderländer" Anfang der sechziger Jahre erneut auf die Farbenherstellung spezialisiert. Nach dem Fall der Berliner Mauer und der deutschen Einheit stand die russische Textilindustrie daher erneut vor dem Nichts. Zumindest, was Farbstoffe für die Uniformherstellung anbelangt.

IX.
Der Zuträger

Wladimir Bontsch-Brujewitsch, der zur alten Leninschen Garde gehörte, hatte trotz seiner adligen Abstammung Glück. Während der innerparteilichen Machtkämpfe und der stalinschen Verfolgungen Ende der dreißiger Jahre rührten *GPU*[75] und NKWD ihn nicht an, denn Bontsch-Brujewitsch war immer für die jeweilige Mehrheit in der Partei. Nachdem der revolutionäre Intellektuelle jahrelang Spitzenämter in der Regierung bekleidet hatte, kontrollierte er nun die Sanitätsstellen auf den Bahnhöfen, kümmerte sich um Wasserleitungen und Abwasserbehandlung in Moskau oder züchtete neue Getreidesorten in einem experimentellen Staatsgut. Anfang der dreißiger Jahre verschrieb er sich dem Journalismus und gründete das Staatliche Komitee für Druckerei und Verlagswesen. Eine keineswegs ungefährliche Beschäftigung, doch auch hier überspannte er den Bogen nie.

Zum Ende seiner Karriere wurde er Direktor des Literaturmuseums in Leningrad, das in dem ehemaligen Wohnhaus Puschkins untergebracht war. Das neue Amt übernahm er ohne Murren. Er arbeitete eifrig, ohne je einen Krach mit dem Regime vom Zaune zu brechen, obwohl er zwischen 1935 und 1939 regelmäßig an die Minister Genrich Jagoda, Nikolaj Jeshow und Berija schrieb und sich darüber beschwerte, daß die NKWD-Mitarbeiter die persönlichen Archive mißliebig gewordener Wissenschaftler und Künstler vernichteten. In seiner Naivität verlangte er, „diese fürchterlichen Tatbestände strengstens zu überprüfen". Im Frühjahr 1940 wurde er daher entlassen.

Das Jahr 1945 kam. Die Siegesmeldungen des „*Sowinformbüros*"[76] animierten den ehemaligen Direktor offensichtlich zu neuen Aktivitäten. Er sah Chancen für eine Rehabilitierung in den Augen seiner Parteigenossen und wollte zudem beweisen, daß er noch gebraucht würde. Am 25. Februar schrieb er daher an Stalin folgenden Brief:

Lieber Josif Wissarionowitsch,

ich habe lange gezögert, ob ich Ihnen schreiben soll, was mir auf der Seele brennt, aber jetzt sehe ich, daß ich mich beeilen muß, um nicht zu spät zu kommen.

Deutschland wird in den nächsten Monaten fallen und dann kommt die Zeit für Reparationsleistungen.

Schon während meiner Emigration, vor allem jedoch nach 1930, habe ich mich mit Hilfe meines Mitarbeiterstabs intensiv mit den ins Ausland überführten Archiven und Museen beschäftigt und alles notiert, was irgendwie mit Handschriften und Briefschaften vorrevolutionärer russischer Autoren und slawischem Schrifttum überhaupt zu tun hat. Als ich zwischen 1931 und 1941 Direktor des Staatlichen Literaturmuseums war, habe ich mich, besonders nachdem ich 1933 im Politbüro Vortrag über die Beschaffungspolitik des Museums hielt, in Erfüllung Ihrer Direktiven, verstärkt mit diesem in der Tat bedeutsamen Thema beschäftigt. Vor allem habe ich Originalhandschriften gesammelt. Es handelt sich hier um Zehntausende von Archivdokumenten, die teilweise abgelichtet wurden. Insgesamt liegen über 2000 Fotos dieser wertvollen Handschriften vor. Das war jedoch nur ein Anfang. Der Großteil dieser wertvollen Dokumente liegt weiterhin in Privatarchiven des Auslands und in Museen, in denen ich nicht forschen konnte, weil mir dazu Devisen fehlten. Die verantwortlichen staatlichen Stellen hatten sich 1939 und 1940 geweigert, mir entsprechende Mittel zu bewilligen, und daher konnte ich diese wichtige und notwendige Arbeit nicht zu Ende führen. Wir haben dennoch sehr viele Museen und Archive unter die Lupe genommen. Ich glaube, jetzt ist die Zeit gekommen, diese Archive in vollem Umfang zurückzuholen, und sie dem sowjetischen Fundus anzugliedern, damit sie sorgfältig erforscht und einer gründlichen wissenschaftlichen Nutzung zugeführt werden können.

All diese Archive und Museen lassen sich in zwei Kategorien einordnen:

1. Archive und Museen, die sich in den Staaten des Aggressors und seiner Satelliten befinden, d.h. in Deutschland, Österreich, Rumänien, Ungarn, Finnland, Italien und Bulgarien.

Ich meine, die dort befindlichen Archive müßten beschlagnahmt werden. Das bezieht sich besonders auf russische Handschriften, Briefschaften, Portraits, Stiche, Gemälde, wertvolle und seltene Ausgaben von Büchern, Wertgegenstände, sowie slawisches Schrifttum.

Vor allem in Deutschland muß ohne jegliche Ausnahme alles beschlagnahmt werden, was russisch oder slawisch ist.

Zu bedenken ist beispielsweise, daß in der Handschriftenabteilung der Königlichen Bibliothek in Berlin, wo ich geforscht habe, eine riesige Anzahl russischer und slawischer Handschriften aufbewahrt wird. Der diesbezügliche Handschriftenkatalog ist sehr umfangreich. Sein Register ist als gebundenes Buch verfügbar und enthält nur die Aufzählung der Titel russischer oder slawischer Handschriften. Das Buch ist zwei *Wershok*[77] dick. Dort werden unter anderem Originalmanuskripte mehrere Werke von Puschkin aufbewahrt, die irgendwann von in St. Petersburg ansässigen Deutschen nach Berlin verkauft wurden. Alles, was dieser Katalog enthält, ist für unsere Wissenschaft sehr wertvoll. Fast jede Universitätsbibliothek in Deutschland hat eine russisch-slawische Abteilung. In München existiert eine wundervolle Handschriftensammlung zu byzantinischer Geschichte, die für die weitere Erforschung der ältesten Geschichte Rußlands von unschätzbarem Wert ist. Russische und slawische Schriften werden außerdem in Leipzig, Heidelberg, Dresden, Königsberg, Hamburg und anderen Städten aufbewahrt.

2. In Rumänien muß nach den Archiven der ehemaligen Südarmee gesucht werden, die General Schtscherbatschow während der Oktoberrevolution dorthin evakuierte. Alte russische Emigranten hatten in Bukarest ihre Privatarchive. Einige davon konnte ich mit Hilfe unserer Botschaft noch vor dem Krieg zurückführen. Das meiste liegt jedoch noch dort. Eine ganze Reihe von Archiven haben deren Besitzer nach ihrem Tode der Bukarester Universität vermacht.

In der Königlichen Bibliothek in Wien gab es eine große Sammlung slawischer Handschriften.

Über den verstorbenen Genossen Bakolow konnte ich in Bulgarien einen Teil der im Besitz alter Emigranten befindlichen Archive zurückführen. Darunter befinden sich auch die

Archive alter bulgarischer Sozialdemokraten und Kommunisten, die mit *Georgi Plechanow, Wera Sasuljitsch, Pawel Axelrodt* und anderen in regem Briefwechsel standen. Vieles ist jedoch dort geblieben, besonders das wertvolle Dragomarow-Archiv in Sofia, wo der Großteil der Archive von *Alexander Herzen, Nikolaj Ogarjow* und *Michail Bakunin*, sowie das Archiv der „Glocke" (erste revolutionäre Zeitung Rußlands, von Herzen und Ogarjow in London und Genf herausgegeben. - Anm. der Übersetzerin) aufbewahrt werden. Ende der achtziger Jahre (des vorigen Jahrhunderts - die Übersetzerin) hat Dragomarow versucht, dieses Material in Genf selbst zu veröffentlichen. Diese Ausgabe ist von schlechter Qualität und enthält zudem zahlreiche Entstellungen. Dragomarow hat jedoch nur einen unwesentlichen Teil der Dokumente veröffentlicht. Das Dragomarow-Archiv selbst befindet sich unter der Obhut seines Schwiegersohns, der dem extremen Flügel der „Schwarzen Hundertschaft" [extrem nationalistische Organisation - Anmerkung der Übersetzerin] angehört und Sowjetrußland haßt. Unmittelbar vor dem Krieges wurde es in die Sofioter Bibliothek ausgelagert, wo auch Handschriften von Leo Tolstoi aufbewahrt werden.

In Italien muß - koste es was es wolle - nach dem Archiv der Fürstin *Sinaida Wolkonskaja* gesucht werden, deren Großmutter eine Zeitgenossin Puschkins war und einen literarischen Salon unterhielt. In diesem Archiv sind zahlreiche Handschriften von *Puschkin, Lermontow* und deren Zeitgenossen. Ich habe mich bis 1939 um den Ankauf bemüht, bekam aber kein Geld dafür. In der Königlichen Bibliothek in Rom, vor allem aber im Vatikan gibt es viele russische und slawische Handschriften. Es wäre gut, von dort die gesamte Russisch-slawische Abteilung zu übernehmen, da sie von unschätzbarem Wert für die Aufarbeitung der Geschichte ist. Der Prager Professor Smurlo hat sie untersucht und dazu eine mehrbändige Arbeit veröffentlicht. Diese Bücher sind leider bei uns bislang nicht nachgedruckt worden, umfassen aber nur einen Bruchteil des vorhandenen Bestandes.

In Finnland gibt es in der Universitätsbibliothek von Helsingfors (Helsinki - die Übersetzerin) eine große slawische Handschriftenabteilung. Falls der NKWD-Mitarbeiter Smirnow lebt, müßte er den Fundus kennen. Er war vor der Revolution

Bibliothekar in Finnland und betreute die russische Abteilung der Bibliothek.

In allen genannten Ländern muß nach den Originalen der umfangreichen Korrespondenz der Zarin *Alexandra Fjodorowna* gesucht werden, die seinerzeit aus dem Zentralen Staatlichen Archiv gestohlen wurden. Gesucht werden muß auch nach dem Archiv der Konstituierenden Versammlung, von dem es bei uns nur wenige Fragmente gibt, sowie nach dem Archiv der ersten Jahre des Allrussischen Exekutivkomitees des *Arbeiter-, Bauern- und Soldatenrates gesucht werden*[78]. Einige Dokumente des Ministeriums, beispielsweise das Archiv aus Zimmer Nr. 75, daß ich auf Anweisung Lenins über das Ministerium für Justiz dem Zentralarchiv übergeben hatte, sind ganz und gar verschwunden.

Völlige Inkompetenz, unmögliche Lagerungsbedingungen, Lotterwirtschaft und Disziplinlosigkeit dieser Behörde haben gewieften Weißgardisten in die Hände gearbeitet, so daß diese eine Menge mitgehen lassen konnten. Ein Teil der gestohlen Dokumente wurde im Ausland veröffentlicht. Beispielsweise vier Bände der Korrespondenz von Alexandra Fjodorowna. Andere Dokumente liegen dort in den Magazinen. Gesucht werden muß vor allem in Deutschland. Aus Deutschland müssen außerdem alle Dokumente die den imperialistischen Krieg (den ersten Weltkrieg - die Übersetzerin) angehen und den Deutschen von dem Verräter *Nikolaj Krestinski* geschickt zugespielt wurden, zurückgeholt werden. Angeblich sollten diese Akten ins Russische übersetzt und dann verlegt werden. Sie wurden jedoch der „Historischen Kommission des deutschen Generalstabs" zur Nutzung überlassen. Auch aus den ehemals von Deutschland besetzten Ländern, wie der Tschechoslowakei und Polen, wurden viele unserer ehemaligen Archive nach Deutschland gebracht. All das muß gefunden und in die Sowjetunion zurückgebracht werden.

Ich will Sie nicht mit der Aufzählung einer Unzahl von Hinweisen auf russische und slawische Archive in der Tschechoslowakei, Frankreich, Norwegen ermüden. Archive zu Peter I. gibt es in Dänemark, Belgien und Holland, in Polen und in Serbien. Dort könnte man sich über die Übernahme der Dokumente auf freundschaftlicher Basis verständigen und bei Privatpersonen wertvolle Archive für wenig Geld ankaufen.

Das Archiv *Turgenjews* in Paris ist beispielsweise im Besitz der Nachkommen von *Michele-Pauline Viardot* und umfaßt die Originalhandschriften und Kladden der meisten Werke Turgenjews, sowie über 2 500, zum größten Teil unveröffentlichte Briefe an die Viardot und andere Persönlichkeiten. Ich habe mich mit diesem Archiv persönlich befaßt und als Direktor des Literaturmuseums auch Verhandlungen über einen Ankauf geführt. Mit den Erben der Viardot hatte ich mich bereits über einen Preis von 25 000 Francs verständigt, die unsere Handelsvertretung mir jedoch verweigerte. Es wäre schrecklich, wenn all das inzwischen vernichtet ist.

In Frankreich gibt es weitere bedeutende russische Archive. Ich habe seinerzeit von dort viele wertvolle Bestände zurückgekauft, zum Beispiel das Archiv des ersten russischen Hegelianers, Alexander Suchowo-Kobylin, für dessen Arbeiten sich Lenin sehr interessierte.

Im Polnischen Zentralarchiv lagert der gesamten Bestand des polnischen Rapersville-Museums, das vor der Oktoberrevolution in der Stadt Rapersville am Züricher See bestand. Auch in dessen Fundus gibt es zahlreiche russische Dokumente. Unter anderem die zweite, sogenannte konspirative Hälfte des Herzen-Archivs, das zu seinen Lebzeiten von der Gräfin Salias de Gournemide verwaltet wurde. Sie übergab den Polen das Archiv nach Herzens Tod. Das Archiv beinhaltet die Korrespondenz Herzens und seiner Frau, Bakunins, Ogarjows, Satiny und anderer. Ich habe dort etwa 1 500-2 000 Dokumente abgelichtet, aber bei weitem nicht alle. Möglicherweise haben die Deutschen alles abtransportiert, daher muß auch in Deutschland gesucht werden.

Auch in der Tschechoslowakei, wo wir in 57 Museen und Archiven geforscht haben, gibt es eine Unzahl russischer Handschriften, darunter ein unveröffentlichtes Gogol-Manuskript. Der Großteil dieser Privatarchive gehört Deutschen, die seit langem dort leben, beispielsweise Nachfahren alter Adelsgeschlechter, die große historische Archive besitzen. Dort haben wir sehr seltene Dokumente aus den Zeiten Boris Godunows, Peter I. und des Vaterländischen Kriegs (Rußlands Krieg gegen Napoleon 1812 - Anmerkung der Übersetzerin) gefunden. Diese Archive werden zumeist in Schlössern aufbewahrt und sind ausgezeichnet erhalten. Einige konnten wir in Augenschein nehmen und sogar fotografieren. Diese Fotos liegen im Literaturmuseum.

Im dritten Stock des Prager Clementinums befand sich vor dem Krieg ein umfangreiches Archiv der weißen Emigration, wo unschätzbare Werte aus der Geschichte und Literatur des XIX. Jahrhunderts aufbewahrt wurden. Dieses Archiv wurde vom tschechischen Außenministerium verwaltet und auf Anweisung von Benes großzügig finanziert. Ich habe mit Benes vor dem Krieg auf einem Empfang der Sowjetisch-Tschechischen Freundschaftsgesellschaft des langen und breiten über das Archiv gesprochen und er hatte mir damals Kopien aller Bücher zugesagt. Ein paar davon konnte ich mitnehmen, aber das meiste ist dort geblieben. Wenn all das erhalten geblieben ist, muß Benes uns jetzt alles schenken. Außerdem müssen wir aus den tschechischen Archiven und Museen all das herausholen, was den Aufenthalt in Rußland und den Feldzug durch Sibirien 1918-1919 angeht. Darunter viele wertvolle Dokumente zur Geschichte des Feldzugs und zur tschechischen Intervention überhaupt, sowie all unsere Fahnen, die uns die Tschechen damals, beginnend mit der Einnahme Pensas, abgenommen haben.

In der Handschriftenabteilung des „Clementinum" lagern 36 Originalbriefe von Leo Tolstoi und andere russische Manuskripte. Die Tolstoi-Briefe habe ich fotografiert.

In der Tschechischen Nationalbibliothek in Prag liegt das Original von Puschkins Poem „O teure Delia", ein Geschenk von Akademiemitglied Jakow Grot. Dort werden außerdem zahlreiche Handschriften aus dem Familienbesitz Leo Tolstois aufbewahrt - beispielsweise die Tagebücher von Makowitzki, dem Hausarzt von Leo Tolstoi und Albert Schkarwan, einem engen Freund der Familie. Ich habe viel abgeschrieben, aber es wäre schön, die Originale zu bekommen.

Sollten Sie es für nötig befinden, kann ich mich sofort um all diese Angelegenheiten kümmern. Ich muß nur zwei Leute, mit denen ich zusammen geforscht habe und all die soeben aufgezählten Angaben zu den Archiven in Europa zusammengetragen habe, bitten, mir dabei zu helfen. Wir kennen all diese Materialien sehr gut und wissen, wo sie sich vor dem Kriege befanden.

Wie ich hörte, hat sich jetzt eine Kommission gegründet, die für Archive und Museen zuständig ist. Ich weiß jedoch, daß deren Mitglieder die besagten Dokumente nie gesehen haben, weil man zu derartigen Forschungen Jahrzehnte benötigt. Ich habe mich vierzig Jahre lang mit diesen Dingen befaßt.

Erst nach und nach konnten ich - und später auch meine Mitarbeiter - sich einen entsprechenden Wissensstand aneignen, den wir teilweise auch im Staatlichen Museum anwenden konnten. Leider nur teilweise, wie schon gesagt.

Ich würde diese meine Fähigkeiten und Kenntnisse, jetzt, wo dazu die Möglichkeit in vollem Umfang gegeben ist, sehr gern nutzen, zumal die Dokumente für unsere Geschichtsschreibung, unsere Literatur und unsere Wissenschaft dringend erforderlich sind.

Ich hielt es für nötig, Ihnen all dies mitzuteilen. Wenn Sie es für richtig halten, warte ich auf Ihre Anweisungen.

Erlauben sie mir, Sie von ganzem Herzen zu grüßen und Ihnen das zu wünschen, was für uns und für die gesamte Menschheit das Allerwichtigste ist - daß Sie bei guter Gesundheit bleiben. Wenn Sie nur gesund bleiben, dann wartet noch viel Glück auf unser Land und die Werktätigen des gesamten Erdballs.

Mit kommunistischem Gruß Ihr...[79]

Natürlich war Stalin damals mit anderen Dingen beschäftigt, als mit altslawischen Handschriften und Briefschaften russischer Dichter, Schriftsteller und Philosophen. Der Brief von Bontsch-Brujewitsch landete daher bei ZK-Sekretär Shdanow. Eine Kopie ging an den Stellvertretenden Minister für Auswärtige Angelegenheiten, Solomon Losowskij. Natürlich wurde dieser Brief entsprechend gewürdigt, da er im Grunde genommen ein Wegweiser durch den russisch-slawischen Fundus ausländischer Archive war, die sich als eine Fundgrube kultureller Werte erweisen, die Rußland durch Dummheit und Gedankenlosigkeit für immer verloren waren. Die auf den ersten Blick rührende Sorge um nationale Kulturgüter kann jedoch nicht darüber hinwegtäuschen, daß Bontsch-Brujewitsch mit seinem Schreiben nicht gerade lautere Absichten verfolgte.

Vieles von dem, was er zitiert, war rechtmäßiger, durch Testamente, Schenkungen oder Kauf erworbener Besitz juristischer Personen und nicht zuletzt durch Sowjetrußland selbst in den zwanziger und dreißiger Jahren veräußert worden. Bontsch-Brujewitsch selbst räumte in bezug auf die von Deutschland okkupierten Staaten ein, daß russisches Kulturgut nicht allein durch „Beschlagnahmung" oder „Evakuierung" sondern auch durch billige Verkäufe den Besitzer gewechselt hatte.

Offenbar hatte Bontsch-Brujewitsch sich die Thesen Leo Trotzkis zueigen gemacht. Dieser hatte während der Hungersnot Anfang der zwanziger Jahre den Verkauf von nationalem Kulturbesitz vorgeschlagen. Ein zeitweiliger Verlust, wie er meinte, denn nach dem Sieg der Weltrevolution würde sowieso alles allen gehören.

Zum anderen setzte Bontsch-Brujewitsch sich rücksichtslos über die bestehenden Grenzen hinweg. Seiner Meinung nach hatte die Sowjetunion das moralische Recht, nationales Kulturgut von Polen bis Frankreich, einschließlich des Vatikans und Skandinaviens zurückzuführen. Natürlich vertraute er auf die politische Macht des Siegers Stalin. Der „Oberste" Befehlshaber Europas, so meinte er, würde bei der Zerschlagung Deutschlands nicht stehenbleiben. Offenbar schloß Stalin selbst eine Fortsetzung des Feldzugs nicht a priori aus. Im März 1945 besuchte eine Delegation des Verkehrsministeriums der UdSSR Frankreich und Belgien. Nach deren Rückkehr erhielten das Ministerium für Verteidigung und der Oberkommandierende einen streng geheimen Bericht über Eisenbahnen, Straßennetz und Wasserwege Frankreichs und anderer Länder Westeuropas.[80]

Drittens und letztens ist auch der unterschwellige politische Aspekt des Briefes nicht zu übersehen. Die Arbeit Bontsch-Brujewitschs in ausländischen Archiven und Museen vor dem Zweiten Weltkrieg verfolgte ein doppeltes Ziel: Einerseits suchte er nach wertvollen literarischen Quellen, andererseits nach Dokumenten, die die bolschewistische Führung politisch kompromittieren konnten. Nicht zufällig erwähnt er das Prager

Archiv der weißen Emigration und die verschwundenen Dokumente aus dem mit dem Justizministerium in Verbindung stehendem Zimmer 175. Die Akten der Konstituierenden Versammlung, den Schriftwechsel der Zarin Alexandra Fjodorowna und das Archiv der weißen Tschechen. Der Empfänger des Briefes hatte eben diese Zeilen nicht ohne Absicht dick mit Rotstift unterstrichen. Die Sowjetführung hatte großes Interesse daran, diese, sie belastenden Materialien zurückzuholen, um sie nicht nur vor Europa, sondern vor allem vor dem eigenen Volk für immer in der Versenkung verschwinden zu lassen.

Bontsch-Brujewitsch ging auch auf die Archive ein, die die deutschen Besatzer auf dem Territorium der UdSSR abtransportiert hatten. Genaueres konnte er nicht nachweisen. Offenbar aber ging er davon aus, daß alles in Deutschland sein müsse. Dem aber - und das läßt sich eindeutig belegen - war durchaus nicht so.

Am 22. Dezember 1941 berichtete der stellvertretende NKWD-Chef *Iwan Serow* an Anastas Mikojan, daß die wichtigsten Dokumente aus den Staatlichen Archiven der westlichen Unionsrepubliken und Gebiete rechtzeitig ins Hinterland evakuiert wurden. In dem „Abschließenden Bericht über die durch die deutschen Faschisten angerichteten Schäden im Staatlichen Zentralarchiv" dagegen ist von 87 Milllionen verschwundener Dokumente die Rede. Die Wahrheit liegt wahrscheinlich in der Mitte.

Offenbar war die Sowjetführung selbst daran interessiert, Aktenbestände zu vernichten, die sie kompromittieren konnten. Wie aus Berichten von Archivaren im besetzten Westen der Sowjetunion hervorgeht, haben diese 67 Millionen Akten zurückgelasssen. Einen Teil davon vernichteten sie vor Ort, andere holten sich die Einwohner und der Rest fiel den Besatzern in die Hände. Augenzeugen berichten, daß es Möglichkeiten gab, die Archive zu retten, die Parteikomitees und NKWD-Büros vor Ort aber hätten sich ihrer wie lästiger Fliegen entledigt. Die krassesten Fälle beschreibt das Buch „Die versteckte

Wahrheit des Krieges - 1941"[81]. Insgesamt wurden nur etwa sieben Prozent der Archivbestände evakuiert.

In den 87 Millionen Dokumenten, die angeblich durch die deutsche Besetzung verloren gingen, sind auch die Bestände mit inbegriffen, die die Archive einzelner Institutionen im Juli und August 1941 auf Weisung von oben vernichten mußten. Von deren insgesamt sieben Millionen Akten wurden über viereinhalb zur Vernichtung freigegeben. 1 173 000 von den insgesamt 1 268 000 NKWD-Akten stammten aus den Gulags.

Im März 1945 eroberten die Truppen der vierten Ukrainischen Front auf dem Bahnhof in Pszyma, südwestlich von Auschwitz, einen Zug, in dessen Waggons sich die Akten des KPDSU-Gebietsarchiv von Smolensk und weiterer 20 Kreise und Städte im Westen der Sowjetunion befanden. Im gleichen Zug fanden die Soldaten etwa 100 000 Bücher und 80 000 Exemplare von Zeitschriften aus der Bibliothek der Weißrussischen Akademie der Wissenschaften, Vilna, Riga, Tallinn und Pskow, darunter auch 14 Kisten mit Ausstellungsstücken aus Museen; unter anderem Portraits von Puschkin und dessen Zeitgenossen, Bronzebüsten und antiquarische Gegenstände. Die Begleitpapiere wiesen (das nie von den Deutschen eroberte - die Übersetzerin) Leningrad als Versandbahnhof aus.[82]

Zur gleichen Zeit fanden Aufklärer der Dritten Weißrussischen Front in Heilsberg eine Sammlung von Büchern und Ausstellungsgegenständen aus dem Institut für Zoologie der Ukrainischen Akademie der Wissenschaften.

Im Dezember 1945 suchte die sowjetische Militäradministration im Schloß von Dellingen in der amerikanischen Besatzungszone nach Museumsbesitz aus Kiew, Minsk und anderen Städten. Alles wurde auf 28 Lastwagen abtransportiert. Damals informierten die Amerikaner auch das Oberkommando der sowjetischen Truppen über Funde in Bayern, verlangten jedoch eine Bestätigung von Sachverständigen, daß diese tatsächlich aus der Sowjetunion stammten. Das geschah auch. Weiter ist zu Funden sowjetischer Archive, Museen und Bibliotheken 1945 in Polen und Deutschland nichts bekannt geworden.

Bontsch-Brujewitsch hatte zudem Trophäen erwähnt, die die Tschechen der russischen Armee abgenommen hatten. Im Juli 1945 fand man in der Tat 144 Fahnen und 39 Standarten. Allerdings nicht in der Tschechoslowakei, sondern in den Kassengewölben der Dresdner Bank. Die Reliquien wurden per Flugzeug nach Moskau gebracht.

Desweiteren berichtete der Abteilungsleiter für Agitation und Propaganda im ZK der KPdSU, *Georgi Alexandrow*, am 6. Dezember 1945 an Malenkow:

„Auf Bitten der Akademie der Wissenschaften der UdSSR ist auf Beschluß des ZK der KPdSU eine Expertengruppe nach Prag entsandt worden, die das ‚Russische historische Archiv' übernehmen soll, das die tschechische Regierung der Sowjetunion geschenkt hat.

Die Gruppe, der die Genossen Sergej Bogojawlenskij, Iwan Nikitinskij und Issak Minz angehören, ist bereits nach Prag abgereist. Das Präsidium der Akademie bittet Genossen Berija, Genossen Ilja Silberstein ebenfalls nach Prag zu schicken, weil dieser Kenntnis von Archivbeständen russischer Kultur hat, die im ‚Russischen Historischen Archiv' in Prag lagern.

Die Abteilung Propaganda hält eine Reise Silbersteins für sinnvoll, weil alle Dokumente des „Russischen historischen Archivs" aus Prag nach Moskau überführt werden. Das betrifft auch den Fundus ‚Russische Kultur'. Genosse Silberstein wird mit diesem Material in Moskau arbeiten.

Die Gruppe wird in Bälde ihre Arbeit in Prag abschließen."[83]

Das Prager Archiv der Weißen Emigration, das sich im Schloß des Grafen Altan befand, wurde tatsächlich nach Moskau überführt. Die Akademie der Wissenschaften aber und der Genosse Silberstein, der Mitarbeiter des Staatlichen Literaturinstituts und des Instituts für Kunstgeschichte der Akademie war und wahrscheinlich auch einer der Experten, von denen Bontsch-Brujewitsch sprach, haben es nie zu Gesicht bekommen. Für lange Jahre verschwanden sämtliche Dokumente in den geheimen Gewölben des *Spezialarchivs*[84].

Auch Bontsch-Brujewitsch erfuhr keine Gerechtigkeit. Den Rest seines Berufslebens mußte er als Direktor des wenig angesehenen und bei der Parteiführung ungeliebten „Museums für Religion und Atheismus" zubringen, das in der ehemaligen Kasaner Kathedrale in Leningrad seinen Sitz hatte. Alexandrow aber bediente sich noch ein Jahr lang höchst erfolgreich aus dem „Wegweiser" von Bontsch-Brujewitsch.

X.
Der Schatz im Salzstollen

Unter Restitution versteht man die juristisch sanktionierte Rückgabe von Eigentum, künstlerischen und anderen Werten, die durch den kriegführenden Staat in den besetzten Gebieten gesetzwidrig beschlagnahmt und konfisziert wurden. Die russische Sprache kennt diesen völkerrechtlichen Begriff nicht einmal. Bontsch-Brujewitschs „Wegweiser" aber ging über die Restitution weit hinaus. Stalin und dessen Umgebung machten sich darüber ohnehin keine Gedanken. Wurden völkerrechtliche Bestimmungen in den Friedensverträgen mit Finnland, Italien, Ungarn, Rumänien und Bulgarien anstandshalber wenigstens formell gewahrt, so tat sich die Sowjetunion Deutschland gegenüber - von der Veröffentlichung rein rechnerischer Ermittlungen der Kriegsschäden abgesehen - keinerlei Zwang an, was die Wiedergutmachung kultureller Verluste anbelangt. Dem Völkerrecht zum Trotz verlegte sich die damalige Führung darauf, einfach über den Daumen zu peilen und alles auszuführen, sofern es nur einen bestimmten Wert hatte.

Die Möglichkeit dazu bestand also. Ob und wie von ihr Gebrauch gemacht wurde, steht auf einem anderen Blatt. Ich weiß, daß ich mit dieser Behauptung womöglich in ein Wespennest steche; schließlich kennt die ganze Welt den Edelmut der sowjetischen Soldaten, Kunstwissenschaftler und Restauratoren, die die Schätze der Dresdner Gemäldegalerie gerettet haben.

In der russischen Ausgabe des Katalogs der Sammlung „Alte Meister" aus dem Jahre 1982 liest man denn auch:

„Das 164. Bataillon der 5. Gardearmee der Ersten Ukrainischen Front, das von Major Perewoschtschikow befehligt wurde, erhielt nach dem Einmarsch in Dresden den Befehl, die versteckten Kunstschätze ausfindig zu machen und deren Sicherheit zu garantieren. Unter schwierigsten Bedingungen erfüllten Soldaten,

Offizieren und eine der Einheit beigegebene Expertengruppe, die aus Kunsthistorikern, Museologen, Restauratoren und Künstlern bestand, in Ehren ihren Auftrag.

Die Kunstwerke fanden in Moskauer, Kiewer und Leningrader Museen, wo sie von sowjetischen Kollegen liebevoll betreut wurden, eine zeitweilige Heimstatt. Als Dank gegenüber all jenen, die an der Rettung der Dresdner Gemäldegalerie ihren Anteil hatten, wurden ein paar Jahre später Major Perewoschtschikow und Professor Tschurakow, 1945 Hauptmann der Roten Armee und heute Chefrestaurator des Moskauer Staatlichen Puschkin-Museums für Bildende Kunst, sowie Natalja Nikolowa, Mitglied der Akademie der Künste der UdSSR, und Professor Alexander Guber mit dem Vaterländischen Verdienstorden der DDR und der Ehrenbürgerwürde der Stadt Dresden ausgezeichnet. Noch bevor die Sowjetunion die Kunstschätze zurückgab, schenkten die sowjetischen Besatzungstruppen der Pflege humanistischer kultureller Traditionen der Vergangenheit großes Augenmerk und waren in jeder Hinsicht bemüht, dem werktätigen Volk zu helfen, sich diesen Kulturbesitz anzueignen. Auf Befehl der Sowjetischen Militäradministration in Deutschland wurde 1946 im Pillnitzer Schloß das ‚Sächsische Zentralmuseum' eröffnet. Zu dessen Direktor wurde Professor Dr. sc. Wolfgang Walzer ernannt."

Ähnliche Zeilen konnte man fast in jedem Führer durch die Museen von Elbflorenz und in Kunstbänden der ehemaligen DDR lesen. Offizielle Dokumente sprechen eine andere Sprache. In der Verfügung 9 256 - streng geheim - des Staatlichen Komitees für Verteidigung vom 26. Juni 1945 heißt es nämlich:

„Das Komitee für Kunst beim Ministerrat der UdSSR (Genosse Michail Chraptschenko) wird angewiesen, die wertvollsten Gemälde, Skulpturen und Gegenstände der angewandten Kunst sowie bis zu 2 000 antiquarische und museale Ausstellungsstücke aus den Dresdner Beutegutlagern in die Moskauer Magazine des Komitees zwecks Vervollständigung der Sammlungen der Staatlichen Museen zu überführen.

Zum Verantwortlichen für die Verladung der Kunstgegenstände im Beutegutlager in Dresden wird Genosse Oberst Alexander

Rotatajew ernannt. Genosse Chraptschenko wird ihm dazu zehn Experten unterstellen."

Unterschrieben hat die Verfügung Stalin.

Die Dresdner Kunstschätze sollten in der Sowjetunion keineswegs gerettet werden, sondern die Sammlungen der staatlichen Museen vervollständigen. Die Verfügung spricht von den wertvollsten Kunstgegenständen, legt deren Obergrenze jedoch auf 2 000 fest. Um etwaige Illusionen über die edlen Absichten der sowjetischen Regierung endgültig zu zerstreuen, sei ein Bericht Chraptschenkos an den stellvertretenden sowjetischen Ministerratsvorsitzenden Molotow vom 22. August 1945 zitiert. Dort heißt es:

„In Übereinstimmung mit der Entschließung des Staatlichen Komitees für Verteidigung vom 26. Juni dieses Jahres wurden die Bestände der Dresdner Gemäldegalerie nach Moskau überführt.

Die Sammlung umfaßt eine große Menge weltweit bekannter Kunstschätze. So die Sixtinische Madonna von Raffael, sowie eine Reihe der größten Meisterwerke von Rembrandt (14), Rubens (11), Tizian (5), Veronese (4), van Dyck (12), Velázquez (3), Tintoretto (3) Giorgione (Schlummernde Venus), Ribera (5) Botticelli (2) u.v.m.

Nach Moskau überführt wurden zudem Werke der griechischen Bildhauer Praxiteles, Myron, Polyklet und Skopas, sowie ägyptische Vasen, einmalige Porzellan-Sammlungen aus Europa, China und Japan u.a. Insgesamt handelt es sich um fast 2 000 Kunstgegenstände.

Das Komitee für Kunst beim Ministerrat der UdSSR plante, die eingetroffenen Kunstschätze dem Staatlichen Moskauer Puschkin-Museum für bildende Kunst zu überlassen. Zusammen mit den dort bereits vorhandenen Beständen ergibt sich nun die Möglichkeit, aus dem Puschkin-Museum ein Kunstmuseum von Weltgeltung zu machen, wie beispielsweise der Louvre in Paris, das British Museum in London oder die Eremitage in Leningrad.

Das Moskauer Puschkin-Museum ist jedoch zu klein, um all diese Sammlungen aufnehmen zu können. Es muß beträchtlich

Porträt des Dogen Francesco Donati,
Tintoretto, verschollen

Skulpturen und eine Walze mit aufgerollten Bildern, Weißer Saal, Puschkin-
Museum, November 1949

154

erweitert und ausgebaut werden, damit diese einzigartigen Kunstschätze entsprechend ausgestellt werden können."[85]

Molotow gab diesen Bericht zwecks gemeinsamer Entschei-
dungsfindung an Wosnessenskij und Alexandrow weiter. Nicht
etwa, um das „Museum von Weltgeltung" zu gründen, sondern, um den Besitz des Hauses Nr. 5 in der Moskauer Marx-
Engels-Straße zu klären. Dort befand sich nämlich das gleich-
namige ZK-Institut, um dessen Übernahme Chraptschenko
gebeten hatte. Konkrete Maßnahmen zur Erweiterung des
Puschkin-Museums planten Partei- und Staatsführung nicht.
Dort hatte man inzwischen begriffen, daß die öffentliche Ausstellung der erbeuteten Kunstwerke bedeuten würde, ihren
unrechtmäßigen Erwerb vor aller Augen einzugestehen. Kunstschätze von Weltruf für lange Zeit in den Magazinen sowjetischer Museen zu begraben, lief jedoch in etwa auf das Gleiche
hinaus. Daher bekam die Dresdner Galerie 1955 gezwungener-
maßen zunächst 1 240 Exponate zurück. Der Rest folgte 1958.
Ob vollständig oder nicht, läßt sich kaum überprüfen, denn die
Inventarlisten der nach Moskau überführten und dann zurück-
gegebenen Kunstwerke können nicht miteinander verglichen
werden. Doch selbst ein ungefährer Vergleich läßt Zweifel an
der Ehrlichkeit der Rückgabe aufkommen. In Chraptschenkos
Liste beispielsweise ist von 14 Rembrandts die Rede; der Katalog von 1982 hingegen nennt nur zwölf. Unklarheiten gibt es
auch zu den Gemälden van Dycks.

Leider ist dies nicht der einzige Stalin-Beschluß, Dresdner
Kunstschätze zu vereinnahmen. Schon am 31. Mai 1945 heißt
es in der Verfügung 8 894 - streng geheim - des Staatlichen
Komitees für Verteidigung:

„Das Ministerium für Finanzwesen (Genosse Swerjew) wird angewiesen, Goldschmiedearbeiten, Münzsammlungen und Medaillen aus dem Raum Dresden in die Moskauer Magazine der
Verwaltung für Edelmetalle beim Ministerium für Finanzwesen zu
überführen.

Genosse Swerjew wird die Verladung im Raum Dresden persönlich überwachen und leiten."

Wieviel genau nach Moskau gelangte, wissen nur das Finanzministerium und die Staatliche Verwaltung für Geldtransporte Goschrana. Sicherlich war es nicht wenig, denn in den Abschlußbestimmungen der Verfügung ist nicht etwa von einem, sondern von mehreren Waggons zum Abtransport der Beute die Rede. Dieselbe Verfügung weist Chraptschenko übrigens an, fünf Experten nach Dresden zu schicken, die aus den dortigen Museen neben Gemälden und Plastiken auch Mobiliar, Büchersammlungen und Porzellan requirieren sollten.

Mindestens zwei weitere Sonderverfügungen der Sowjetregierung regelten 1945 den Abtransport deutscher Kunstschätze in die Sowjetunion - die Verfügung 9 206 - streng geheim - des Staatlichen Komitees für Verteidigung vom 8. Juni und die ebenfalls streng geheime Verfügung vom 3. August.

Erstere bedachte den Direktor der Lomonossow-Porzellanwerke in Leningrad, Leibman, der für das Ministerium für Baustoffe in Pirna, Meißen und Tschernitz Anlagen zur Herstellung von Porzellan und Spezialglas requirierte, mit 17 000 Modellen für künstlerisches Porzellan, die der Meißner Staatlichen Porzellan-Manufaktur gehörten.

Die zweite Verfügung ermächtigte das Komitee für Architektur beim Ministerrat der UdSSR, neben den Anlagen des Versuchslabors für Baustoffe und der entsprechenden wissenschaftlichen Bibliothek, 220 Kisten mit Kunstgegenständen und Museumsexponaten aus Porzellan, Majoliken und Fayencen abzutransportieren.

Ungeklärt ist, ob und wieweit Stalin mit seinem Empire-Stil der Nachkriegszeit die Architektur des Führers nachahmen ließ. Entsprechende Projekte wurden jedenfalls tonnenweise in die Sowjetunion geschafft. Dokumentarisch nachweisen läßt sich jedoch, daß viele Technologien für die Gestaltung von zivilen Bauten, die Erprobung neuer Materialien, sowie andere architektonische Neuheiten auf deutschen Erkenntnissen beruhen. Auf jeden Fall haben die sich kaum voneinander unterscheidenden Propagandamethoden, die Baukunst und die Ähnlichkeit pompöser Massenveranstaltungen in den Zeiten des Personenkults beider Diktatoren gemeinsame Wurzeln.

Die Ausfuhr von Kunstschätzen beschränkte sich indessen keineswegs auf die Erfüllung der Verfügungen Stalins und der Sowjetregierung. Suchaktionen fanden überall in den besetzten Gebieten statt.

Die ersten, die die Kunstschätze und Kulturgüter in Augenschein nehmen konnten, waren offenbar Oberst Belokopytow und Major Sergej Sidorow. Ersterer war im Zivilberuf Intendant des Moskauer Künstlerischen Akademischen Theaters und gleichzeitig einer der Bevollmächtigten für die Übernahme von Beutegut des Komitees für Kunst beim Ministerrat der UdSSR. Sidorow war als Chefkonsultant des Komitees für Belange der bildenden Kunst zuständig und zudem Stellvertreter des Bevollmächtigten.

Ihr erster Fund ist dokumentarisch belegt. Am 15. April 1945 übernahm das 20. Sonderbataillon für Beutegut der 59. Armee der 1. Weißrussischen Front in der Nähe von Meseritz 444 Kisten mit Ausstellungsstücken aus Museen und 87 Kisten mit Archivbeständen. Sidorow selbst berichtete Beamten davon im September 1946:

„In Hochwalde im Kreis Meseritz, in der Nähe des Pommernwalls entdeckten Beutegutabteilungen der Armee ein unterirdisches Werk. In drei Hallen hatten die Deutschen Ausstellungsstücke aus Museen ausgelagert und versteckt.

Von wenigen Ausnahmen abgesehen, waren die Sammlungen noch in ihren deutschen Originalverpackungen. Jede Kiste war beschriftet und numeriert, ein Teil der Kisten war aufgebrochen. Holzplastiken, größere Möbelstücke, wie Tische und Schränke, aber auch Geschirr waren unverpackt. Gemälde verschiedener Meister, Plastiken und Kleinmöbel, Glaswaren und Kisten mit Dokumenten aus dem Militärarchiv waren in Kisten verpackt. Insgesamt handelte es sich um etwa 500 Kisten.

Zu eben diesem Zeitpunkt gruppierte die Sowjetarmee ihre Kräfte zur Vorbereitung des Sturmes auf Berlin und den Übergang über die Oder um. Daher wurde das ganze Gebiet mitsamt dem unterirdischen Werk der polnischen Militäradministration übergeben.

Nach Rücksprache des Bevollmächtigten Belokopytow mit dem Oberkommando der Armee und der Hauptverwaltung für Beutegut wurde beschlossen, sämtliche aus dem unterirdischen Werk stammenden Kulturgüter zu verpacken und in die Sowjetunion abzutransportieren. Dafür stellte das Beutegutbataillon 19 Soldaten frei. Sie mußten unter meiner Leitung und Aufsicht den Inhalt der aufgebrochen Kisten umverpacken und innerhalb weniger Stunden in Waggons verladen, die knapp anderthalb Stunden zuvor bereitgestellt worden waren.

Alles war eine Notlösung. Nachdem das Beutegut verladen war, wurde ein Protokoll angefertigt, das keine genaue Beschreibung zum Inhalt der Kisten enthielt. Experten oder Museologen nahmen an der Operation nicht teil. Genosse Belokopytow machte die Frachtpapiere fertig und der zweite Bevollmächtigte, Genosse Belousow, der Dirigent des Wandertheaters, war in Stargard. Ich war allein und hatte daher keine Möglichkeit, den Inhalt aller Kisten zu überprüfen. Daher beließ ich es bei Stichproben, um den Inhalt der Fracht einigermaßen bestimmen zu können. Außerdem mußte ich die Verpackung von aufgebrochenen oder beschädigten Kisten überprüfen. Das Beutegut wurde gleichzeitig in drei Hallen verladen. Ich mußte zudem die Verladung der Kisten auf Lastwagen und die Beladung des Zuges kontrollieren. Daher war ich nicht in der Lage, den ordnungsgemäßen Ablauf sämtlicher Arbeiten auch nur annähernd im Auge zu behalten.

Gleichzeitig wurden in allernächster Nähe die Anlagen der unterirdischen Rüstungsfabrik im Eiltempo demontiert. Zudem beschossen die Deutschen das gesamte Terrain und warfen auch Bomben ab.

Ich ließ nicht alle dort befindlichen Kisten öffnen. Daher weiß ich bis heute nicht genau, was viele der damals verladenen Kisten eigentlich zum Inhalt hatten.

Allerdings wurde alles, was sich unsortiert in den Werkhallen befand, abtransportiert. Wie mir Kameraden erzählten, wurden die Hallen nach Beendigung des Abtransports von Resten der Verpackungen und Abfall gereinigt."[86]

Figuren und Keramik aus den besetzten Gebieten, Puschkin-Museum, Moskau

Sidorow wurde nicht zufällig befragt. Der Kurator des Staatlichen Puschkin-Museums für Bildende Künste, Nikolaj Lapin, hatte nämlich nach Empfang des Beutegutes einiges zu bemängeln. Anstelle der 531 Kisten, die das Beutegutbataillon angekündigt hatte, bekam er nämlich 624. Darunter waren auch eine Mumie ohne Sarkophag, Grabplatten aus Marmor, verrostete Ritterrüstungen unklarer Herkunft und Theaterrequisiten. Unter den Dokumenten des Militärarchivs dagegen fanden sich alte Handschriften von Märchensammlungen sowie altertümliche Fibeln.

Offensichtlich wollte man nicht, daß der polnischen Militäradministration auch nur das Geringste in die Hände fiel. Diesen Schluß läßt jedenfalls das Protokoll der Vernehmung zu, in der Lapin Sidorow befragt.

Frage: Warum fehlt eine ganze Reihe von Kisten, deren Nummern in den Begleitpapieren ausdrücklich erwähnt werden, im Museum jedoch nicht angekommen sind?

Antwort: Vielleicht sind sie in dem unterirdischen Werke geblieben oder beim Verladen abhanden gekommen. Unter den Kisten war auch eine mit Bilderrahmen, aus denen die Leinwand schon herausgeschnitten war, als ich sie von der Beutegutabteilung übernahm."[87]

Major Sidorow hatte kein Glück bei seiner Arbeit. Im Juni 1945 kam er erneut in die Bredouille. Ein Mitglied des Kriegsrates der fünften Stoßarmee von General Fjodor Bokow bat den Kunsthistoriker Professor Wiktor Lasarew, der auch zum Bevollmächtigten für Beutegut ernannt war, die geräumigen Magazine der Ingenieurhochschule in Berlin-Karlshorst zu inspizieren, in denen ebenfalls Gemälde ausgelagert waren. Offenbar wollte Bokow anderen Generälen nicht nachstehen und ebenfalls den Fund von Trophäen nach oben melden. Lasarew, der dem General gern zu Diensten war, wählte nach gründlicher Inspektion 70 Gemälde für die Sammlungen sowjetischer Museen aus. Sie wurden zum Zentralviehhof gebracht, dem

Beutegutlager Nr. 1 der Bokow-Armee. Dort verpackte Sidorow die Gemälde in 19 Kisten. Verpackt wurde auch ein riesiger Schrank mit einer Sammlung einzigartiger Gemmen, die Beutegutabteilungen im Turm des Berliner Zoos gefunden hatten. Der Zoo galt offiziell als militärisches Objekt, weil dort ein Minenwerfer in Stellung gebracht worden war.

In Begleitung von MG-Schützen wurde die gesamte Fracht zum Flughafen Berlin Johannisthal gebracht. Dort passierte es dann. Zum Abtransport stand nur eine einzige „Douglas" bereit. Die Ladung wurde zudem durch Kisten mit persönlichem Beutegut der Militärs ergänzt, die den Transport begleiten sollten. Daher wurde die Maschine nur mit einem Teil der offiziellen Beute beladen, damit die Kisten der Offiziere nicht zurückgelassen werden mußten. Der Rest ging zurück in den Zentralviehhof. Die Kisten wurden neu etikettiert und an Ort und Stelle auf ihre Vollständigkeit überprüft. Sidorow bekam erneut Vorwürfe zu hören, als Staatsbeamte ihn mit den Listen zum wahren Inhalt der 19 Kisten konfrontierten. Nach Sidorows Aussagen sollte dieser sich wie folgt zusammensetzen:

Kiste 1: Gemälde: Claude Monet (Im Garten), Honoré Daumier (Frau mit Kind), Adolph v. Menzel (Szene im Hof), (Konzert am Hofe Friedrich II. - Skizze), Paul Cézanne (Berg St. Victoire), Aquarell eines unbekannten Künstlers (Landschaft).

Kiste Nr. 2: Gemälde von Arnold Böcklin (Landschaft), Auguste Renoir (Stilleben), Honoré Daumier (Aufstand, Wäscherinnen), Francisco de Goya (Frauenporträt), Gustave Courbet (Landschaft), Edgar Degas (Ballerina, Entblößte), Arbeiten von Roussaint Mauer und Claude Monet sowie das Familienporträt von Daniel Nikolaus Chodowiecki.

Kiste Nr. 3: „Frauenporträt" und „Bildnis eines Mannes" von La Tour, „Landschaft" von Paul Cézanne und Paul Signac, „Schlafende im Gras" von Courbet, „Beim Spaziergang" von Degas und „Heiliger Bernhard" von El Greco.

Heiliger Augustinus mit
sechs Aposteln, Albrecht
Dürer, Puschkin-Museum,
Moskau

Heiliger Petrus, Parri Spi-
nelli, Puschkin-Museum,
Moskau

In den Kisten vier bis acht seien „übliche Museumsgegenstände" gewesen, behauptet Sergej Sidorow, der den Inhalt deshalb nicht spezifiziert hat. Vielleicht hatte er ihn auch nur vergessen.

Kiste neun barg hauptsächlich Aquarelle. Darunter eine „Landschaft" von Signac, Rodins „Entblößte", eine „Landschaft" von Garpignie, „Mutter mit Kind" und „Wucherer" von Adolph v. Menzel, eine Studie von Edouard Manet (Zwei Frauen in Schwarz), Zeichnungen unbekannter Künstler, Sodomas „Leda" und Maes' „Bildnis eines Mannes in Rot", sowie das „Porträt zweier wichtiger Damen" eines unbekannten Meisters.

Kiste 10: Die „Dorfszene" von Morland und Falkenbergs „Szene", die Zeichnung „Drei Frauen" von Adolph v. Menzel, die Glasmalerei „Golgatha" eines unbekannten Künstlers.

Kiste 11: „Die Beweinung Jesu" von einem unbekannten Meister des XV. Jahrhunderts, Arbeiten eines unbekannten niederländischen Manieristen, Ferdinand Hodlers „Entblößte", und das Bild „Maria mit dem Jesuskind" von einem unbekannten Niederländer.

Kiste 12: „Porträt einer Frau mit weißer Haube" von einem unbekannten holländischen Meister, „Halbentblößte mit Rose" von einem unbekannten Italiener, „Johannes der Täufer" von El Greco, und das Frauenporträt" von Cavagnie.

Für Kiste 13 gibt es kein Inhaltsverzeichnis. Kiste 14 sollte „Blumen" von Delacroix enthalten, zwei Landschaften von Hubert Robert und das „Frauenporträt" von Lawrence.

Kiste 15: Zwei Landschaftsgemälde von Pannini sowie ein Frauenporträt, wahrscheinlich von Larnschewer.

Junger Mann mit Mütze,
Albrecht Dürer, Puschkin-
Museum, Mokau

Frau mit Tuch, Albrecht
Dürer, verschollen

Kiste 16: Eine „Gottesmutter" um 1470 von einem unbekannten flämischen Meister gemalt, ein „Frauenporträt" von Diego Velázquez, „Männerporträt" von Henry Raeburn, eine Zeichnung („Männerporträt") von Lawrence, das Stilleben „Bukett" von Cézanne, Adolph v. Menzels Zeichnungen „Mann mit Pfeife", „Kopf einer Alten" und „Dame mit Hut", David van Plaas „Stilleben mit Kerze und Karten", sowie eine „Szene" von Morland.

Kiste 17: „Landschaft" von Jan Wildens, Renoirs „Frau auf der Treppe" und „Mann auf der Treppe".

Kiste 18: „Landschaft" von Salvatore Rosa, eine Landschaftszeichnung eines unbekannten chinesischen Künstlers aus der Ming-Zeit, „Interieur" von Degas, Landschaft von Jan van Goyen.

Kiste 19: „Venus und Amor" des Italieners Cruce Barrone, Cézannes „Stilleben mit Flasche", Degas' „La conversation", Munkacz' „Landschaft" und die „Mythologisches Szene" des Italieners Tizian.[88]

Alles in allem nannte Sidorow 78 Werke. Zur Freude des Bevollmächtigten bestätigte die Staatliche Eremitage in Leningrad, alles erhalten zu haben. Ende Dezember 1994 wurde bekannt, daß die Eremitage für Frühjahr 1995 eine Ausstellung der Impressionisten plant, deren Gemälde seinerzeit als Beutegut beschlagnahmt wurden. Mit dieser Ausstellung haben die einstigen Bevollmächtigten des Komitees für Kunst und jetzigen Mitarbeiter des Museums nochmals Gelegenheit, ihre Ehrenhaftigkeit unter Beweis zu stellen.

Damit jedoch sind die Funde der sowjetischen Beutegüteinheiten noch lange nicht erschöpft.

Am 14. Mai 1945 bekam Alexandrow von General Schikin, dem Stellvertretenden Leiter der Sonderhauptverwaltung der Roten Armee folgende Mitteilung:

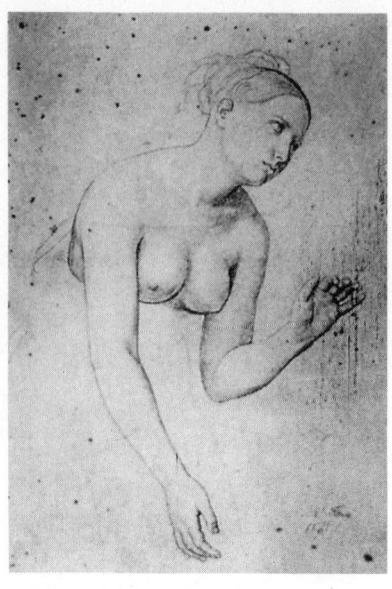

Weiblicher Akt, Julius Schnorr von Carolsfeld, verschollen

Maria mit dem Kind, Albrecht Dürer, verschollen

„Der Kriegsrat der Dritten Ukrainischen Front hat der Sonderverwaltung mitgeteilt, daß im Kloster der österreichischen Stadt Klosterneuburg etwa zweitausend alte Gemälde, viele Plastiken, wertvolle Teppiche, sowie Meßgerät aus Gold und Silber gefunden wurden. Die Sonderkommission unseres Kommandos hat festgestellt, daß diese Kunstschätze dem Wiener Historischen Museum und dem Kloster gehören."[89]

Dessen ungeachtet wurde beschlossen, ausgewählte Kunstschätze „wie üblich" als Kriegsbeute zu evakuieren.

Eine ähnliche Mitteilung bekam General Schikin auch vom Chef der Politischen Hauptverwaltung der Nordgruppe der Besatzungstruppen, General Okorokow. Dieser schrieb:

„In den Gebieten, wo die 65. Armee stationiert ist, wurde auf Schloß Fürstenstein in der Nähe der Stadt Waldenburg eine Bibliothek mit etwa 65 000 Bänden aufgefunden. Darunter sind viele Bücher aus dem XVI. und XVII. Jahrhundert, die als bibliographische Kostbarkeiten gelten. Die Bibliothek umfaßt außerdem eine einmalige Handschriftensammlung. Ich bitte sie um Anweisung, wie mit der Bibliothek zu verfahren ist."[90]

Alexandrow ließ sich nicht lange bitten und so wurde auch diese Bibliothek evakuiert.

Schlüsselfigur bei der Suche nach Kulturgütern und historischen Werten sowie derem Abtransport aus Deutschland war jedoch die sowjetische Militäradministration in Deutschland, kurz SMAD. Eine unrühmliche Rolle spielte dabei Marschall Shukow persönlich. Das bestätigt nicht zuletzt ein Schreiben der Stellvertretenden Vorsitzenden des Komitees für Kultur und Bildung bei Ministerrat der UdSSR, Ljudmila Tschekina. Sie schrieb am 30. November 1945 an Alexandrow:

„Seit Mai 1945 arbeitet in Deutschland eine Gruppe von Bibliothekswissenschaftlern und Museologen. Ihr gehören fünf Mitarbeiter unseres Komitees an. Die Gruppe sucht nach bibliographischen und musealen Kostbarkeiten, um sie in die UdSSR zu überführen.

Die Gruppe hat bislang 160 Waggons mit wertvollem Kulturgut und musealen Exponaten zum Versand vorbereitet. Darunter auch die Bibliothek der Reichskanzlei, des Osteuropa-Ministeriums, eine Kollektion ältester gedruckter Bücher, die erste Gutenberg-Bibel, sowie je eine Exemplar aller in den letzten Jahren in Deutschland gedruckten Bücher usw.

Nunmehr bieten sich größere Möglichkeiten zur Erschließung eines neuen Fundus, der für die Sowjetunion interessant sein könnte.

1. Im Zuge der Enteignung der Großgrundbesitzer wurden auf deren Besitz wertvolle museale Sammlungen und Bibliotheken aufgefunden, die von mehreren Generationen zusammengetragen wurden.

2. Entsprechend eines Befehls von Marschall der Sowjetunion Shukow wird gegenwärtig in den deutschen Ländern nach Bibliotheken ehemaliger Gesellschaften und Vereine, Ministerien und Privatpersonen gesucht, die als herrenlos gelten.

3. Entsprechend eines Befehls von Marschall Shukow wird gegenwärtig nationalsozialistisch Literatur in allen öffentlichen und Privatbibliotheken beschlagnahmt. Gegenwärtig wurden allein in Deutschland schon über vier Millionen Bände gesammelt. Um die für die Sowjetunion interessante Literatur schneller sichten zu können, wurden in fünf der größten deutschen Bibliotheken spezielle Magazine eingerichtet.

4. Durch die Genehmigung zur Eröffnung von Buchhandlungen, wo große Mengen alter und neuer Literatur angeboten werden, sind wir in der Lage, Bücher zu beschaffen, die selbst in großen sowjetischen Sammlungen fehlen. Das Komitee verfügt über die notwendigen Mittel zum Ankauf.

Um den zu erwartenden größeren Arbeitsumfang bewältigen zu können, müssen der in Berlin tätigen Gruppe zehn weitere Bibliothekswissenschaftler und Museologen beigegeben werden.

Das Komitee für Kultur und Bildung beim Ministerrat der UdSSR bittet darum, zehn weitere Bibliothekswissenschaftler und Museologen nach Deutschland entsenden zu dürfen."[91]

Etwas unbeholfen versucht Frau Tschekina in ihrem Schreiben, einen Zusammenhang zwischen der Beschlagnahmung nationalsozialistischer Literatur und der Notwendigkeit herzustellen, eben diese so schnell wie möglich sowjetischen Bibliotheken zugänglich zu machen. Klar war nämlich eines: Die „Säuberung" staatlicher wie privater Bibliotheken war, genauso wie der Eröffnung des „Zentralen Sächsischen Museums" ein Vorwand, hinter dem die eigentlichen Interessen der Konquistadoren und deren Machenschaften verborgen werden sollten. Shukow, der uneingeschränkte Vollmachten hatte, segnete die Beschlagnahme von „Kulakeneigentum" und vermeintlich herrenlosem Besitz nicht nur ab, sondern trieb die Beutegutabteilungen zur Eile an. Er wußte, daß die Sterne nicht immer so günstig stehen würden und so mancher Flüchtling zurückkommen würde. Sachte angehen lassen konnte man es nur mit den Wohnungen und Besitztümern jener Deutschen, die in die Sowjetunion verschleppt worden waren. Auch die Genehmigung zur Eröffnung von Buchläden war keineswegs uneigennützig. Mit diesem Trick sollten die Deutschen dazu gezwungen werden, ihre sorgfältig gehüteten Schätze selbst ans Licht zu bringen, um sie dann für wenig Geld, noch dazu in einer Übergangswährung gezahlt, zu verkaufen.

Mit Genehmigung des Sekretariates des ZK der KPdSU wurde die Expertengruppe des Komitees für Kultur und Bildung beim Ministerrat der UdSSR um sieben Mitarbeiter erweitert. Bald schon trafen in Berlin der Stellvertretende Direktor der Staatlichen Polytechnischen Bibliothek, Nikolaj Pawlow, der Chefbibliothekar der Bibliothek für fremdsprachige Literatur, Wera Stefanowitsch, der Oberbibliothekar der Staatlichen Lenin-Bibliothek, Irina Waschadse, die Handschriften-Expertin Jelisaweta Wojkowa, die Sektorenleiterin der Staatlichen Historischen Bibliothek, Olga Baljasnaja, der Museologe Professor Alexej Baschkirow, und die Stellvertretende Direktorin des Moskauer Gebietsmuseums, Jelena Gluchowskaja ein. Alle beherrschten mindestens eine, wenn nicht zwei oder gar vier Fremdsprachen.

Zeitgleich waren in Deutschland Expertengruppen des Komitees für Kunst beim Ministerrat der UdSSR, der Akademie der Wissenschaften, Sonderkommissionen der Kriegsräte der Besatzungstruppen und Museologen aus den Aufklärungseinheiten tätig. Antiqitäten-Liebhaber besorgten die Nachlese. Sie wurden rasch und häufig fündig. Der größte Coup gelang in der Nähe von Magdeburg.

Am 22. Juni 1945 legte Berija Stalin die Übersetzung der Tagebücher Martin Bormanns vor, dem Chef von Hitlers Reichskanzlei. Stalin interessierte sich besonders für den Zeitraum von Januar bis 30. April 1945. Er wollte sich nochmals vergewissern, ob Hitler wirklich tot war. Bormann hatte seine Niederschrift mit seltsamen Zeichen versehen. Der Übersetzer deutete diese in einer Fußnote als Beweis für den Tod des Führers und seiner Frau. Bormann galt als zuverlässige Quelle. Alles übrige war Sache des NKWD und der Staatssicherheit. Sie wurden sofort auf Bormanns Niederschriften vom 11. Januar, sowie vom 17. und 18. März aufmerksam, die von „Schachtbesichtigungen" handelten. „M.B. besucht die Schächte Gutshof und Dürren", stand da. Sofort wurden Nachforschungen aufgenommen, um das Geheimnis der Schächte zu enträtseln.

Anfang September 1945 teilte General Konstantin Telegin, der Mitglied des Kriegsrates der Gruppe der sowjetischen Streitkräfte in Deutschland war, nach Moskau mit, daß die besagten Schächte untersucht worden seien und man dort Kunstschätze gefunden habe. Am 31. Oktober dann berichtete eine Gruppe von verantwortlichen ZK-Mitarbeitern, zu der auch Alexandrow und Nikolaj Shukow gehörten, an Malenkow:

„Ihrer Anweisung folgend hat die Verwaltung für Agitation und Propaganda beim ZK der KPdSU ein Team von Wissenschaftlern nach Deutschland entsandt, das die Kunstschätze untersuchen soll, die in Salz- und Kalibergwerken in der Nähe von Magdeburg und Leipzig gefunden wurden. Dorthin wurden die wissenschaftliche Literatur der Preußischen Akademie der Wissenschaften, der Universität Leipzig, der Staatsbibliotheken in Berlin, Lübeck und Halberstadt, sowie die Sammlungen des Berliner Völkerkunde-Museums, des Berliner Staatlichen Museums, des Magdeburger Staatlichen Museums, die Negativsammlung der Staatlichen Fotothek in Berlin, sowie die Gemäldegalerie des Dessauer Museums ausgelagert.

Das Team hat die aus wissenschaftlicher und kunsthistorischer Sicht wertvollsten Bücher, Handschriften und musealen Ausstellungsstücke zwecks Überführung in die Sowjetunion ausgewählt...

Von den in den Schächten sichergestellten 40 000 Kisten und Paketen wurden 8 500 ausgewählt. Zum Versand der ausgewählten Literatur sowie der musealen Sammlungen in die UdSSR werden 85 Eisenbahnwaggons benötigt."[92]

Dokumente von Partei und Regierung lassen genauere Analysen der 40 000 Kisten und Pakete zu, die in die Sowjetunion überführt wurden.

Aus den Stollen in der Nähe von Magdeburg wurde der Fundus der Leipziger Universitätsbibliothek übernommen. Er umfaßte wissenschaftliche Arbeiten deutscher und amerikanischer Universitäten, wie der in Paris, Toulouse, Oxford, Lissabon, New York, Chicago, Stockholm oder Amsterdam. Unter anderem Dissertationen und andere wissenschaftliche Arbeiten zu philosophischen Themen, Geschichte, Recht, Medizin, Mathematik, Technik und Naturwissenschaften sowie Orientalistik. „Übernommen" wurden auch die Sammlung orientalischer Handschriften, Bücher aus dem XVI. und XVII. Jahrhundert, Urkunden aus dem XIII. und XIV. Jahrhundert, siamesische Handschriften auf Palmblättern, kunsthistorische Schriften des XVI. und XVII. Jahrhunderts, sowie eine Sammlung von Zeitschriften aus dem XVII.-XIX. Jahrhundert. Insgesamt waren es 1 500 Kisten.

Die Leipziger Universitätsbibliothek galt als die zweitgrößte in Deutschland. Sie umfaßte etwa zwei Millionen Bände. 150 000 - und zwar die wertvollsten - wurden in die Sowjetunion abtransportiert.

Das gleiche Schicksal traf den Fundus der Preußischen Akademie der Wissenschaften: Periodika verschiedenster Wissensgebiete und Forschungsinstitute, Bücher über die alte Kultur östlicher Zivilisationen, wie China, Tibet oder Ägypten, das wissenschaftliche Archiv der altägyptischen Textsammlung, eine Sammlung britischer Veröffentlichungen zu Ausgrabungen in Ägypten, eine unter Glas aufbewahrte Sammlung ältester Handschriften auf Papier, Pergament und Papyrus in Arabisch, Tibetisch, Chinesisch und anderen Sprachen, sowie das äußerst wertvolle wissenschaftliche Archiv der Akademie, unter anderem auch die Materialien der Leibnitz-Kommission. Alles in allem 1 400 Kisten.

Abtransportiert wurde auch das Archiv der Stadt Halberstadt. Fünf Kisten mit alten Büchern und Handschriften.

Ebenso die Lübecker Stadtbibliothek. Dort wurden neben alten Büchern vor allem Handschriften zur Geschichte der Stadt aufbewahrt. In 260 Kisten verpackt, gingen sie in die Sowjetunion.

Reiche Beute machte die Rote Armee auch im Schacht Wintershall in der Nähe von Gröhna bei Bernburg an der Saale.

Dort lagerten, in 156 Kisten verpackt, Teile der orientalistischen Bibliothek der Preußischen Akademie der Wissenschaften.

Nicht zu vergessen die Bibliotheken verschiedener deutscher Städte mit ihren Handschriften und alten Büchern, die teilweise nur in einem Exemplar noch vorhanden waren. Dazu kamen Fragmente illustrierter Handschriften. Insgesamt handelte es sich um 200 Kisten.

Allein die Handschriftensammlung des Lübecker Stadtarchivs umfaßte 1 003 Kisten. Lübeck verfügte über die reichste und in ihrer Art einmalige Sammlung von Originaldokumenten, die die Geschichte jener mittelalterlichen Städte, die damals zur Hanse gehörten, nahezu lückenlos illustrierte. Zur Hanse gehörte auch das russische Nowgorod. Im Besitz der Sowjetunion aber fanden sich nur ganz wenige Dokumente aus jener Zeit.

In Wintershall lagerten auch die Bestände der Berliner Fotothek. Vor allem die umfangreiche Sammlung von Negativen und Fotos von Architekturdenkmälern vom Mittelalter bis zum XX. Jahrhundert. Dazu kamen Negative von Zeichnungen und Kupferstichen aus dem Berliner Kupferstichkabinett. Insgesamt 931 Kisten.

Abtransportiert wurde auch das Bremer Stadtarchiv: fünf Kisten mit genealogischen Studien zur „Reinheit der deutschen Rasse".

Dazu kamen die Privatsammlungen der Direktoren der „IG Farbenindustrie" - Bücher zu Geschichte, Kunstgeschichte, klassische Literatur, eine Exlibris-Sammlung und künstlerisches Porzellan aus dem XVIII. Jahrhundert. Alles in allem 46 Kisten.

Aus dem Graf-Moltke-Schacht bei Schönebeck wurden in hundert Kisten ein Teil der orientalischen Handschriftensammlung der Preußischen Akademie der Wissenschaften sowie akademische Literatur aus der ganzen Welt abtransportiert.

Außerdem gingen vier Kisten mit Negativen von deutschen Architekturdenkmälern aus der deutschen Staatlichen Fotothek mit.

Auf die Reise ging auch der Fundus des Berliner Museums für Völkerkunde, ethnographische Sammlungen aus Europa, Amerika, Indien, China und Japan sowie Tonbandaufzeichnungen von Musik und Sprachen der Völker der Welt. Insgesamt 181 Kisten. Sie wurden zur Ergänzung der Sammlungen des ethnographischen Museums der sowjetischen Akademie der Wissenschaften abtransportiert.

Die Sammlungen der Berliner Staatlichen Museen machten 375 Kisten aus. Darunter Funde aus der Alt- und Jungsteinzeit, sowie der Bronzezeit. Die Sammlungen vermittelten ein ziemlich genaues Bild von der Kultur der ältesten Völker Europas, unter anderem der Slawen.

Abtransportiert wurden auch die Sammlungen des Berliner Zeughauses; unter anderem Modelle von Geschützen, Hieb- und Stichwaffen sowie Handfeuerwaffen aus dem XIII-XVIII. Jahrhundert. Insgesamt waren es 31 Kisten.

Dazu kam die Zeughaus-Bibliothek - 16 Kisten mit museologischer und militärwissenschaftlicher Literatur.

Den Besitzer wechselte auch der Fundus der Berliner Staatsbibliothek und deren Sammlung von Periodika in allen europäischen Sprachen. Dokumente sprechen von insgesamt 750 Kisten.

Ähnlich verfuhren die Besatzer mit der Bibliothek der Staatlichen Museen sowie der kunsthistorischen Bibliothek und deren Beständen in vielen Sprachen.

Zwanzig Kisten mit medizinischer Fachliteratur und Büchern angrenzender Wissensgebiete wurden aus den Beständen der Berliner Ärzteakademie abtransportiert.

Das gleiche Schicksal ereilte das Berlin-Potsdam-Archiv und dessen in 1 200 Kisten verpackten Fundus.

Aus dem Schacht Solveighall - auch er liegt in der Nähe von Bernburg - wurden 20 Kisten mit Zeichnungen, Kupferstichen und Gemälden aus der Dessauer Gemäldegalerie abtransportiert. Dazu kamen acht Kisten mit einer Porzellansammlung aus dem Schloßmuseum Oranienbaum, 80 Kisten mit Büchern zu philosophischen und naturwissenschaftlichen Themen, sowie klassischer Literatur des XVI.-XVIII. Jahrhunderts aus der Anhaltinischen Bibliothek und 16 Kisten mit Hieb- und Stichwaffen aus dem Zerate Schloßmuseum.

Aus der Grube Ammendorf bei Magdeburg wurden 40 Kisten mit alten Büchern und aus dem benachbarten Schacht Hadmersleben 150 Kisten mit alten Urkunden und handgeschriebenen Büchern abtransportiert.

Aus der Berlepsch-Grube nahe Staßfurt wurden 115 Kisten mit Atlanten, geologischer Fachliteratur, Sachbüchern zu Bodenkunde und Geographie weggeschafft. Dazu kamen Sammlungen geographischer Fachpresse und drei Kisten mit seltenen Büchern der königlichen Bibliothek aus dem Geheimen Staatsarchiv. Die geographische Fachliteratur war früher im Besitz des Geographischen Instituts in Bremen und der Bibliothek der deutschen topographischen Gesellschaft.[93]

Dieser Reichtum an Kulturgütern in aufgegebenen Bergwerken trieb die Besatzer offenbar dazu, ihre Aktivitäten zu verstärken. Aus dem Magdeburger Stadtmuseum und dem Leipziger Museum für Bildende Kunst wurden 42 Kisten mit Gemälden, Zeichnungen, Kupferstichen und Plastiken europäischer Künstler aller Epochen abtransportiert. Dazu kamen 455 Kisten mit Sammlungen orientalischer und alter Handschriften, die altertümliche Sammlung der *Aldinen* und des *Camerarius*[94], eine Sammlung wundervoller künstlerisch gestalteter Einbände, Erstausgaben, sinologische und hindologische Fachliteratur, Papyrusrollen, Fachbücher der arabischen Medizin, Berichte von Expeditionen der Leipziger Universität und historische Reliquien. Sie wurden in Leipzig und dessen Umgebung zusammengetragen, u.a. in Leisnig, Rochlitz, Mügeln und Mutzen. Auch das Völkerschlachtdenkmal ließen die Besatzer nicht links liegen.[95]

All das wurde innerhalb weniger Tage von einer unbestechlichen Kommission inventarisiert, die Oberst Porywajew leitete. Ihr gehörten zudem die Oberstleutnants Manewskij und Krasowskij, Major Tschegodajew und Major Sajontschikowskij, sowie Frau Hauptmannin Lapin an. Sie nahmen die Kisten in Empfang und quittierten deren Inhalt. Die Parteiführung war auf Details nicht erpicht. Alexandrow, der den Umfang des abtransportierten Kulturgutes eher über den Daumen peilte, schrieb an Malenkow, daß dadurch „in gewisser Weise der Schaden wiedergutgemacht wird, den die deutschen Okkupanten wissenschaftlichen und kulturellen Institutionen in der Sowjetunion zugefügt haben."[96]

Besonders peinlich für die heutige Führung Rußlands war die Tatsache, daß in Geheimarchiven des Moskauer Staatlichen Puschkin-Museums der sogenannte Schatz des Priamos lag - eine archäologische Rarität von Weltgeltung. Ausgegraben hatte sie in Nordwestanatolien seinerzeit Heinrich Schliemann. Die durch knallharte Fakten in die Enge getriebenen russischen Museologen und die Moskauer Führung entschlossen sich daher endlich, der Welt diese Schätze zu zeigen. Boris Jelzin versprach, das Gold aus Troja zunächst in Griechenland zu zeigen und Rußlands Kulturminister Jewgenij Sidorow erklärte, daß die Kollektion 1996 in Deutschland ausgestellt wird. Gegenwärtig ist von 23 Exponaten die Rede. In Wirklichkeit besteht die Sammlung jedoch aus mehr als 8 700 Einzelteilen aus Gold. Für deren detaillierte Beschreibung brauchte Schliemann seinerzeit mehr als 206 große Bögen. Von besonderem Interesse für die Öffentlichkeit sind nach Worten Irina Antonowas, der Direktorin des Puschkin-Museums, drei goldene Diademe. Alle anderen Gegenstände, so Frau Antonowa, seien nichts anderes als goldene „Figürchen" und nur für einen eng begrenzten Kreis von Fachleuten interessant. Selbst wenn dem so ist, bleibt die Frage, ob Rußland gewillt ist, den gesamten Priamos-Schatz zu zeigen. Gerüchte wollen nämlich wissen, daß ein Teil der Sammlung in der St. Petersburger Eremitage aufbewahrt wird.

Mehr noch: Schliemanns Gold wird zum Spielball handfester politischer Interessen. Auf den Besitz der Sammlung erheben Griechenland und die Türkei sowie Deutschland Anspruch. Rußland bemüht sich, den gerechten Schiedsrichter zu spielen. Nach dem Motto: Streitet euch nur, das Besatzungsrecht hat Vorrang. Ob und wem die Schätze zurückgegeben werden, liegt allein in unserem Ermessen. Fraglich ist nur, ob die Beamten, die sich zum Richter aufschwingen möchten, wissen, wie die Schliemann-Sammlung seinerzeit in die Sowjetunion gelangte.

Glaubt man den Dokumenten, dann geschah dies Ende 1945/Anfang 1946, als der Abtransport von Kulturgütern aus Deutschland seinem Ende entgegenging. Die Besatzungstruppen erklärten damals heuchlerisch, die deutschen Museen gingen einer Renaissance entgegen und veranlaßten so deren gutgläubige Mitarbeiter, sorgfältig gehütete Schätze der Nationalkultur aus ihren Verstecken hervorzuholen. Den übertölpelten Wächtern nahm man die Kostbarkeiten mit Gewalt ab. Zum Leiter der Operation wurde der damalige Direktor der Tretjakow-Galerie, Professor Samoschkin bestellt. Über Einzelheiten berichtete er *in persona* dem Stellvertretenden Vorsitzenden des Komitees für Kunst beim Ministerrat der UdSSR, Wladimir Surow:

„Im Dezember 1945 als ich in Berlin wegen verlegerischer Aktivitäten der Tretjakow-Galerie zu tun hatte, erfuhr ich von Michail Chraptschenko, daß ich zum Bevollmächtigten des Komitees für Kunst in Deutschland ernannt worden war. Der Ernennungsurkunde war auch die Direktive beigefügt, den Abtransport jener Kulturgüter in die UdSSR zu beschleunigen, die meine Vorgänger nicht evakuiert hatten.

In der ersten Woche meiner Amtszeit hatte ich mit einer Reihe von Problemen zu kämpfen. Einerseits gab es keine Beschlüsse des Sonderkomitees beim Ministerrat der UdSSR zur Überführung von musealen Werten aus Deutschland. Andererseits gab es einen Befehl von Marschall *Sokolowskij*, dem Stellvertretenden Oberkommandierenden der Sowjetischen Militäradministration in Deutschland, zur Wiedereröffnung deutscher Museen. Daher erlaubten mir Militäradministration und Beutegutverwaltungen als Bevollmächtigtem Vertreter des Komitees für Kunst nicht, die Magazine in Augenschein zu nehmen, um dort geeignete Exponate auszuwählen und zu beschlagnahmen.

So wandte ich mich mit einer Aktennotiz direkt an Marschall Sokolowskij und legte die Notwendigkeit dar, eine Reihe einmaliger Sammlungen aus den Beständen der Museumsinsel und der Berliner Münze in die Sowjetunion zu überführen. Als Grund führte ich an, daß einzelne Kunstwerke aus diesen Sammlungen, beispielsweise aus dem Pergamon-Museum, schon in den ersten Monaten der Besatzung in die Sowjetunion gebracht worden waren.

Bei einer persönlichen Begegnung tadelte Marschall Sokolowskij das Komitee wegen dessen zögerlichen Vorgehens, versprach jedoch, Marschall Shukow über den Inhalt meiner Aktennotiz in Kenntnis zu setzen. Wenige Tage später gab er mir das Schreiben mit einem positiven Bescheid Shukows zurück, der jedoch zur Bedingung gemacht hatte, Kunstgegenstände aus dem Kaiser-Friedrich-Museum, dem Deutschen Museum, dem Pergamon-Museum und der Münze binnen kürzester Frist zu begutachten und zu beschlagnahmen.

In der sowjetischen Militärkommandantur in Berlin übergab ich das Dokument zusammen mit Shukows Antwort an Stadtkommandant Generalleutnant Smirnow, der daraufhin die Kommandantur in Berlin-Mitte anwies, uns Zutritt zu den Magazinen zu gewähren und sogar eine Gruppe von Rotarmisten beigab, die bei Abbau und Verpackung helfen sollten. Eine Kopie meines Schreibens befindet sich in den Unterlagen des Bevollmächtigten des Komitees für Kunst in Berlin.

Allseitige Unterstützung bei der Beschlagnahme der Kunstschätze erhielten wir durch das Mitglied des Kriegsrates Generalleutnant Bokow. Dank der meinem Schreiben beigefügten Entscheidung von Generalleutnant Bokow konnte ich von den Militärkommandanten der Gebiete und Länder Sammlungen in Leipziger und Gothaer Museen sowie in verschiedenen Schlössern in der sowjetischen Besatzungszone Deutschlands requirieren. Kopien dieser Dokumente werden auch in den Akten der Bevollmächtigten aufbewahrt.

Auswahl und Requirierung der Sammlungen selbst gestalteten sich sehr schwierig. Die Deutschen hatten die Kunstwerke in Kellerräumen der Museen dezentral versteckt. Kleinexponate wie Porzellan, Keramik, Kupferstiche und antikes Terrakotta, Bronzeplastiken, Miniaturen und anderes mehr waren in Kisten verpackt. An den Kisten fanden sich keinerlei Etiketten oder Spezifikationen. Die deutschen Museologen gaben oft falsche Auskünfte, behinderten unsere Arbeit und verweigerten Einsicht in die Kartotheken. Diese fanden wir meist erst nach Abschluß unserer Arbeiten. Daher war es nicht möglich, die Kisten auszupacken, um sie auf Vollständigkeit des Inhalts zu überprüfen. Nach dem Öffnen der Kisten wurden häufig Gegenstände entwendet. Eine wissenschaftliche Beurteilung der Exponate wurde durch das Fehlen sowjetischer Experten sehr erschwert. Die vom Komitee für Kunst nach Deutschland entsandten Mitarbeiter waren hauptsächlich Verwaltungsfachleute und deren Anzahl stand zudem in keinem Verhältnis zu der Menge der zu begutachtenden Objekte. Sie mußten außerdem die gesamte Organisation, wie beispielsweise die Beschaffung von Verpackungsmaterial, erledigen, das in Deutschland Mangelware ist. Außerdem sind sie für die Bereitstellung von Eisenbahnwaggons und Personal verantwortlich. Darüber hinaus mußten die zumeist unerfahrenen Arbeitskräfte fortwährend beaufsichtigt werden; die zur Demontage und Verpackung der Kunstschätze eingesetzten Rotarmisten haben keinerlei Erfahrung im Umgang mit musealen Kostbarkeiten.

Die Sichtung, Umverpackung und detaillierte Inventarisierung und Spezifizierung muß so organisiert werden, daß die Unversehrtheit der Kunstschätze gewährleistet ist. Derartige Bedingungen wurden nicht erfüllt. Auch ist dafür mehr Zeit erforderlich. Wir aber waren zur Eile gezwungen...

Da Experten fehlten, bereitete besonders die Verpackung sperriger Gegenstände mit großem Gewicht erhebliche Probleme. Das betraf vor allem Skulpturen und Teile von Architekturdenkmälern, die die Deutschen auf der Museumsinsel und in der Münze zurückgelassen hatten. Wir mußten häufig improvisieren. Vor allem betraf dies die Verpackung von häufig restaurierten Denkmälern oder solchen, die dringend der Restauration bedürfen...

Einzelheiten unserer Tätigkeit sind in meinem Rechenschaftsbericht enthalten, der Genossen Boim von der Spezialabteilung des Komitees für Kunst zuging. Dort habe ich die Auswahlkriterien für die Überführung deutschen Kulturbesitzes an sowjetische Museen erläutert und die requirierten Kunstschätze nach Epochen, Kunstgattungen und Stilrichtungen klassifiziert und dargelegt, wie diese oder jene Sammlung - unter anderem der von Heinrich Schliemann ausgegrabene Schatz des Priamos - Lücken in den Beständen unserer Museen füllt."[97]

Wie aus dem Dokument ersichtlich wird, gibt es keinerlei Beschlüsse des Alliierten Kontrollrates, auf die sich heutige russische Rechtsexperten hartnäckig berufen. Auch gibt es keine Hinweise auf die notwendige Rettung deutschen nationalen Kulturbesitzes. Stattdessen ist von Lücken in sowjetischen Sammlungen die Rede, die geschlossen werden sollen. Deutscher Kulturbesitz wurde, genauso wie Kunstschätze aus osteuropäischen Ländern, durch willkürliche Entscheidungen sowjetischer Militärs und Theaterinspizienten einfach geraubt.

Aus der offiziellen Bilanz, die die Leiterin der Beutegutabteilung beim Komitee für Kunst, Jekaterina Alexandrowa, im September 1947 erstellte, bekam allein dieses Komitee mehr als 1 208 000 Kunstgegenstände aus Deutschland. Kunsthandwerkliche Erzeugnisse oder sogenanntes Wirtschaftsinventar, das zur Ausstattung der Museen benötigt wurde, sind in dieser Rechnung noch nicht enthalten.[98] Auch die Akademie der Wissenschaften, Bildungs- und Verteidigungsministerium, sowie andere staatliche Institutionen gingen bei der Verteilung der Beute nicht leer aus.

So sah die Stalinsche Restitution aus. Das fast vergessene Wort kommt nach Jahrzehnten zu uns zurück. Dieses Mal aus deutschem Munde.

XI.
Die Dunkelmänner

Fast drei Jahre waren vergangen, seitdem sich der Sowjetstaat Beutegut aus dem Fundus deutscher Museen, Bibliotheken und Privatsammlungen einverleibt hatte. Das Haus der Offiziere der Sowjetarmee, Klubs, Erholungsheime der Gewerkschaften und des Verteidigungsministeriums, Büros und Aufenthaltsräume von Parteifunktionären und Generälen waren mit kunstgetischlerten Möbeln, Gemälden, feinem Porzellan und Kleinplastiken mehr als luxuriös ausgestattet worden. Die Magazine sowjetischer Museen und Galerien konnten all die neuen Schätze kaum aufnehmen. Ein paar Kunstwerke wurden sogar für kunstwissenschaftliche Studiengänge und Meisterklassen abgezweigt.

Auch die erbeuteten Bibliotheken bekamen schnell viele neue Besitzer. Allerdings entschieden in erster Linie der ideologische Apparat des ZK der KPdSU, die Hauptverwaltung für Literatur und die von der Abteilung für Staatsgeheimnisse bestellten Zensoren über die weitere Verwendung deutscher Bücher und anderer Druckerzeugnisse. Sie hielten in aller Stille Gericht über die Bücher. Von ihrem strengen Urteil hing ab, ob das Gedruckte verbannt, vernichtet, begrenzt zugänglich oder zum Gebrauch durch die Allgemeinheit freigegeben wurde. Besonders gegen Ende der vierziger Jahre. Im Juli 1948 ging bei Ideologiesekretär Michail Suslow ein diesbezüglicher Rechenschaftsbericht ein. Verfaßt hatten ihn dessen persönlicher Referent Leonid Iljitschow und der Philosoph Wladimir Fomitschow, ein linientreuer Wissenschaftler, der kurz darauf steile Karriere machte:

„Die Hauptverwaltung für Agitation und Propaganda beim ZK der KPdSU hat gemeinsam mit Vertretern der Hauptverwaltung für Literatur Magazinierung und Nutzung der in Deutschland erbeuteten Literatur durchgeführt, die in die Bibliotheken der Akademie der Wissenschaften der UdSSR, in die Staatliche Leninbibliothek und den Staatlichen Fundus für Literatur, sowie sieben Spezialbibliotheken überführt wurde.

Es wurde festgestellt, daß es keine zuverlässige Inventarliste für die aus Deutschland evakuierten Druckerzeugnisse gibt. Ungeachtet der allen Ministerien und Behörden erteilten Anweisungen des Bevollmächtigten für Presse und Staatsgeheimnisse beim Ministerrat der UdSSR, die requirierten Druckerzeugnisse in den lokalen Abteilungen der Hauptverwaltung für Literatur unverzüglich zu inventarisieren, ist eine Reihe von Dienststellen ihren Pflichten nicht nachgekommen. So hat zum Beispiel die Erfassungsstelle der Bibliothek der Akademie der Wissenschaften versäumt, die Zensurbehörde fristgemäß über die erhaltene Literatur in Kenntnis zu setzen.

Nach Angaben der Moskauer Zweigstelle der Hauptverwaltung für Literatur haben in Moskau und dem Moskauer Gebiet 29 Dienststellen insgesamt mehr als 2,5 Millionen Exemplare empfangen. Tatsächlich aber haben Bibliotheken und Dienststellen in Moskau weitaus mehr bekommen. Kontrollen ergaben, daß allein der Staatliche Fundus für Literatur beim Ministerrat der UdSSR über 2 Millionen Bücher erhalten hat. Die Staatliche Leninbibliothek bekam 760 000 Exemplare, die Moskauer Universität 13 Waggons mit Druckerzeugnissen und das Ministerium für Gesundheitswesen 24.

Unter der in die Sowjetunion überführten Beute-Literatur befinden sich viele wertvolle Sammlungen und Einzelausgaben. Die Staatliche Leninbibliothek bekam die Potsdamer Königliche Bibliothek, die Sächsische Staatsbibliothek und bibliographische Raritäten, wie die Gutenberg-Bibel und Erstausgaben andere Bücher aus der Anfangszeit des Buchdruckes in Deutschland, Italien, Frankreich und der Schweiz. Zudem gingen an die Leninbibliothek auch eine Sammlung von Broschüren aus dem Revolutionsjahr 1848, die Erstausgabe des „Herr Vogt" von Karl Marx und andere seltene Bücher.

Neben wertvoller Literatur wurden in Deutschland auch sehr viele faschistische Bücher requiriert, die aus dem Verkehr gezogen und vernichtet werden sollten. Nach einer vorläufigen Sichtung der in Deutschland erbeuteten Bücher im Staatlichen Fundus für Literatur wurde festgestellt, daß etwa 300 000 Exemplare vernichtet werden müssen. Deren Beschlagnahme verläuft jedoch sehr schleppend.

Die erbeutete Literatur wird meist unbefriedigend gelagert. Die Akademie der Wissenschaften der UdSSR bewahrt ihre Beuteliteratur im Keller der Zentralbibliothek, in einem Holzschuppen auf dem Hof und in anderen ungeeigneten Räumlichkeiten auf. Die dort zumeist gestapelten Bücher drohen zu verkommen und sind schlecht gegen Diebstahl gesichert. Auch im Ministerium für Hochschulbildung lagern die Bücher unter unzumutbaren Bedingungen. Große Mengen juristischer Fachliteratur wurden einfach in einem Durchgangszimmer gestapelt. In der Zentralbibliothek des Ministeriums für Schwarzmetallurgie sind vor zwei Jahren schon etwa 7 000 von der Zensurbehörde bereits geprüfte Bücher unbewacht im Korridor aufgestapelt.

Die Sichtung der Beuteliteratur durch die Zensurbehörde geht äußerst schleppend vonstatten. In der sozialwissenschaftlichen Bibliothek der Akademie der Wissenschaften wurden in zweieinhalb Jahren kaum fünf Prozent der in Deutschland requirierten Bücher geprüft.

Die Zentralbibliothek des Ministeriums für Gesundheitswesen bekam aus Deutschland 24 Eisenbahnwaggons mit Literatur. 1946 prüften etwa 20 freiberufliche Zensoren die Bücher. Die Hauptverwaltung für Literatur hat die Bestände nicht gesichtet. Die ehemaligen Bibliotheksangestellten Sidorow und Grossman - letztere war aus politischen Gründen verfolgt worden und hat keine Aufenthaltsgenehmigung für Moskau - haben die geprüften Exemplare mit dem Freigabestempel der Hauptverwaltung für Literatur versehen und sie auf regionale Bibliotheken verteilt.

Die aus anderen Dienststellen in die Zentralbibliothek des Ministeriums für Schwarzmetallurgie überführte Literatur wurde überhaupt nicht durchgesehen und der Zensurbehörde nicht vorgelegt.

Da die Beuteliteratur in den Bibliotheken unter fragwürdigen Bedingungen gelagert wird, einige Behörden (die Akademie der Wissenschaften, das Ministerium für Hochschulbildung u.a.) ein unverantwortliches Verhalten gegenüber der geforderten Sichtung und Zensur an den Tag legen und sich die Sichtung und Inventarisierung der in Deutschland erbeuteten Bücher durch die Hauptverwaltung für Literatur in unzumutbarer Weise verzögert, können Werke mit faschistischem Inhalt aus dem Fundus unterschiedlichster Bibliotheken nicht aus dem Verkehr gezogen werden, wodurch sich die Nutzung wissenschaftlicher Literatur verzögert [...]"[99]

Die Autoren des Berichtes machen daher Vorschläge, wie dem Übel abzuhelfen sei: Anweisungen, Garantien, Beschleunigung, sind die Worte, die dort am häufigsten vorkommen. Außerdem, so heißt es im Text weiter, sei die „politisch schädliche Literatur nach Begutachtung durch die Hauptverwaltung für Literatur zu vernichten" und Bücher, die nicht von wissenschaftlichem Interesse sind, nach einer Begutachtung durch die Expertenkommission aus den Bibliotheken zu entfernen."[100]

Wieviele Bücher - ob wertvoll oder politisch bedenklich, sei dahingestellt - tatsächlich in Deutschland requiriert wurden, wußte niemand genau zu sagen. Gemessen wurden sie in Tonnen oder Waggons, so als ob es sich um Treibstoff handelte. Sogar der Bevollmächtigte für Presse und Staatsgeheimnisse, Konstantin Omeltschenko, ein bis in die Fingerspitzen pedantischer Beamter, sprach immer nur von „einigen Millionen." Auszüge aus seinem Bericht an den Abteilungsleiter Propaganda des ZK der KPdSU Alexej Usow vom 8. September 1948 bringen dennoch einiges Licht in das Dunkel der erbeuteten Bücher:

„In Leningrad und im Leningrader Gebiet bekamen 38 Institutionen insgesamt 859 921 Exemplare. Nicht mitinbegriffen sind die Bestände im Umfang von etwa 2 Millionen, die an die Akademiebibliothek und den Staatlichen Fundus für Literatur gingen. 18 Institutionen haben die Sichtung bereits abgeschlossen. Insgesamt wurden in Leningrad - die Akademie nicht mitinbegriffen - bislang 300 117 Bände geprüft.

In der Ukraine wurde die Beuteliteratur - alles in allem 213 581 Exemplare - auf 102 Institutionen in 14 Gebieten verteilt. 84 Dienststellen in fünf Gebieten haben die Sichtung bereits abgeschlossen. Insgesamt wurden 187 372 Exemplare geprüft.

In Weißrußland bekamen fünf Institutionen Beuteliteratur. Zwei davon haben die Sichtung bereits abgeschlossen. Insgesamt wurden bislang mehr als 50 000 Bände geprüft. Drei Institutionen sichten ihre Bestände gegenwärtig noch. Dies betrifft vor allem die Akademie der Wissenschaften, wo etwa 50 000 in Deutschland requirierte Bücher noch zensiert werden müssen.

... Obwohl die Zensurbehörde die Ministerien mehr als einmal angewiesen hatte, nur branchenspezifische Literatur zu überführen, die für Wissenschaftler und Techniker von Interesse ist, gelangte eine Unmenge unnützer, teilweise sogar feindlicher Literatur in die Sowjetunion.

So bekam beispielsweise am 23. September 1947 die Akademie für Architektur der Ukrainischen SSR elf Tonnen Beuteliteratur. Bei der Sichtung stellte sich heraus, daß viele Ausgaben in völlig überflüssiger Menge - manchmal dreihundert Exemplare ein und desselben Titels - requiriert worden sind, obwohl die Bibliothek höchstens Platz für zwei oder drei hat.

Die Direktorin der Akademiebibliothek, Gryzina, hat bereits schriftlich um Anweisungen gebeten, wie sie mit der Makulatur verfahren soll, die niemand braucht.

Die Frage drängt sich auf, weshalb diese „Literatur" überhaupt in die Sowjetunion gebracht wurde.

Die Sorglosigkeit, mit der Beuteliteratur in einigen Fällen in die Sowjetunion überführt wurde, belegt auch die Tatsache, daß das Werk Nr. 631 in Tomsk neben Ausrüstungen und Anlagen auch Hitler- und Goebbels-Bilder bekam...

Ende 1947 legte eine Chemiefabrik der Hauptverwaltung für Literatur die erhaltene Beuteliteratur vor. Kontrollen ergaben, daß von 600 Büchern nur vier Fachbücher waren. Daher konnte die Zensurbehörde dem Erhalt dieser Bücher unter keinen Umständen zustimmen."[101]

Angesichts dieser Zeilen ist man versucht, den Verfassern des Berichtes die Gegenfrage zu stellen? Warum eigentlich mußte diese Unmenge von Literatur überhaupt in die Sowjetunion gebracht werden. Wahrscheinlich hatte die Kremlführung auch nicht die geringste Vorstellung, wieviel potentielle Leser es für diese Bücher überhaupt gab, da nur wenige Fremdsprachen, vor allem jedoch Deutsch beherrschten. Forschungsinstitute und Konstruktionsbüros konnten die Sprachbarriere mit professionellen Übersetzern und den zwangsverpflichteten ausländischen Spezialisten bewältigen. Für die Masse jedoch waren die aus Deutschland überführten Bücher nur ihrer bunten Illustrationen wegen interessant.

·An Zensoren und ehrenamtlichen Ehrenrettern war kein Mangel. Fand sich in den Titeln der aus Deutschland verschleppten Büchern auch nur ein einziges Wort, was dem „Klasseninstinkt" fremd war, oder rühmte sich der Autor womöglich adliger Abstammung, wurde das Buch vernichtet. Bei der Flut der zu sichtenden Werke war es unmöglich, sich eingehender mit deren Inhalt zu befassen. Glücklicherweise wurden alte und schöne Bücher verschont. Die wertvollsten wurden in Moskau aufbewahrt. Zweite Wahl kam in die Provinz, rangierte jedoch auch dort als Geheimbestand.

Der Petersburger Philologe Arlen Bljum, der 1962 nach einem Studium an der Leningrader Fachhochschule für Bibliothekswesen in der Öffentlichen Bibliothek in Tscheljabinsk im Ural arbeitete, machte damals erstmalig Bekanntschaft mit den geheimen, in Deutschland erbeuteten Beständen. Er erinnert sich sogar an Einzelheiten:

„In zwei Zimmern stapelten sich bis an die Decke irgendwelche Kartons und Kisten. Wir kletterten an ihnen hinauf, weil wir die obersten erreichen wollten. Als wir den ersten Karton öffneten, waren wir verblüfft: Beschlagene Ledereinbände und wundervolle Stiche funkelten uns entgegen; die Seiten hatten Goldschnitt.

In den Kisten lagen hauptsächlich deutsche Bücher. Die ältesten stammten aus dem XVI. Jahrhundert. Wir fanden jedoch auch englische, französische und schwedische Bücher. Sie handelten von Religion, Geschichte, Heraldik, Genealogie. Alben mit wundervollen Radierungen waren darunter, aber auch Reiseführer deutscher Städte und westeuropäischer Staaten, antike und mittelalterliche Klassiker. Auf vielen Büchern klebten Exlibris des XVII.-XIX. Jahrhunderts als Zeugnisse ihrer Zugehörigkeit zu den Privatbibliotheken deutscher Fürstenhäuser, Markgrafengeschlechter und Herzöge. Viele Einbände hatten schön ausgemalte Löwen mit erhobenen Tatzen und Grafen- oder Fürstenkronen als Wappen, Ansichten der Schlösser, Schwerter, Schilde und andere Ritterattribute. Einige der Exlibris-Ausgaben habe ich damals fotografiert: Wilhelm, Herzog von Braunschweig, Marga-

Exlibris des Braunschweiger
Herzogs Wilhelm, Bibliothek der
Stadt Cheljabinsk

Exlibris von Ulrich de Trotha,
Bibliothek der Stadt Cheljabinsk

Exlibris von Werther Beichlingen,
Bibliothek der Stadt Cheljabinsk

rethe, Gräfin von Mensergen, Günther Graf von Schönburg und Waldenberg, Ulrich de Trotha, Werther Beichlingen u.a.

Beim Durchblättern fand sich an einigen Stellen schmale mit Bleistift beschriebene Papierstreifen. Unter anderem auch in einem Folianten aus dem XVII. Jahrhundert. Das Buch vertritt eine fremde Ideologie, stand darauf zu lesen.

Die meisten dieser Papierstreifen waren mit knappen Worten beschrieben, die über das jeweilige Buch ein vernichtendes Urteil sprachen. Dem Stil nach erinnerten sie eher an eine Resolution denn an eine Inhaltsangabe. Sie sollten das Schicksal dieser Sammlungen offenbar für immer besiegeln.

- Sophokles Tragödien ‚Antigone' und ‚Elektra' beispielsweise hatten die Zensoren wie folgt beschrieben: Buch, erschienen in Berlin 1751 in deutscher Sprache. Inhalt schwer verständlich.
- Handbuch der Etikette für die Dame von Welt, Frankreich, Anfang XIX. Jahrhundert - ‚veraltet'.
- Ausprägung und Verfall geistigen Lebens in der Seele des Menschen - unbekannter französischer Verfasser, erschienen in Paris zu Beginn des XVIII. Jahrhunderts - ‚Der Titel spricht für sich. Das Buch ist schädlich, da es von der Seelhandelt.'
- Das Herz Asiens, Band II. In deutscher Sprache, erschienen Anfang des XIX. Jahrhunderts - ‚Dieser Band hat nichts mit Rußland zu tun, im Titel selbst klingen jedoch nationalistische Vorbehalte gegenüber den beschriebenen Ländern an. Das Buch sollte nicht ausgeliehen werden'."

Nach Worten Bljums hat die Tscheljabinsker Sammlung noch Glück gehabt. Sie hat den Kampf gegen den berüchtigten Kosmopolitismus unbeschadet überstanden. Berichte über jene im Wortsinne flammenden Jahre strotzen nur so von Zahlen und Schlußfolgerungen, bei denen sich bei einem gesunden Menschen die Haare sträuben.

Über die Gründe für die massenweise Requirierung von Büchern in Deutschland wurde schon viel spekuliert. Eine der Versionen besagt, daß unter dem Vorwand, den Faschismus ideologisch liquidieren zu müssen, der deutschen Nationalkultur bewußt der Nährboden entzogen werden sollte. In den besetzten Gebieten wurde vorsätzlich ein kulturelles Vakuum erzeugt, das später mit neuer Kultur und der „richtigen" Ideologie aufgefüllt werden sollte.

Für diese Version spricht nicht zuletzt die Tatsache, daß Druckereiausrüstungen, Anlagen für Papierfabriken und Papier - technisches wie Wertpapier, auf dem Banknoten gedruckt wurden, massenweise aus Deutschland abtransportiert wurden.[102] Der erbärmliche Rest, der im Lande verblieb, wurde von den Politabteilungen der Besatzungstruppen mit Argusaugen überwacht.

Die von der Sowjetunion „übernommenen" Produktionsanlagen brachten schon Ende der vierziger Jahre erste Ergebnisse. Nur ihr Vorhandensein erklärt, daß Bücher plötzlich solide, sogar luxuriöse Einbände bekamen und der Druck sich qualitativ enorm verbesserte. Die Preise hingegen waren moderat. Durch ungewohnte Eleganz bestachen vor allem die ersten Nachkriegsausgaben der Werke von Marx, Engels, Lenin und Stalin, sowie ausgewählter Politikwissenschaftler jener Zeit, die sogar fremdsprachig verlegt wurden.

XII.
Zarenjagd

Gleich nach Kriegsende ging mein Vater, der damals an einer Militärschule unterrichtete, auf Dienstreise nach Berlin. Bei einem Spaziergang in Köpenick fielen ihm am Straßenrand eine gepflegte, gutaussehende junge Frau und ein intelligent wirkender älterer Herr auf. Sie hielten irgendwelche schweren, in Lappen eingewickelte Gegenstände in den Händen, die in keiner Weise zu ihrem Äußeren paßten. Als die Frau meinen Vater gewahr wurde, machte sie ihm ausdrucksvolle Zeichen, so als ob sie sagen wollte, komm, du wirst es nicht bereuen. Mein Vater wollte ihr zunächst zu verstehen geben, daß er keine Zeit habe und einfach weitergehen. Was deutsche Frauen auf Straßen und Plätzen, zumal in Berlin, anzubieten hatten, glaubte er zu wissen. Nach einem nochmaligen Blick auf die eingewickelten Gegenstände trat er dennoch näher.

Worte waren nicht nötig. Als Frau und Mann die Lumpen zurückschlugen, seufzte mein Vater. Matt blinkten vor seinen Augen die doppelten Läufe belgischer Jagdwaffen auf. Silbereinlegearbeiten stellten Märchenlandschaften, Wild und Szenen einer mittelalterlichen Jagd dar. Den aus Nußbaumholz und Mahagoni gefertigten Schaft zierte verschnörkeltes beinernes Rankenwerk. Der leidenschaftliche Jäger erstarrte in Ehrfurcht.

Die Verkäufer waren offensichtlich in ziemliche Not geraten und verlangten für die ansehnliche doppelläufige Flinte eine lächerliche Summe in Besatzungsgeld oder gar in Reichsmark. Hektisch drehte mein Vater seine Taschen um und mußte zu seinem großen Bedauern sehen, daß er nicht einmal dieses Geld bei sich hatte. Irgendwie gab er den Unbekannten zu verstehen, daß er gleich zurück sein würde. Da er seine Reisespesen bereits ausgegeben hatte, lief er spornstreichs ins Regiment zurück, um ein Darlehen aufzunehmen.

Als mein Vater aufgeregt und stoßweise dem Kommandeur zu erklären versuchte, wozu er das Geld haben müßte, sagte dieser eher beiläufig: „Du bist wohl verrückt geworden! Geh doch einfach in das ‚verbotene Zimmer' und nimm von diesem Dreck, soviel du willst."

Mein Vater, der nicht ganz verstanden hatte, was sein Vorgesetzter eigentlich sagen wollte, ging gehorsam in das verbotene Zimmer und blieb wie erstarrt im Türrahmen stehen. In den Regalen und auf dem Fußboden, in Säcken verpackt und lose ausgeschüttet wie wertloses Zeug - überall lag das Geld des untergegangenen Dritten Reiches herum. Unentschlossen hob er kleinere Banknoten vom Boden auf.

„Nikolaj, du wirst doch nicht kleinlich sein. Tu dir keinen Zwang an", ermunterte der Kommandeur meinem Vater ironisch. Dann bückte er sich, langte nach einem Schein mit mehreren Nullen und schob ihn meinem Vater in die Knopfleiste.

„Los, lauf schon", trieb er ihn zur Eile an. „Sonst ist deine Flinte womöglich weg."

Zu seiner großen Freude traf mein Vater die Händler mit dem heiß begehrten Gegenstand genau an dem Ort an, wo er sie verlassen hatte. Die Deutschen waren über seine Rückkehr genauso erfreut. Eilig ließ mein Vater die Geldscheine in den Rock der verwunderten Frau gleiten, den diese ohne viel Umstände zu machen, aufhielt.

„Nimm", sagt er zu der verwunderten Frau.

Ohne Hast und mit Bedacht steckte der Mann die Scheine in seine Jackettasche. Einen nach dem anderen. Dabei sah er meinen Vater fragend an, so als ob er erwartete, jeden Augenblick ein „genug" zu hören. Mein Vater aber sagte nichts und endlich war der Rock der Frau leer. Mein Vater erinnert sich nicht, wieviel Geld er eigentlich für die Jagdflinte bezahlt hat. Wahrscheinlich ein Vielfaches des zunächst vereinbarten Preises, denn beim Abschied wurde die Frau rot und versuchte unbeholfen, meinem Vater die Hand zu küssen. Dabei wäre der bereit gewesen, seine Wohltäterin für einen Gegenstand

191

von so unschätzbarem Wert auf dem Arm nach Hause zu tragen.

.Daß die für einen Spottpreis gekaufte Flinte in der Tat von unschätzbarem Wert war, stellte sich erst später heraus. Als mein Vater zu Hause mit einem Vergrößerungsglas den von Phantasiemustern umrahmten Firmenstempel untersuchte, fand er an einigen Stellen das Monogramm von Rudolf Heß eingraviert. Das hatte er nun wirklich nicht erwartet. Allerdings hielt er seinen Fund lange Zeit geheim und ließ das Monogramm niemanden sehen. Das silberne Medaillon mit dem Hakenkreuz ersetzte er durch eine ähnliches mit seinen Initialen. Nachdem Heß im Spandauer Militärgefängnis gestorben war, dachte mein Vater noch oft an die nette Deutsche und den älteren Aristokraten. Zu gern hätte er gewußt, wie ausgerechnet sie zu der persönlichen Jagdwaffe des Parteigenossen Heß gekommen waren.

Nicht zuletzt deshalb fing ich an, mich für in Deutschland erbeutete Jagdwaffen zu interessieren.

Irgendwann im September 1945 bestellte Stalin den Stellvertretenden Verteidigungsminister Bulganin zu sich. Der allmächtige Oberkommandierende wollte wieder einmal mit „einem Freund von Mensch zu Mensch sprechen." Das Sprechen allerdings besorgte der Generalissimus weitgehend allein. Bulganin beschränkte sich aufs Zuhören und nickte nur hin und wieder begeistert und ergeben mit dem Kopf oder sagte „Jawohl, Genosse Stalin!", „Richtig, Genosse Stalin", „Genau, Genosse Stalin". Knapp zwei Tage nach dieser Unterhaltung hielt Bulganin denn auch schon bei Vizepremier Wosnessenskij Vortrag. Das entsprechende Archivdokument trägt die Chiffre: Dringend, persönlich, geheim.

„In Übereinstimmung mit den Anweisungen von Genosse Stalin, die auf Tschukotka, Sachalin, Kamtschatka und den Kurilen stationierten Armee-Einheiten mit Jagdwaffen und Fischernetzen auszurüsten, übersende ich Ihnen anliegend den Entwurf einer diesbezüglichen Verfügung des UdSSR-Ministerrates, der mit den beteiligten Ministerien abgestimmt wurde. Ich bitte darum, den beiligenden Entwurf zu prüfen und zu bestätigen."[103]

Wosnessenskij war mit dem Entwurf aber nicht zufrieden und gab ihn zwecks Überarbeitung zurück. Sogar ein zweites und ein drittes Mal. Endlich wurde das Dokument doch bestätigt und mit Billigung von allerhöchster Stelle als Entschließung Nr. 14 199-r des Ministerrates am 25. September 1945 verabschiedet. Die Entschließung wies den Minister für Beschaffung, Boris Dwinskij, an, dem Verteidigungsministerium aus dem Tscheljabinsker Schrotgußwerk 70 Tonnen Schrot, dem Munitionsministerium vier Tonnen Schwarzpulver, sowie 200 000 Stück Jagdpatronen, dem Ministerium für Bewaffnung ebensoviel Stück Messinghülsen und dem Ministerium für Fischereiwirtschaft zehn Tonnen Netze sowie anderthalb Tonnen Garn zum Ausbessern der Netze zur Verfügung zu stellen. Mit der praktischen Durchführung des Beschlusses wurden vor allem zwei Generäle betraut - der Chef der Rückwärtigen Dienste der Roten Armee, Chruljew und der Chef der Hauptverwaltung Artillerie, Nikolaj Jakowlew. Ihnen oblag die „Beschaffung" von 5 000 Beutejagdwaffen durch die von Marschall Shukow befehligten Besatzungstruppen in Deutschland. Abschließen sollte die Operation der Fliegermarschall Grigorij Woroshejkin, der die Lieferung der Jagdpatronen, Flinten und Fischernetze bis spätestens 15. September zu organisieren hatte. Schließlich stand der Winter vor der Tür.

Man kann sich gut vorstellen, daß die halbverhungerten und vom Festland abgeschnittenen Rotarmisten und ihre Kommandeure, die die satten Samurais besiegt hatten, die grandiose Jagd schon im vorab gehörig auskosteten.

Zur gleichen Zeit durchstöberten ihre Kameraden im Tausende Kilometer vom Stillen Ozean entfernten Deutschland im Schweiße ihres Angesichts Wohnungen, Häuser, Gutshöfe, Villen und Jagdschlösser. Sie machten aus ihren Absichten keinen Hehl. Gott allein mochte wissen, was die Deutschen mit einer Waffe in der Hand nicht alles anstellen würden.

In einem Dorf, so wird erzählt, hätten ein Sergeant und dessen Soldaten einem betagten Jäger eine altertümliche Jagdflinte abgenommen, worauf dieser lautlos zu weinen begann. Mit leiser Stimme und zitternden Händen bemühte er sich zu erklären, daß die Flinte ihm sehr viel bedeute und er nie mit ihr schießen würde. Alles was er hatte, bot der alte Mann als Ersatz zum Tausch an. Offenbar gerührt von dessen Tränen, faßte der Sergeant den Lauf mit beiden Händen, brach ihn über einem Stück Holz entzwei und warf dem Alten die Stücke vor die Füße. Befehl ist Befehl und der besagte, daß Jagdwaffen nicht im Besitz der Bevölkerung bleiben dürfen. Am nächsten Morgen war der Alte tot.

Ministerien und die Generalität, sowie deren Untergebene erfüllten den Befehl nach bestem Wissen und Gewissen. Inwieweit die Jagd im Fernen Osten erfolgreich war, läßt sich schwer sagen. Bekannt ist nur, daß in den abgelegenen Garnisonen niemand den Hungertod starb.

Damit ist die Geschichte jedoch noch nicht zu Ende. Vor einiger Zeit besuchte ich Lawrentij Pogrebny. Während des Krieges war er Mitglied des Evakuierungsrates und vertrat Nikolaj Schwernik im Komitee für Registrierung und Einsatz der Arbeitskräfte. Nach dem Krieg war er stellvertretender Arbeitsminister und arbeitete dann im Zentralrat der Gewerkschaften. Pogrebny hat ein ausgezeichnetes Gedächtnis und ist ein unermüdlicher Gesprächspartner. Nach und nach kamen wir auch auf die deutsche Kriegsbeute zu sprechen.

Er erinnere sich noch gut daran, sagte Pogrebny, wie er einen Anruf aus dem Ministerrat bekam. Dort war die Meldung eingegangen, auf dem Güterbahnhof stehe ein Zug mit deutschen Jagdwaffen. Pogrebny sollte das überprüfen. Zunächst erkundigte er sich bei Chruljew. Der gab ihm die Erlaubnis, den Zug selbst zu überprüfen. Als er die Tür eines Waggons öffnete, fielen ihm die Waffen fast entgegen. Bis zur Decke hoch gestapelt lagen sie da. Mit Gold- und Silbereinlegearbeiten.

Der ganze Zug, so Pogrebny, sei mit Jagdwaffen beladen gewesen. Es seien erheblich mehr als 5 000 gewesen. Etwas Licht in das Dunkel bringt ein Rechenschaftsbericht der Hauptverwaltung für Beutegut der Roten Armee. Dort steht schwarz auf weiß: „1945 haben die Beutegutabteilungen 54 136 Stück Jagdwaffen gesammelt und abgeliefert.“[104] Wie Pogrebny berichtet, waren einige allerdings nicht mehr funktionstüchtig, weil die Soldaten die Waggons bis zum Brechen vollstopften.

Wahrscheinlich ist selbst die in den Archivdokumenten genannte Zahl zu den in Deutschland requirierten Jagdwaffen nicht endgültig. Denn die von passionierten Jägern wie Marschall Shukow erbeuteten Jagdwaffen sind dort nicht mitinbegriffen. Shukows Privatsammlung umfaßte allein 20 Jagdgewehre der Firma Holland & Holland. Später hielt man ihm vor, seine Schwäche für Jagdtrophäen sei mit der Parteimoral nicht zu vereinbaren. Shukow mußte sich daher in einem Brief an ZK-Sekretär Shdanow rechtfertigen. „Sechs bis sieben Stück Jagdwaffen hatte ich vor dem Krieg. Fünf oder sechs habe ich in Deutschland gekauft, alle übrigen habe ich geschenkt bekommen. Mit ihnen ist auch meine Leibwache auf Jagd gegangen. Einen Teil der geschenkten Stutzen wollte ich weiter verschenken. Ich bekenne mich schuldig, daß ich ohne Grund eine solch große Anzahl von Waffen bei mir behalten habe. Mein Fehler besteht darin, daß ich als Jäger so gute Waffen ungern aus den Händen gab.“[105]

XIII.
Die Versuchung der Sieger

Eines Tages, als ich im Petersburger Archiv für Kino- und Fotodokumente arbeitete, legte dessen wissenschaftliche Mitarbeiterin, Ljudmila Prozai zwei Fotos auf meinen Tisch. Eines zeigte die Begrüßung der aus dem Russisch-Japanischen Krieg von 1905 heimkehrenden Truppen auf dem Nikolaj-Bahnhof. Eine Ehrenwache aus bärtigen altgedienten Kosaken war angetreten; es spielte ein Orchester in Paradeuniform und müde Soldaten und Offiziere schritten stolz erhobenen Hauptes durch einen Triumphbogen. Der Triumphbogen hatte weder Losungen noch Begrüßungsworte, sondern war nur mit Blumen geschmückt. Sie stellten einen Kranz dar, der sich um ein Band in den Farben der russischen Staatsflagge wand und auf den Flügeln des doppelköpfigen Adlers ruhte. Das war keine gewöhnliche Begrüßung, sondern die letzte Parade, bei der es weder Sieger noch Besiegte gab. Böse Zungen von Parteiführern unterschiedlichster Couleur nannten sie eine Niederlage, die Schande über unschuldige Häupter brachte.

Das zweite Foto zeigte eben diesen Bahnhof vierzig Jahre danach. Da hieß er schon Moskauer Bahnhof. Auch damals stand dort ein hölzerner Triumphbogen mit großen Sternen an der Seite und der Losung „Ruhm dem großen Stalin". Ihn durchschritt ein schier endloser Zug müder Soldaten mit aufgeknöpften Feldblusen und abgewetzten Stiefeln. Unter dem Arm trugen sie zerdrückte Militärmäntel und Holzkoffer. Unrasiert und mit eingefallenen Gesichtern, aber lächelnd und mit wehenden Haaren. So kehrten sowjetische Soldaten und Offiziere aus dem unterworfenen Deutschland heim. Ihre große Siegesparade stand noch bevor.

Zwischen beiden Aufnahmen lag weniger als ein halbes Jahrhundert und doch trennten sie Lichtjahre. Darüber müßte man schreiben, meinte damals Frau Prozai.

Angesichts dieser Fotos fragt man sich, ob Stalin je auch nur einen Gedanken daran verschwendet hat, daß die Soldaten, die im Feuer der Schützengräben lagen und jeglichen Komfort entbehren mußten, den Verführungen fremden Wohlstandes erliegen könnten, sobald ihr Fuß deutschen Boden betrat. Nicht hunderte oder tausende, sondern Millionen. Wahrscheinlich ist, daß Stalin dies nicht nur bedacht, sondern vorausgesehen hat. Besorgniserregende Symptome waren Partei- und Staatsführung schon lange vorher bekannt geworden. Major Ponomarjow, der Kriegskorrespondent des Sowinformbüros bei der 1. Weißrussischen Front schrieb nämlich schon Anfang März an Alexandrow:

„Obwohl die Rote Armee schon überall auf deutschem Boden kämpft, bleiben die Abteilungen unserer rückwärtigen Dienste in Polen zurück, wo sie sich allem Anschein nach noch lange aufhalten werden. Die polnische Bevölkerung macht sich am Verhalten der rückwärtigen Dienste ein Bild von der gesamten Roten Armee, weil die kämpfende Truppe mit der Zivilbevölkerung kaum Kontakt hatte. Der räumliche Abstand zwischen Armee und deren rückwärtigen Diensten führt dazu, daß das Verhalten letzterer, die u.a. auch für Hospitäler, Kraftfahrzeugtechnik und Lager zuständig sind, nur unzureichend kontrolliert wird.

Die Politabteilungen könnten das durch Zahlen belegen, aber auch ohne sie läßt sich feststellen, daß Auseinandersetzungen, Handgreiflichkeiten infolge von Trunkenheit und andere Vorkommnisse vor allem aus den rückwärtigen Diensten gemeldet werden.

Aus Erfahrung läßt sich folgendes sagen: In den Kfz-Bataillonen, Straßenbautrupps, Lagern und anderen Versorgungseinrichtungen fühlen sich die Kommandeure nicht kontrolliert. Viel Zeit verwenden sie auf die Organisation eigener Bequemlichkeit, wozu sie ihre Stellung wie ihre Untergebenen mißbrauchen. Als kleine Herrscher kümmern sie sich nicht mehr um ihr Personal, lassen alles schleifen und Unordnung einreißen. Ein Oberleutnant beispielsweise, der in einem Munitionslager der 8. Gardearmee tätig ist, wurde überrascht, als er Uniformteile verkaufte. Er trinkt gewohnheitsmäßig und führt auch sonst ein zügelloses Leben... In Sedlec fuhr eine Gruppe von Soldaten, deren Identität nicht festgestellt werden konnte, bei einem Polen vor, lud dessen

gesamte Habe auf und bedrohte ihn mit der Waffe. Der Kommandeur eines Sanitätsbataillons nahm einen Leutnant aus der Minen-
räumbrigade von Oberst Schapiro in betrunkenem Zustand fest.
Er war in das Haus eines Polen eingedrungen, hatte den Ofen
kaputt gemacht und eine Schlägerei angefangen."[106]

Malenkow und Bulganin bekamen den vollen Wortlaut der
Information von Major Ponomarjow. Sie betraf, wie gesagt
Polen. Für Deutschland war Schlimmeres zu befürchten.

Natürlich sah die Armeeführung derartigen Vorkommnis-
sen in Osteuropa nicht tatenlos zu. Aus den Unterlagen der
Militärstaatsanwaltschaft geht hervor, daß von Januar bis März
1945 allein 4 148 Offiziere abgeurteilt wurden. 1 089 wegen
Amtsmißbrauch, wegen Raub und Eigentumsdelikten 548, 114
wurden wegen Rowdytum und Diskreditierung der Armee,
der Rest wegen Verkehrsdelikten, Störung der öffentlichen
Ordnung sowie unerlaubten Entfernens vom Dienstort verurteilt.[107] Nachdem der Gegner kapituliert hatte, taten Stalin und
seine Umgebung so, als sei in Deutschland alles in Ordnung. Es
gab weder Verbote noch Genehmigungen für die Beschlagnahmung persönlichen Eigentums deutscher Bürger oder deren
Organisationen als Beutegut. Einen ganzen Monat lang konnten Trophäenjäger nach Belieben ihrer jeweiligen Vorgesetzten
schalten und walten, wie es ihnen und ihrem Gewissen beliebe-
te. Erst am 9. Juni 1945 brachte Stalin mit der Verfügung 9 036
- geheim - des Staatlichen Komitees für Verteidigung Ordnung
in die Jagd nach Beute. Allerdings auf seine Weise:

„Das Ministerium für Verteidigung wird angewiesen, den Generälen der Roten Armee aus den erbeuteten PKWs kostenlos einen
Wagen pro Person als Besitz zu überlassen.
    Für die Ausgabe der Autos sind die Kriegsräte der Fronten,
die Militärbezirke und der Chef der Rückwärtigen Dienste der
Roten Armee verantwortlich. Sie erfolgt auf Grundlage von Listen, die durch die Kriegsräte der Armeen und die Chefs der
Zentralen und Hauptverwaltungen des Verteidigungsministeriums
eingereicht werden.

Der Chef der Rückwärtigen Dienste der Roten Armee, Genosse Tjagunow wird angewiesen, innerhalb von 15 Tagen spezielle Vollmachten zum Empfang der Autos für die berechtigten Generäle vorzubereiten und sie an die Fronten und in die Militärbezirke zu verschicken."

So bekamen alle Generäle und Admiräle (ein identisches Schreiben war auch Flottenminister Nikolaj Kusnezow zugegangen), unabhängig davon, wo und wie sie am Krieg teilgenommen hatten, bis hin zu den Leitern militärischer Ausbildungsstätten ihren „Opel" oder „Mercedes". Auch untere Chargen bedachte Stalin. Selbige Verfügung wies an, an jeden Offizier der regulären Streitkräfte, je nach Vorhandensein an der jeweiligen Front, ein Motorrad oder Fahrrad auszugeben.

Die Verfügung hielt jedoch noch weitere Vergünstigungen für die ruhmreichen Krieger bereit. Nur Generäle der regulären Streitkräfte konnten in den Kriegsräten der Front gegen Bargeld und zu Festpreisen Anteile aus der Kriegsbeute erwerben: Ein Flügel kostete zwischen 200 und 500 Rubel, eine Jagdwaffe 400-800. Uhren - Armbanduhren, wie Taschen- oder Standuhren - waren für 200-500 Rubel zu haben. Erste Wahl für die erste Garnitur.

Die zweite Garnitur umfaßte auch die Offiziere. Sie und die Generäle konnten Teppiche zum Stückpreis von 10-1 000 und Gobelins von 50-500 Rubel erwerben. Pelze wurden von 20-350 Rubel angeboten; Teeservices - gleich, aus wieviel Teilen sie bestanden - für 250, Eßservices für 700 Rubel. Fotoapparate waren für 100-2 000 Rubel, Schmalfilmkameras für 500-1 000 Rubel zu haben. Auch andere Konsumgüter wurden in den Kriegsräten zu Festpreisen verkauft.

Im Vergleich zu den Preisen in privaten Geschäften - im staatlichen Handel waren diese Waren nicht zu haben - erwarben Generäle und Offiziere all das, was als Defizit galt, für ein Butterbrot. Erwähnenswert ist jedoch vor allem, daß Beute erstmalig in der gesamten Menschheitsgeschichte nicht unter die Sieger verteilt, sondern an sie verkauft wurde. Die Kriegsräte, und auch das ist eigentlich unerhört, wurden, zumindest teilweise, zu Handelshäusern.

·Just zu dem Zeitpunkt, als der Handel mit der Kriegsbeute begann, besannen sich Parteifunktionäre, Staatsbeamte und Militärs auf Anstandsregeln und eine eiserne Disziplin für Armeeangehörige in den Besatzungstruppen. Du sollst nicht stehlen, du sollst nicht plündern, hieß es nun, damit Soldaten und Offiziere in den Beutegutlagern erwerben konnten, wonach ihr Herz begehrte. Nicht in Reichsmark, sondern in sauer verdienten Rubeln. Willst du mehr, dann zahle auch mehr, war die Losung des Tages. Zu Recht fragten die Soldaten sich, wozu und für wen. Natürlich widersetzten sie sich. Da aber wurde die Militärstaatsanwaltschaft aktiv. Massenprozesse begannen, so daß sich der Generalstaatsanwalt der Roten Armee im Juli 1945 gezwungen sah, seinen Vorgesetzten einen Gesetzentwurf vorzulegen, mit dem „Festungen zum Strafvollzug für abgeurteilte Offiziere" eingerichtet werden sollten. Der Entwurf kopierte Erfahrungen des zaristischen Rußlands, wo Offiziere bei bestimmten Straftaten relativ kurze Haftstrafen in festungsähnlichen Militärgefängnissen verbüßten. Sie wurden weder degradiert, noch aus der Armee entlassen, mußten jedoch während der Haft arbeiten und weiter an militärischen Übungen teilnehmen. Solche Festungen nun sollten, allerdings mit verschärftem Reglement, in jedem Militärbezirk entstehen. Dazu wurde im Verteidigungsministerium eigens eine „Hauptverwaltung für Festungen", - russisch GUKREP - gebildet. Sie war in der Tat einem militärischen Gulag sehr ähnlich.[108]

Der Staatsanwalt machte gute Gründe für seinen Vorschlag geltend. Fänden die in der Vorkriegszeit und während des Krieges verabschiedeten Gesetze Anwendung, würde die Armee ihrer Führungskräfte beraubt. Stalin lehnte die Vorlage jedoch ab und genehmigte dafür ein bereits erfolgreich erprobtes Verfahren: Die Abschreckung. Militärgerichte führten mehrere Schauprozesse durch, bei denen die Schuldigen entweder standrechtlich erschossen oder zu langjährigen Freiheitsstrafen verurteilt wurden. Außerdem wurden mehrere Strafbataillone gebildet, die vor den japanischen Stellungen eingesetzt wurden. Verbotene Früchte aber schmecken bekanntlich am besten. Zwar gingen Raub und Diebstahl merklich zurück, hörten jedoch nicht auf. Die Soldaten wurden nur raffinierter, wenn es darum ging, „Mitbringsel" aus Deutschland unentgeltlich zu erwerben.

Eigentümlicherweise ging Stalin in den Verfügungen des Staatlichen Komitees für Verteidigung mit keinem Wort auf einfache Soldaten und Unteroffiziere ein. Dafür gab es offenbar mehrere Gründe.

Erstens kann man einem Soldaten kaum Geld abnehmen, weil er nicht einmal soviel hat, als daß er Beutegut der untersten Preisklasse kaufen kann. Eine kostenlose Vergabe aber hätte, wenn man die damalige Personalstärke der roten Armee bedenkt, schwer voraussehbare Folgen haben können.

Hätte man Soldaten und Unteroffizieren offiziell verboten, Beute zu machen, wäre dies einem Eingeständnis sozialer Ungerechtigkeit in der Armee gleichgekommen, die den Kampfgeist der Truppe zunichte gemacht hätte.

Stalin fällte einen salomonischen Richtspruch. Das heißt, er schwieg einfach, weil er wußte, daß Soldaten, die dem Ungewissen entgegen gehen, nicht viel mitnehmen würden. Für den Fall aller Fälle jedoch wurden Grenzkontrollen und Zoll verstärkt. Sie mußten das Gepäck der Soldaten und Offiziere kontrollieren. Die Koffer der Generalität galten als immun. Wert- und Luxusgegenstände, und alles, was nicht unter die Kategorie „Massenbedarf" fiel, wurde „zugunsten des Staates" beschlagnahmt und ausgewählten Finanzbeamten des jeweiligen Verwaltungsbezirks zum Kauf angeboten. Allerdings hatten die Soldaten selbst hier noch genug Spielraum für Tricks.

Der Abtransport persönlicher Beute aus Deutschland beschränkte sich jedoch keineswegs auf das Handgepäck von Armeeangehörigen. Sichtet man die Begleitpapiere zu den in die Sowjetunion abgefertigten „Sonderlieferungen", kommt man zu dem Schluß, daß kaum ein Zug abging, der nicht auch

Sowjetischer Soldat entwindet einer deutschen Frau das Fahrrad, Mai 1945

persönliches Eigentum beförderte. Das geht auch aus dem Protokoll einer Kontrolle deutscher Lieferungen hervor, die für das schon erwähnte Konstruktionsbüro des Luftfahrtministeriums bestimmt waren:

„Im Juli und August 1945 wurde das für das Zentrale Konstruktionsbüro Nr. 17 in Moskau bestimmte Beutegut aus Deutschland in zwei Zügen befördert. Neben Ausrüstungen und Industrieanlagen fanden sich in den Zügen große Mengen von Gütern, die nicht für Produktionszwecke bestimmt waren. Unter anderem; vier PKWs, fünf Motorräder, neun Flügel und Klaviere, 199 Radioapparate, mehr als 7 000 Fahrrad-Dynamos und 46 Stück Möbel, wie Büffets, Sofas, Sessel Betten u.a.

Die Mitarbeiter des Zentralen Konstruktionsbüros Nr. 17 des Ministeriums für Luftfahrt, die die erbeuteten Anlagen in Deutschland demontiert und verladen hatten, brachten größere Mengen persönlicher Beute mit. Der stellvertretende Büroleiter Wladimir Malyschew, beispielsweise, verlud für den Eigenbedarf sechs Kisten mit 49 unterschiedlichen Artikeln. Darunter eine Ledernähmaschine, ein Tonbandgerät, 10 Bahnen Wolltuch (insgesamt 54,7 m), 2 Lichtmaschinen und 50 kg Weizenmehl."[109]

Malyschew war keine Ausnahme, persönliches Beutegut brachte fast die gesamte Demontagebrigade mit. Der Direktor des Flugzeugwerkes Nr. 23, Swjagielskij, ließ für den Eigenbedarf 10 Kisten mit insgesamt 103 Artikeln abfertigen, sein Stellvertreter Kondraschow nur 58. In den sechs Kisten für einen Mann namens Jaschenko waren 118 Artikel verpackt. Die Konstrukteure Borowoj, Owtschinnikow Jewstignejew und Frumkin standen ihm kaum nach.

Die Spezifikation der persönlichen Beute füllt mehr als fünfzehn Seiten: Bett- und Leibwäsche, Kostüme und Anzüge, Kinderkleidung, Schuhe, Taschentücher, Damenstrümpfe, Pelzmäntel. Teppiche, Originalgemälde, Kristall, Porzellan und Kinderspielzeug. Das meiste war schon gebraucht.

Besonders erwähnt wird eine Kiste mit sieben Teppichen. Sechs davon waren ganz, dem siebenten fehlte ein Meter. Offenbar paßte er nicht mehr in die Kiste hinein. Für den Leiter der 17. Hauptverwaltung des Luftfahrtministeriums, Timaschow wurden drei Fahrräder verladen. Radioapparate, Plattenspieler und Grammophone wurden zu Billigpreisen an Mitarbeiter des Luftfahrtministeriums, der Staatssicherheitsorgane und Moskauer Großhandelsbetriebe verkauft. Niemand ging leer aus.

Das betraf wohlgemerkt nur zwei Züge mit Beutegut. In den Leningrader Bolschewik-Werken aber, die dem Ministerium für Bewaffnung unterstanden, trafen solche Züge zu Dutzenden ein, Im Archiv des Betriebes liegt eine Beschreibung, aus der hervorgeht, daß dort massenhaft nicht inventarisiertes Beutegut in Empfang genommen wurde. Die Kisten, so heißt es dort, seien direkt in den Werkshallen abgeladen worden, wodurch ein Teil ihres Inhalts einfach verschwand. Natürlich waren das keine Maschinen. Der verantwortliche Kontrolleur schreibt dazu:

„Der stellvertretende Abteilungsleiter Filippow, der den Zug begleitete, nahm einen Teil der Fracht - etwa 20 Artikel - mit. Darunter Spiegelkommoden, ein Tisch, Stühle, ein Kachelofen, sowie Kisten mit Geschirr und Wäsche. Die den Zug begleitenden Rotarmisten mußten die Sachen auf Anweisung Filippows in dessen Wohnung schaffen. Während dieser Zeit blieb der Zug unbewacht, wodurch ein Teil der Fracht einfach gestohlen wurde. Abhanden kamen u.a. sechs Fahrräder, eine Kiste mit Seife und Radioapparate. Filippow wurde nicht bestraft und die Betriebsleitung unternahm keine Anstalten, die abhanden gekommenen Kisten zurückzubekommen."[110]

Im Archiv findet sich außerdem ein Bericht vom Oberleutnant der Miliz, Tarasow, der in den Bolschewik-Werken für das Personenstandswesen zuständig war. Auch er handelt von der Ankunft eines Zuges mit Beutegut:

„Wie die Betriebswache mitteilte, wurde...Anfang Juni ein Gepäckkarren mit Beutegut sichergestellt. Er gehörte einem Oberstleutnant und einem Hauptmann, die für die Begleitung des Zuges verantwortlich waren. An deren Familiennamen erinnere ich mich nicht.

Die beschlagnahmten, in fünf oder sechs Kisten verpackten Waren wurden in die Abteilung für Personenstandswesen des Betriebes gebracht, die die Stadtbezirksverwaltung Wolodar des NKWD verständigte. Sie schickte einen Untersuchungsrichter, an dessen Namen ich mich nicht erinnere, in den Betrieb. Dieser fertigte in einem Exemplar ein Protokoll über die beschlagnahmten Güter an und forderte den Hauptmann, der den Zug begleitet hatte, auf, ihn zwecks Vernehmung zu begleiten. Zwei bis drei Stunden danach rief eben dieser Untersuchungsrichter an und befahl der Abteilung für Personenstandswesen des Betriebes, die beschlagnahmten Waren an den Oberstleutnant zurückzugeben und diesen freizulassen. Das wurde auch getan."[111]

Im Oktober 1947 fand in den Flugzeugwerken im Moskauer Stadtteil Chimki eine Revision statt. In dem dazu verfaßten Protokoll heißt es: „Der Ingenieur Tschulkow, der als Konstrukteur in der Abteilung für Gerätebau des Werkes Nr. 456 des Ministeriums für Luftfahrt arbeitet, Hauptmechaniker Binkowskij und Ingenieur Ulasjewitsch, ein Mitarbeiter Binkowskijs sind von anderen Betrieben bestochen worden und haben an sie Anteile aus den Sonderlieferungen veräußert."[112]

Zu eben diesem Vorgang schreibt der Stellvertretende Minister für staatliche Kontrolle, Alexander Zipko, wenig später an den sowjetischen Generalstaatsanwalt Konstantin Gorschenin: „...aufgrund einer fiktiven Arbeitsvereinbarung, der mit Tschulkow über eine Summe von 30 385 Rubel abgeschlossen wurde, hat dieser ein Bestechungsgeld in Höhe von 16 000 Rubeln empfangen. Den Restbetrag teilten sie sich (die Unterzeichner der Vereinbarung - d. Verf.) mit dem Chefingenieur von Mosoblchudoshpromsojus, Mironow. Einen Teil des Geldes vertranken sie."[113]

Die „Hohen vertragsschließenden Seiten" erinnern sich noch gut daran. M. Shmajew, der Vertreter der Genossenschaft „Sinkowskij Juwelier" als „Auftraggeber" hat sogar Einzelheiten der Tischrunde behalten: „Tschulkow sagte, daß in den nächsten Tagen ein Zug mit Maschinen aus Deutschland eintreffen würde, von denen wir wieder einige abbekommen konnten. Diesmal gab Agapow Tschulkow 5 000 Rubel. Tschulkow verlangte jedoch weitere 1 000..."[114]

Tschulkow selbst äußert sich zu den Motiven der Bestechung wie folgt: „Ulasjewitsch erklärte mir, daß er soviel Maschinen freigeben könnte, wie gewünscht wird. Dafür beanspruchte er jedoch eine besondere Belohnung. Für jede freigegebene Maschine wollte er 2000 Rubel. Die brauchte er angeblich, um die Beamten des Luftfahrtministeriums auszuzahlen, die die entsprechenden Dokumente ausstellen müssen."[115]

Mit ähnlichen Problemen war offenbar auch das dem Liebknechtwerk in Nishedneprowsk unterstellte „Sonderlager" konfrontiert:

„Große Mengen von erbeuteten Anlagen, insgesamt 3 000 Waggons, stehen unter freiem Himmel und werden von ganzen vier Posten bewacht. 1946 wurden auf dem Betriebsgelände 72 Personen festgenommen, die Teile entwendet hatten. 55 versuchte Diebstähle konnten verhindert werden. Die Diebe haben es besonders auf Manometer, Akkumulatoren, Schleifmaschinen, elektrische Heizplatten, Schleifsteine, Feilen, gehärtete Aluminium-Rohre, Bohrer, Kugellager u.a.m. abgesehen. In unbewachten Lagern wurden häufig aufgebrochenen Kisten vorgefunden, deren Inhalt entwendet worden war."[116]

Diese Zustände wurden nicht zuletzt durch die Doppelmoral der Staatsführung begünstigt. Was schon kann man von Menschen erwarten, wenn den angreifenden Truppen Nachschubkolonnen hochrangiger Plünderer folgen! Was sie beiseite schafften, läßt sich nur in Waggons messen. Über einen solchen Vorfall hat Ende Februar 1945 der dem Innenministerium unterstellte Staatssicherheitschef der Sowjetrepublik Moldawien Michail Markejew an das Unionsministerium für staatliche Kontrolle berichtet:

„Der ZK-Sekretär Nikita Salogor hat, obwohl er das kategorische Verbot kennt, nicht ohne Genehmigung ins Ausland zu reisen, dem Stellvertretenden Leiter der militärpolitischen Abteilung im ZK der moldawischen KP, Genosse Alexander Simin, eine Dienstreise nach Rumänien bewilligt, damit dieser dort Möbel für die Wohnungen führender Staatsfunktionäre beschafft. Er und der Stellvertretende Leiter der Abteilung Verkehrswesen des ZK hielten sich anderthalb Monate in Rumänien auf.

Die Beschaffung von Möbeln aus sogenannten herrenlosen Wohnungen artete zu einem Exzeß aus. Zusammen mit Möbelstücken wurden auch Musikinstrumente, Samoware, Matratzen, Familienporträts mit und ohne Rahmen und Milchglas abtransportiert. In den Wohnungen wurden außerdem Türen, Wannen und Warmwasserspeicher demontiert...

Insgesamt wurden 45 Waggons mit Möbeln abtransportiert, die unter den Führungskräften der Republik verteilt wurden. Allein Ministerpräsident Tichon Konstantinow bekam 12 LKW-Ladungen mit Einrichtungsgegenständen. Auch die ZK-Sekretäre Michail Solowjow, Aaron Riwkin und andere bekamen größere Mengen an Möbeln."[117]

Stalin kannte natürlich die Begehrlichkeit seiner Gefolgsleute und wußte sie geschickt zu nutzen. Fälle von „Aneignung von Beutegut" wurden unter seinen Händen zu Trümpfen, die er bei politischen Intrigen gegen mißliebig gewordene Gefolgsmänner zur rechten Zeit ausspielte. Zusammen mit Anschuldigungen wegen Subversion machte er kaltblütig derartige Fälle publik und nahm dadurch seinen Opfern jede Chance, sich zu rechtfertigen. Lange danach zu suchen brauchte er nicht.

Der „persönliche Beutezug" von Marschall Shukow beispielsweise bestand aus sieben Waggons. Er hatte 85 Kisten mit Möbeln der deutschen Firma „Albin Mai" geladen. 194 aus karelischer Birke, Nußbaum und Mahagoni gefertigte Einzelteile mit Goldborte und himberrotem Plüsch oder hellblauer und grüner Seide gehörten ebenso dazu wie die Einrichtung eines Herrenzimmers, Schlafzimmer- und Kinderzimmermöbel für Stadtwohnung und Wochenendhaus. Alles hatte der Marschall persönlich anfertigen lassen.

Am 5. Januar 1948 durchsuchten Agenten des Sicherheitsdienstes auf persönliche Anweisung Stalins heimlich dessen

Moskauer Stadtwohnung. Sie fahndeten nach dem Koffer mit Beuteschmuck. Gründlich. Allein im Safe fanden sie einiges: etwa zwei Dutzend goldene, mit Edelsteinen besetzte Armbanduhren, etwa anderthalb Dutzend goldene Anhänger, Ringe und anderen Goldschmuck.

Drei Tage später wurde auch Shukows Wochenendhaus in Rubljowo durchsucht. Dort hatten die Fahnder mehr Glück: In 51 Kisten und Koffern, aber auch auf dem Fußboden fanden sie 4 000 Meter Seide, Brokat, Panné-Samt, Wolle und andere Tuche. 323 Zobel, - Affen-, Fuchs-, Kanin- und Karakulfelle, 44 Teppiche und große Gobelins, die aus Potsdamer und anderen deutschen Schlössern stammten, 55 „klassische Gemälde in großen Abmessungen und künstlerisch wertvollen Rahmen", 7 große Kisten mit kunstbemaltem Porzellan und Kristall und zwei Kisten mit Tafelsilber und einem Teeservice.

Weiter heißt es in dem Schreiben von Sicherheitsminister Abakumow an Stalin:

„Außerdem stehen in allen Zimmern des Wochenendhauses, auf den Fenstersimsen, den Anrichten, Tischen und auf Hockern Bronzeplastiken und Marmorvasen sowie eine Unmenge von ausländischem Schnickschnack...

Die gesamte Einrichtung - angefangen mit den Möbeln bis hin zu Teppichen, Geschirr und den Portieren - stammt aus dem Ausland. Vor allem aus Deutschland. Auf dem Wochenendgrundstück findet sich nichts, was in der Sowjetunion hergestellt wurde. Ausgenommen der Plattenweg von der Pforte bis zum Hauseingang.

Im Wochenendhaus steht kein einziges sowjetisches Buch. Dafür wurden in den Bücherschränken Unmengen von Büchern mit herrlichen, goldunterlegten Einbänden gefunden. Sie sind alle in deutsch.

Wer das Haus betritt, glaubt, er sei in Deutschland und nicht etwa im Moskauer Gebiet."[118]

Gegenwärtig wird versucht, die Besitzfreudigkeit das Marschalls, die eindeutig bewiesen ist, zu rechtfertigen. Irgendjemand, so heißt es, habe Shukow mit der Beute einen Bärendienst erweisen wollen und auf die gemeinste Weise kompromittierendes Material gesammelt, um einen Volkshelden und Politiker endgültig zu diskreditieren. Shukow selbst schreibt zu den gegen ihn erhobenen Vorwürfen an ZK-Sekretär Andrej Shdanow wie folgt:

„Zu meiner Habsucht und meinem Streben nach Beute:
Ich halte es für einen großen Fehler, daß ich für mich, meine Familie und meine Verwandschaft soviel Zeug angehäuft habe. Bezahlt habe ich dafür mit meinem Sold. Für Bargeld habe ich in Leipzig gekauft:

- 160 Stück Nerzfelle für einen Mantel
- 40-50 Stück Affenfelle für einen Mantel
- 50-60 Stück Katzenfelle für einen Mantel und noch etwas mehr, ich erinnere mich nicht genau. Sie waren für die Kinder bestimmt. Für all das habe ich 30 000 Mark bezahlt.

Außerdem habe ich 500-600 Meter Flanell und Rohseide als Möbelbezugsstoff und für Stores gekauft. Sie waren für das Wochenendhaus bestimmt, das mir das Sicherheitsministerium leer zur zeitweiligen Nutzung überlassen hat.
Gemälde und Teppiche habe ich, genauso wie die Lüster, in der Tat in leerstehenden Wohnungen und Schlössern requiriert und zur Einrichtung des Wochenendhauses abtransportieren lassen. Vier Lüster bekam das Sicherheitsministerium, drei wurden für die Einrichtung des Dienstzimmers des Oberkommandierenden verwendet. Ähnlich wurde mit den Teppichen verfahren. Sie wurden zur Einrichtung von Arbeitszimmern, in der Stadtwohnung und im Wochenendhaus verwendet.
Ich glaubte, alles würde in den Besitz des Sicherheitsministeriums übergehen, weil Stadtwohnung und Wochenendhaus von diesem verwaltet werden. Den Transport der erwähnten Gegenstände übernahm die Abteilung des Sicherheitsministeriums, die mich schon sechs Jahre lang bedient. Ich weiß nicht, inwieweit alles inventarisiert wurde, da ich anderthalb Jahre nicht hier war. Meine Schuld besteht darin, daß ich mich nicht um die Erfassung der Beute gekümmert habe.

Die Services habe ich für 9 200 Mark gekauft. Für jede Tochter eins. Für den Kauf kann ich die Dokumente vorlegen. Genosse Serow, der den Kauf vermittelte, kann als Zeuge vernommen werden. Er war für alle Wirtschaftsangelegenheiten verantwortlich.

Ich bekenne mich schuldig, weil ich all das Zeug, das ich nicht brauche, nicht an ein Lager weitergegeben habe. Ich glaubte, niemand brauchte so etwas.

Was die Gobelins anbelangt, so habe ich Genossen Agejew aus dem Sicherheitsministerium angewiesen, sie einem Museum zukommen zu lassen."[119]

Ein Teil der Wertsachen, so heißt es in Shukows Schreiben weiter, sei ein Geschenk verschiedener Dienststellen. Vor allem das Tafelsilber habe er von Polen als Dank für die Befreiung Warschaus erhalten und die Teller als Geschenk von den Soldaten der Gorbatow-Armee. Merkwürdig, wie die Soldaten zu solchen Tellern kamen. Selbst wenn dem so sein sollte, ist Shukows Rechtfertigungsversuch nicht sehr überzeugend. So erwähnt er beispielsweise 500 bis 600 Meter Stoff eher als eine Kleinigkeit, mit der man noch nicht einmal ein Fußballstadion hätte auslegen können. Sie sollten als Möbelbezugsstoff und Stores für das Wochenendhaus verwendet werden. Mit keinem Wort erwähnt Shukow indessen den Möbelzug, der seinerzeit nach Odessa ging. Er schreibt von Teppichen und Lüstern für Diensträume. So, als ob nichts davon im Wochenendhaus verwendet worden wäre. Die Bilder erwähnt er nur beiläufig, als bedeutungslose Kleinigkeit. Vielleicht bedeuteten sie Shukow wirklich nicht viel. In seiner gespielten Naivität wollte er ohnehin Glauben machen, alles gehöre dem Sicherheitsministerium. Das Sicherheitsministerium selbst war offenbar anderer Meinung. Die Hausdurchsuchung fand nämlich nachts und geheim statt und hatte wenig gemein mit den in solchen Fällen üblichen Amtsdurchsuchugen.

Augenzeugen des Sündenfalls von Marschall Shukow, die ihn reinwaschen möchten, fragen dennoch hartnäckig nach dem Verbleib der Beute. Sie wurde weder bei Shukow selbst, noch bei dessen Erben gefunden. Kein Wunder, denn sie wurden durch die Sicherheitsorgane beschlagnahmt und danach mitsamt vierzehn Inventarlisten der Wirtschaftsverwaltung des Ministerrates der UdSSR übergeben. Eigentlich geht es gar nicht um den Verbleib der Beute, sondern eher darum, daß er in vermeintlich herrenlosen Villen und Schlössern zusammenraffte, was er nur konnte, bei ähnlichen Vergehen seiner Untergeben beide Augen zudrückte und als Heerführer eine äußerst bedenkliche Einstellung zu Beutegut entwickelte. In seinem Brief an Shdanow zeigte er dennoch leise Ansätze von Reue: „Als Bolschewik schwöre ich hoch und heilig, daß ich mir keine weiteren Vergehen dieser Art zuschulden kommen lassen werde. Ich bin davon überzeugt, daß die Heimat, der große Genosse Stalin und die Partei mich noch brauchen werden."[120]

„Wie der Herr, so's Gescherr", heißt ein deutsches Sprichwort, das sich ohne wenn und aber auf Shukows Stellvertreter, General Telegin anwenden läßt, der gleichzeitig Mitglied des Kriegsrates der „Gruppe der in Deutschland stationierten Streitkräfte" war. An Shdanow schrieb Shukow über seinen Stellvertreter: „Zu Telegin kann ich gar nichts sagen. Ich meine, daß er die Einrichtungsgegenstände in Leipzig unrechtmäßig erworben hat. Das habe ich ihm auch persönlich gesagt. Wo die Sachen jetzt sind, kann ich nicht sagen."[121] General Telegin war auf persönliche Anweisung von Stalin am 24. Januar 1948 verhaftet worden. Natürlich nicht, um die Herkunft der erwähnten „Einrichtung" aufzuklären. Ihm wurden vor allem Unregelmäßigkeiten bei der Vergabe von Kriegsauszeichnungen, Verleumdung der Roten Armee und antisowjetische Äußerungen zur Last gelegt. So soll Telegin 1945 angeblich geäußert haben, man müsse sich vor dem Ausland wegen der in Deutschland stehenden Truppen schämen, weil sie so dreckig und abgerissen aussähen, während britische und US-Soldaten wie aus dem Ei gepellt wirkten.[122]

Der zweite Teil der von den Sicherheitsorganen verfaßten Anklageschrift war weitaus umfangreicher: „...Wie Untersuchungen ergaben, hat Telegin 1944-46 in Polen und Deutschland seine Stellung zum Hamstern mißbraucht. Er hat, faktisch ohne dafür etwas zu bezahlen, materielle Werte für den Eigenbedarf angehäuft und beschlagnahmt, die er zugunsten des Staates abzuführen hatte.

Nach einer Hausdurchsuchung wurden bei Telegin Wertsachen in großen Mengen sichergestellt. Über 16 Kilo Silber, 218 Ballen Wollstoff und Seide, 21 Jagdflinten, zahlreiche Antiquitäten aus Porzellan und Majolika, Pelze, Gobelins französischer und flämischer Meister des XVII.-XVIII. Jahrhunderts. Telegin befand sich für schuldig."[123]

Für seine Vergehen wurde Telegin zu insgesamt 26 Jahren Haft verurteilt. Er kämpfte um seine Begnadigung. Beispielsweise beschwerte er sich in einem Brief an Kliment Woroschilow über unzulässige Untersuchungsmethoden. (Telegin wurde in der Tat von Untersuchungsbeamten in den Haftanstalten bestialisch verprügelt). Er schwor, der Partei nach wie vor treu ergeben zu sein und wollte „zu ehrlicher Arbeit" zurückkehren. Sein Sohn rief die Staatsanwaltschaft an, um wenigstens das Verfahren wegen Eigentumsdelikten erneut aufzunehmen. Er erklärte, ein Teil der verhandelten Gegenstände gehöre ihm und nahm damit einen Teil der Schuld seines Vaters freiwillig auf sich. Die Frau Telegins, Maria, überwand alle möglichen bürokratischen Hindernisse, um zu beweisen, daß der Besitz des strittigen Hausrates rechtmäßig sei. Mit erstaunlicher Akribie und Detailtreue wies sie nach, was wann in Deutschland gekauft worden war und benannte sogar Zeugen. Sie schreibt:

„Im Ministerium für Sicherheit werden 40 Rechnungen und 2 Quittungen - jede über 2 000 sowjetische Rubel - aufbewahrt, aus denen hervorgeht, daß Telegin bei der Bank der Finanzabteilung der Gruppe (der sowjetischen Streitkräfte in Deutschland - d. Verf.) Geld für einen Teil der Sachen eingezahlt hat, die er bei der Wirtschaftsabteilung gekauft hatte und die nicht durch Rechnungen erfaßt waren. Nach der damals in Deutschland geltenden Preisliste kosteten die erworbenen Gegenstände erheblich weniger als die eingezahlten 4 000 Rubel."[124]

Mag sein. Das Geld hätte wahrscheinlich sogar für 200 Ballen Stoff gereicht, nicht jedoch für die Bezahlung auch nur eines Bruchteils der alten französischen und flämischen Gobelins. Was die Auspreisung anderer Waren und die von Frau Telegina genannte Summe betrifft, braucht man sich nur die Stalinsche Verfügung genau anzusehen. Jegliche Zweifel, daß Telegin im Recht war, entfallen damit.

Endlich, im kalten Sommer das Jahres 1953 wurde Telegin begnadigt. Politisch wurde er hundertprozentig rehabilitiert, die anderen Anklagepunkte fielen einfach unter den Tisch. Zu ehrlicher Arbeit aber fand er nicht zurück. Wahrscheinlich unter dem Druck seiner energischen Gattin bombardierte er die Staatsanwaltschaft mit Forderungen nach Rückgabe des beschlagnahmten Eigentums. Solange, bis der sowjetische Generalstaatsanwalt dem Bittsteller mitteilen ließ, daß die fraglichen Gegenstände „dennoch unrechtmäßig erworben" worden seien und besser nicht mehr erwähnt werden sollten. Telegins Liebe zur Kriegsbeute erwies sich eben als dauerhafter als die Liebe zur Partei, über die er Woroschilow in flammenden Worten schrieb.

Nicht weniger malerisch sehen Protokolle der Vernehmungen aus, bei denen der für besonders wichtige Fälle zuständige Oberuntersuchungsrichter Putinzew den verhafteten Generalmajor Alexej Sidnjew befragte, der in Berlin den operativen Sektor des NKWD geleitet hatte:

Frage: Nach Ihrer Abreise aus Berlin wurden Diebstähle von Gold- und Wertsachen größeren Ausmaßes entdeckt, an denen sie persönlich beteiligt waren. Nehmen Sie dazu Stellung!
Antwort: Offen gesagt, ich hatte seit langem befürchtet, daß die von mir in Deutschland begangenen Verbrechen herauskommen würden und ich mich dafür verantworten muß.

Bekanntlich haben jene Truppenteile der roten Armee, die Berlin einnahmen, reiche Beute gemacht. In vielen Stadtteilen wurden Lager gefunden, in den Gold, Brillanten und andere Wertsachen aufbewahrt wurden. Gleichzeitig wurden einige große Lagerräume entdeckt, in denen teure Pelze, Felle und Wäsche waren. Besteck und Eßgeschirr erwähne ich gar nicht erst, sie waren im Überfluß vorhanden. All das wurde gestohlen.

Ich gehörte zu jenen Führungskräften, die alle Möglichkeiten hatten, Bewachung und Erfassung aller Kostbarkeiten, die die Sowjetarmee in Deutschland erbeutet hatte, unverzüglich zu organisieren. Ich habe das jedoch unterlassen und bekenne mich daher schuldig.

Frage: Haben Sie selbst auch gestohlen?
Antwort: Das gebe ich zu. Ungeachtet meines hohen Ranges und der Stellung, die ich im Innenministerium bekleidete, war ich in Deutschland auf schnellen Gewinn bedacht und vergaß die Interessen des Staates, die ich wahrnehmen sollte...

Frage: Bei der Durchsuchung Ihrer Wohnung in Leningrad wurden Hunderte von Gegenständen aus Gold und Platin, mehrere Tausend Meter Wolltuche und Seide, 50 teure Teppiche, sowie eine Unmenge Porzellan und Kristall gefunden...
Antwort: Ich bestreite nicht, daß ich viel aus Deutschland mitgebracht habe.

Frage: Ihnen wurden die Fotos der bei Ihnen sichergestellten fünf großen Gobelins französischer und flämischer Meister des XVII. und XVIII. Jahrhunderts vorgehalten. Wo haben Sie die her?
Antwort: Die Gobelins wurden im Keller der Reichsbank gefunden. Reiche Deutsche hatten sie während des Krieges dorthin gebracht.

Frage: Diese Gobelins gehören ins Museum. Wozu brauchten sie die?
Antwort: Ehrlich gesagt, ich habe mir keine Gedanken darüber gemacht, was ich mitnahm. Wenn mir Gobelins unter die Finger kamen, habe ich sie eben genommen.

Frage: Alles haben Sie trotzdem nicht genommen, nur das Wertvollste. Sind Sie ein gewöhnlicher Dieb?
Antwort: Natürlich habe ich das Wertvollste genommen. Was sonst noch, weiß ich nicht mehr.

Frage: Aber wir: Woher haben Sie die aus reinem Gold gefertigte Damenhandtasche?

Antwort: Ich weiß nicht mehr genau, wo ich sie fand. Ich glaube, meine Frau oder ich habe sie im Keller der Reichsbank gefunden.

Frage: 323 teure Pelze, 178 Tierfelle, 1 500 Meter hochwertiger Wollstoff, Seide, Samt und andere Stoffe, 405 Paar Damenstrümpfe, 78 Paar Schuhe, 296 Kleidungsstücke. Das ist nur ein Teil der bei Ihnen beschlagnahmten Sachen. Wollten Sie damit Handel treiben?

Antwort: Natürlich wollte ich damit nicht handeln. Ich habe all das mit aktiver Unterstützung meiner Frau gestohlen. Den Löwenanteil hat mir der Kommandant des operativen Sektors Axenow besorgt, aber auch mein Verwandter Kusnezow, den ich nach Berlin beordert und zum operativen Bevollmächtigten für Erfassung im operativen Sektor gemacht hatte.

Frage: Warum sind Sie Plünderer geworden?

Antwort: Als der Krieg begann, war ich in der *besonderen Abteilung des NKWD*[125] tätig. Zusammen mit der Armee habe ich alle Schwierigkeiten ausgestanden. 1944 wurde ich Stellvertretender Leiter der militärischen Abwehr bei der 1. Ukrainischen Front. In Polen traf ich mit Serow zusammen, der damals Bevollmächtigter des NKWD bei dieser Front war. Als die sowjetischen Truppen Berlin erobert hatten, erwirkte Serow meine Versetzung ins NKWD und ernannte mich zum Leiter des operativen Sektors in Berlin. Ich gehörte von da an zu Serows Umgebung, war häufig mit ihm zusammen. Damals begann mein Irrweg...

Fast jeder, der in Deutschland war, hat gewußt, daß Serow selbst hinter den meisten Diebstählen stand.

Serows Flugzeug war ständig zwischen Moskau und Berlin unterwegs und transportierte für ihn ohne jede Kontrolle an der Grenze Wertsachen, wie Pelze, Teppiche oder Gemälde. Auch Eisenbahnwagen oder LKW's ließ Serow mit Wertsachen beladen.

Gesagt werden muß, daß Serow seine Operationen sehr gekonnt durchführte. Wenn er Beutegut für den Staat in die Sowjetunion bringen ließ, mischte er der Ladung auch Sachen für sich selbst bei...

Frage: Der ehemalige Leiter des operativen Sektors im Innenministerium Thüringens, Beshanow hat bei einer Vernehmung zugegeben, daß Sie große Summen deutschen Geldes zwecks persönlicher Bereicherung verwendeten. Stimmt das?

Antwort: Das stimmt. Bei der Einnahme Berlins hat eine meiner operativen Gruppen in der Reichsbank mehr als 40 Millionen Reichsmark sichergestellt. Einen fast identischen Betrag haben wir auch in Magazinen im Stadtbezirk Mitte festgestellt. Alles Geld wurde in den Keller des Gebäudes gebracht, wo der Berliner operative Sektor des Innenministeriums untergebracht war.

Frage: Wieviel Geld war das?

Antwort: Im Keller standen etwa 100 Säcke, in denen mehr als 80 Millionen Mark waren.

Frage: Mit diesem Geld haben Sie sich bereichert?

Antwort:Ja, einen erheblichen Teil des erbeuteten Geldes habe ich für mich persönlich verwendet.

Frage: Wieso ließ man Ihnen diese offenkundigen Verbrechen durchgehen?

Antwort: Dazu muß ich sagen, daß sich zwischen mir, Serow, Klepow und Beshanow allmählich eine Gemeinschaft herausbildete. Wir haben alle gestohlen und uns dabei gegenseitig unterstützt. Eine große Rolle hat dabei auch unsere Unterwürfigkeit gegenüber Serow gespielt. Letzerer hat uns ermuntert und geschickt vor seinen Karren gespannt.

Frage: Beweisen Sie das!

Antwort: Ich erinnere mich, wie Serow mir eines Tages auftrug, zwei stubenreine Hunde englischer Rasse mit Bärten ausfindig zu machen, die er offenbar jemandem als Geschenk zugedacht hatte. Das war ziemlich schwierig. Da wir uns jedoch sehr bemühten, konnten wir tatsächlich zwei Hündchen mit Bärten für jeweils 15 000 Mark kaufen. Überhaupt ist zu sagen, daß Serow sehr darauf hielt, Gegenstände zu finden, die als Geschenke für seine Leute geeignet waren.

Serow hatte in den Autoreparaturwerkstätten, die mir unterstellt waren, fünf oder sechs Plattenspieler mit eingebautem Radio versteckt. Er suchte nach einem deutschen Techniker, der sie gebaut hatte und ihre Schaltskizzen kannte, die Serow dann persönlich korrigierte. Das Holz dafür ließ er von den Wänden in Hitlers Arbeitszimmer in der Reichskanzlei entfernen.

Viel Zeit verwandte Serow auch darauf, den uralten Sauer zu finden, dem eine Waffenfabrik gehörte. Bei ihm bestellte er über Beshanow zwei Dutzend Jagdgewehre. Ein Teil davon war besonders ziseliert.

Über Klepow und Beshanow bestellte Serow außerdem bei den Zeiss-Werken in Jena Fotoapparate. Bei einer Thüringer Porzellanfabrik, die er selbst besuchte, gab er ein mit Gold bemaltes Service in Auftrag und andere Wertsachen.

Frage: Wem schenkte Serow die von ihm bestellten Plattenspieler mit Radio, Fotoapparate, Waffen und das Geschirr?
Antwort: Soweit mir bekannt ist, schenkte er einen der Plattenspieler Marschall Shukow. Mehrere schickte er nach Moskau. Für wen er das Porzellan, die Fotoapparate und die Waffen anfertigen ließ, weiß ich nicht. Ich weiß außerdem, daß er einem amerikanischen General, der einer der Kommandanten in Berlin war und dessen Namen ich nicht behalten habe, eine goldene Armbanduhr schenkte. Diese Uhr hatte ich ihm besorgt.

Während der Potsdamer Konferenz beauftragte Serow mich, ein Dutzend Uhren zu beschaffen, die er verschenken wollte. Das habe ich auch getan. Wer die Uhren bekam, weiß ich jedoch nicht.[126]

Es ist schwer vorstellbar, daß ein General so detailliert Auskunft gibt. Interessant sind in den Vernehmungsprotokollen nicht nur die von dem Beschuldigten erwähnten Fakten, sondern die Haltung der Untersuchungsrichter, die Plündern bei hochrangigen Militärs nicht als zweitrangiges Verbrechen sahen, und dafür die Tatsache, daß die gestohlenen Gegenstände nicht dem Staat zuflossen, um so schwerer bewerteten. Der Rechtsanspruch der Sowjetunion auf materiellen und künstlerischen Besitz deutscher Staatsbürger steht für sie außer Frage. Darum bekennen sich auch die Angeklagten nur der Veruntreuung von Eigentum schuldig, das eigentlich dem Staat zugestanden hätte. An Geschenke kann sich ohnehin niemand erinnern, weil alle derartige Gaben eingesteckt haben.

Als nach der Verhaftung von General N. Wlasik, dem Chef von Stalins Leibwache, dessen persönliches Eigentum beschlagnahmt wurde, stellte sich heraus, daß dieser angeblich über jeden Korruptionsverdacht erhabene Mann auch einiges an Geschenken beiseite geschafft hatte. „Insbesondere das aus 100 Teilen bestehende Eßservice aus Porzellan bekam ich nach der Potsdamer Konferenz", eröffnete Wlasik dem Gericht. „Damals galt die Anweisung, wonach jedem Angehörigen der Wache ein Service zustande. Ohne mein Wissen waren zudem in die für mich bestimmte Kiste einige Vasen und Pokale aus Kristall gelangt.Ich habe das erst bemerkt, als ich die Kiste in Moskau öffnete. Und dann habe ich alles behalten."[127] Zur Bewachung Stalins waren während der Potsdamer Konferenz sieben NKWD-Regimenter abgestellt, sowie anderthalbtausend Mann aus dem operativen Dienst.

In dem einstmals streng geheimen Dossier gibt es Hinweise auf einen weiteren Verwendungszweck der Kriegsbeute. Mit Material, daß man aus Deutschland hatte mitgehen lassen, mußten Kriegsgefangene Wochenendhäuser und Villen bauen. Auf diese Art und Weise kamen die Marschälle Rokossowskij und Peresypkin, Admiral Papanin und der Dichter Lebedew-Kumatsch zu ihren Holzhäusern.

Oft wird behauptet, das sei eben der Zug der Zeit gewesen. Den aber legte innerhalb der Stalinschen Hierarchie jeder auf seine Weise aus.

Stalins fragwürdiger Umgang mit Reparationsleistungen und der deutschen Kriegsbeute gingen unterdessen munter weiter. Zumindest war dies in den ersten vier Nachkriegsjahren der Fall. Sie führten letztendlich auch zu Meinungsverschiedenheiten der Alliierten, die sich alsbald für den Kalten Krieg rüsteten. Die Briten, die vor allem Angst hatten, mitten in Europa könnte ein sozialer Spannungsherd entstehen, bemühten sich, Exporte und Importe gegenüber Westdeutschland so zu regeln, daß sie für beide Seiten vorteilhaft waren. Die Franzosen hielten ihre Gebietsansprüche und materiellen Forderungen aufrecht. Die Amerikaner schufen mit dem ihnen eigenen Geschäftssinn die Grundlagen für ihren künftigen wirtschaftlichen Einfluß in Deutschland. Stalin indessen, der sich als Sieger und Selbstherrscher fühlte, pumpte die von der Sowjetunion besetzten Gebiete aus und stülpte ihnen seine Ideologie über. Mit fragwürdigen Methoden zimmerte er eine „neue Gesellschaftsordnung" zusammen. Nicht ohne die eigenen humanen Positionen gebührend herauszustreichen, beschuldigten die ehemaligen Verbündeten einander unlauterer Machenschaften.

Was in den Folgejahren mit der Kriegsbeute, den Aktiva der Reichsbank, deutschem Kulturgut und technischen Geheimnissen, sowie den in die UdSSR überführten Archiven geschah, würde den Rahmen dieses Buch sprengen, soll jedoch in einem weiteren Buch geschildert werden, das derzeit in Vorbereitung ist.

Anmerkungen

1. Die Außerordentliche Staatliche Kommission sollte die Verbrechen der deutsch-faschistischen Eroberer, sowie den Schaden der den Bürgern, Staatsbetrieben, Kollektivwirtschaften, gesellschaftlichen Organisationen und Behörden der Sowjetunion von Deutschland während des Krieges zugefügt worden war, feststellen und untersuchen. Sie wurde durch einen Erlaß des Präsidiums des Obersten Sowjets der UdSSR vom 2. November 1942 gegründet. Zum Vorsitzenden wurde Nikolaj Schwernik ernannt. Weiter gehörten ihr Nikolaj Burdenko, Boris Wedenejew, T. Lyssenko, E. Tarle, I. Trainin, der Schriftsteller Alexej Tolstoi, sowie der Metropolit von Kiew und Galizien, Nikolaj an.

2. Zentralarchiv des Verteidigungsministeriums, Register 353, Vorgang 5 864.

3. Skrytaja prawda wojny, Verlag Russkaja knjiga, 1991.

4. NKWD - Volkskommissariat für Innere Angelegenheiten der UdSSR. Das NKWD wurde am 8. November 1917 gegründet und im März 1946 zum Innenministerium der UdSSR umgebildet.

5. „Teheran - Jalta - Potsdam": Dokumentensammlung. Moskau, Mezdunarodnyje otnosenija 1971, S. 126 - 128.

6. ebenda, S. 325 - 326.

7. Das Staatliche Komitee für Verteidigung wurde am 30. Juni 1941 im Zuge der Ausnahmeregelungen während des 2. Weltkrieges gebildet und verfügte bis zu seiner Auflösung am 10. September 1945 über die gesamte Macht in der Sowjetunion. Vorsitzender war Josif Wissarionowitsch Stalin, der gleichzeitig auch Oberkommandierender der Roten Armee war.

8. Lenin erließ am 8. November 1917 ein Dekret, wonach die russischen Ministerien zu Volkskommissariaten umgebildet wurden. Sie behielten diese Bezeichnung bis März

1946 bei. Danach nannten sie sich erneut Ministerien. Um Irritationen zu vermeiden, wurde in diesem Buch sowohl für „Volkskommissariat" und Ministerium durchgängig der Begriff Ministerium gewählt.

9. Die Staatliche Plankommission der UdSSR war für die perspektivische und laufende Planung der Volkswirtschaft, sowie für die Kontrolle der Planerfüllung zuständig.

10. Rat der Volkskommissare. Bis 1946 anstelle des Ministerrates tätig. Siehe auch Punkt 8.

11. Kriegsrat Kollegiales Gremium zur Beschlußfassung für strategische militärische Entscheidungen.

12. russische Abkürzung für Allunionspartei der Kommunisten (Bolschewki). Später wurde die Partei in Kommunistische Partei der Sowjetunion - KPdSU - umbenannt.

13. Russisches Zentrum für Aufbewahrung und Erforschung neuerer zeitgeschichtlicher Dokumente (RZChIDNI) Register 644, Vorgang 1, d. 382, ll 211, 212.

14. Während der Stalin-Zeit offizielle Bezeichnung für Sowjetbürger, die in deutsche Gefangenschaft geraten oder als Fremdarbeiter nach Deutschland verschleppt worden waren.

15. Russisches Zentrum für Aufbewahrung und Erforschung neuerer zeitgeschichtlicher Dokumente, Register 644, Vorgang 1, Akte 382, Blatt 214, 215.

16. Wörtliche Übersetzung: Tod den Spionen (Smert spionam).

17. Politstellvertreter. Auch als Kommissar bekannt. Stellvertreter des jeweiligen Kommandeurs und für die politische Arbeit unter den Soldaten und Offizieren der Einheit verantwortlich.

18. Russisches Zentrum für Aufbewahrung und Erforschung neuerer zeitgeschichtlicher Dokumente, Register 17, Vorgang 125, Akte 314, Blatt 40-43.

19. „Teheran - Jalta - Potsdam": Dokumentensammlung. Moskau, Mezdunarodnyje otnosenija 1971, S. 359.

20. Zentralarchiv des Verteidigungsministeriums der Russischen Föderation, Register 67, Vorgang 12 020, Akte 9, Blatt 44.

21. ebenda, Blatt 38.

22. ebenda, Vorgang 264796, Akte 119, Blatt 119, 237, 237 und 33-180.

23. Die Zahlen sind dem Kratkij obzor o dejatjel'nosti Glavnogo trofejnogo upravlenija Krasnoj Armii v period Velikoj otecestvennoj vojny" entnommen. Quelle: Zentralarchiv des Verteidigungsministeriums der Russischen Föderation, Register 67, Vorgang 12 020, Akte 9.

24. Zentralarchiv des Verteidigungsministeriums der Russischen Föderation, Register 67, Vorgang 12 020, Akte 19, Blatt 54.

25. Russisches Zentrum für Aufbewahrung und Erforschung neuerer zeitgeschichtlicher Dokumente, Register 17, Vorgang 124, Akte 35, Blatt 14.

26. Zentralarchiv des Verteidigungsministeriums der Russischen Föderation, Register 67, Vorgang 12 020, Akte 19, Blatt 54.

27. Russisches Zentrum für Aufbewahrung und Erforschung neuerer zeitgeschichtlicher Dokumente, Register 17, Vorgang 124, Akte 41, Blatt 4 und 7.

28. Zentralarchiv des Verteidigungsministeriums der Russischen Föderation, Register 67, Vorgang 12 020, Akte 19, Blatt 54.

29. Siehe Russisches Zentrum für Aufbewahrung und Erforschung neuerer zeitgeschichtlicher Dokumente, Register 17, Vorgang 124, Akte 44, Blatt 16-27.

30. Staatliches Archiv der Russischen Föderation, Register R-8300, Vorgang 17, Aktc 288, Blatt 1.

31. ebenda, Blatt 8.

32. ebenda.

33. ebenda, Blatt 6.

34. ebenda, Blatt 23.

35. ebenda, Vorgang 18, Akte 197, Blatt 181.

36. ebenda, Blatt 117.
37. Zentralarchiv des Verteidigungsministeriums der Russischen Föderation, Register 67, Vorgang 12 020, Akte 9, Blatt 154 und 173.
38. Reparaturbetriebe für Landtechnik der Staatsgüter (sowchos) und Kollektivwirtschaften (kolchos).
39. Russisches Zentrum für Aufbewahrung und Erforschung neuerer zeitgeschichtlicher Dokumente Register 17, Vorgang 124, Akte 44, Blatt 216 und 219.
40. Zentralarchiv des Verteidigungsministeriums der Russischen Föderation, Register 67, Vorgang 1 208, Akte 64, Blatt 309.
41. Russisches Staatliches Militärarchiv, Register 33 987, Vorgang 3, Akte 98, Blatt 655-656.
42. ebenda, Akte 295, Blatt 142.
43. Russisches Zentrum für Aufbewahrung und Erforschung neuerer zeitgeschichtlicher Dokumente, Register 644, Vorgang 1, Akte 427, Blatt 79; 83-84.
44. Staatliches Archiv der Russischen Föderation, Register R-8 300, Vorgang 17, Akte 16, Blatt 4.
45. o.p. Besondere Mappe mit geheimen Informationen für die Regierung. Sie wurde täglich erstellt und an alle Mitglieder der Partei- und Staatsführung verteilt.
46. Russisches Zentrum für Aufbewahrung und Erforschung neuerer zeitgeschichtlicher Dokumente Register 644, Vorgang 1, Akte 458 Blatt 30.
47. ebenda, Blatt 27.
48. Zentralarchiv des Verteidigungsministeriums der Russischen Föderation, Register 67, Vorgang 12 018, Akte 89, Blatt 290.
49. Einige Quellen melden, Deutschland habe auf England insgesamt 11 300 V1-Raketen abgefeuert. 20% davon seien beim Start explodiert, 25% seien von Jägern abgeschossen und ebensoviele von der Flak. 30% sollen ihr Ziel erreicht haben. 2 400 allein sind im Großraum London niedergegangen und haben etwa 5 000 Menschen getötet. 16 000

sollen diesen Angaben zufolge verwundet worden sein. Von den V2-Raketen sollen etwa 10 800 Stück gestartet worden seien. Die Hälfte davon explodierte beim Start oder fiel ins Meer. Sie kostete 13 000 Menschenleben.

50. Zentralarchiv des Verteidigungsministeriums der Russischen Föderation, Register 67, Vorgang 12 018, Akte 89, Blatt 290.

51. Aus Werksunterlagen geht hervor, daß der D-3 Motor eine Schubkraft von 310 kg hatte. Er wog 167 kg und pro kg Schubkraft 3,5 Liter Treibstoff die Stunde. Der D-5 hatte eine Schubkraft von 430-450 kg, ein Eigengewicht von 230 kg und einen stündlichen Treibstoffverbrauch von 3,5 kg pro 1 kg Schubkraft. Beide Motoren arbeiteten nach dem Prinzip der Resonanzwellenschwingung von Gasströmen.

52. Die Flügelbomben hatten folgende Nennleistung: mit einem D-3 Motor 2 130 kg Eigengewicht, der Sprengsatz wog 800 kg, die maximale Reichweite lag bei 240 km, die durchschnittliche Fluggeschwindigkeit lag zwischen 550-600 km/h. Die mit einem D-5-Motor ausgestattete Flügelbombe hatte bei einer Eigenmasse von 2 120 kg einen 800 kg schweren Sprengsatz, ihre Reichweite betrug 230 km und ihre Spitzengeschwindigkeit lag bei 700 km/h.

53. Russisches Zentrum für Aufbewahrung und Erforschung neuerer zeitgeschichtlicher Dokumente, Register 644, Vorgang 1, Akte 356, Blatt 128.

54. ebenda, Akte 421, Blatt 25-26.

55. Die Werke in denen die Relais zur Steuerung der V2 hergestellt wurden, gehörten der Firma „Patin".

56. Russisches Zentrum für Aufbewahrung und Erforschung neuerer zeitgeschichtlicher Dokumente, Register 644, Vorgang 1, Akte 421, Blatt 169-170.

57. Zentralarchiv des Verteidigungsministeriums der Russischen Föderation, Register 67, Vorgang 12 018, Akte 89, Blatt 290-291, 297, 301.

58. Russisches Zentrum für Aufbewahrung und Erforschung neuerer zeitgeschichtlicher Dokumente, Register 644, Vorgang 1, Akte 425, Blatt 114.
59. Zentralarchiv des Verteidigungsministeriums der Russischen Föderation, Register 67, Vorgang 12 018, Akte 89, Blatt 310.
60. Raketen des Typs A-9/A-1ß erlebten mehrere Probestarts. Der letzte fand am 24. Januar 1945 statt. Hinterher erklärte Wernher von Braun, daß die Konstruktion der neuen Rakete technisch gelöst sei.
61. Alle verwendeten technischen Daten stammen aus dem Bericht der Regierungskommission.
62. Zentralarchiv des Verteidigungsministeriums der Russischen Föderation, Register 67, Vorgang 1, Akte 89, Blatt 304.
63. Jargon-Ausdruck für Forschungsinstitute und Konstruktionsbüros, die dem sowjetischen Innenministerium unterstanden. Dort arbeiteten inhaftierte Spezialisten.
64. Russisches Zentrum für Aufbewahrung und Erforschung neuerer zeitgeschichtlicher Dokumente, Register 17, Vorgang 125, Akte 308, Blatt 28.
65. Zentralarchiv des Verteidigungsministeriums der Russischen Föderation, Register 67, Vorgang 12 018, Akte 64, Blatt 160.
66. ebenda, Akte 89, Blatt 93-95.
67. Russisches Zentrum für Aufbewahrung und Erforschung neuerer zeitgeschichtlicher Dokumente, Register 17, Vorgang 132, Akte 4, Blatt 40-48.
68. ebenda, Blatt 49.
69. ebenda, Register 644, Vorgang 1, Akte 348, Blatt 6.
70. ebenda, Blatt 8.
71. ebenda, Akte 369, Blatt 3.
72. Zentralarchiv des Verteidigungsministeriums der Russischen Föderation, Register 67, Vorgang 12 018, Akte 89, Blatt 108 und 111.

73. Diese Theorie befaßt sich mit der Affinität des menschlichen Gehirns für Erkrankungen und pathologischen Veränderungen.

74. Zentralarchiv des Verteidigungsministeriums der Russischen Föderation, Register 67, Vorgang 1 208, Akte 64, Blatt 164-165.

75. Staatliche Politische Verwaltung beim Ministerrat der UdSSR. Sie bestand als Staatssicherheitsbehörde von 1923-1934. Danach wurde sie dem NKWD angegliedert und in Hauptverwaltung für Staatssicherheit umbenannt.

76. Sowjetisches Informationsbüro. Die Behörde war für die Verbreitung von Frontberichten sowie Meldungen aus dem sowjetischen Hinterland und den okkupierten Gebieten zuständig. Sie unterstand direkt dem ZK der KPdSU.

77. Wershok = alte russische Maßeinheit. Ein Wershok entspricht 4,45 cm.

78. Von 1917-1937 höchstes Organ der Legislative und Exekutive innerhalb der Russischen Föderativen Sowjetrepublik.

79. Russisches Zentrum für Aufbewahrung und Erforschung neuerer zeitgeschichtlicher Dokumente, Register 17, Vorgang 125, Akte 308, Blatt 2-8.

80. Zentralarchiv des Verteidigungsministeriums der Russischen Föderation, Register 67, Vorgang 12 018, Akte 146, Blatt 88-151.

81. Moskau, Russkaja knjiga 1992.

82. Staatsarchiv der Russischen Föderation, Register R-5 325, Vorgang 10, Dokumente 805, 836, 851, 12 656.

83. Russisches Zentrum für Aufbewahrung und Erforschung neuerer zeitgeschichtlicher Dokumente, Register 17, Vorgang 17, Akte 308, Blatt 30.

84. auch unter dem Namen Russisches Historisches Auslandsarchiv bekannt. Gegründet hatten es im Februar 1917 Vertreter der russischen Landtage und Städteparlamente als Archiv der russischen Emigration. In drei Abteilungen

wurden dort Bücher, Zeitschriften, Zeitungen und Handschriften gesammelt.

85. Staatsarchiv der Russischen Föderation, Register 8 300, Vorgang 26, Dokument 347, Blatt 182.
86. ebenda.
87. ebenda, Blatt 184.
88. ebenda, Blatt 163-166.
89. Russisches Zentrum für Aufbewahrung und Erforschung neuerer zeitgeschichtlicher Dokumente, Register 17, Vorgang 125, Akte 308, Blatt 20.
90. ebenda, Blatt 24.
91. ebenda, Blatt 52.
92. ebenda, Blatt 41.
93. ebenda, Blatt 42-46, 49, 50.
94. Damit ist eine Sammlung von Büchern gemeint, die von Aldus Manutius und seinen Nachfahren im 15. und 16. Jahrhundert herausgegeben wurden. Sie umfaßt etwa 1 000 Bände, vorwiegend von Autoren der klassischen Antike. Joachim Camerarius (1500 / Bamberg - 1574 / Leipzig) war einer der bekanntesten deutschen Humanisten und editierte zahlreiche antike Autoren.
95. Russisches Zentrum für Aufbewahrung und Erforschung neuerer zeitgeschichtlicher Dokumente, Register 17, Vorgang 125, Akte 308, Blatt 42 u. 46.
96. ebenda, Blatt 51.
97. Staatsarchiv der Russischen Föderation, Register 8 300, Vorgang 26, Dokument 347, Blatt 93-96.
98. ebenda, Blatt 201.
99. Russisches Zentrum für Aufbewahrung und Erforschung neuerer zeitgeschichtlicher Dokumente, Register 17, Vorgang 132, Akte 97, Blatt 1-3.
100. ebenda, Blatt 4.
101. ebenda, Blatt 98-99, 105.
102. Im Sommer 1945 wurden etwa 100 deutsche Druckerei-Fachleute nach Krasnogorsk geholt und von dort aus auf entsprechende sowjetische Betriebe verteilt, um bei der Inbetriebnahme der erbeuteten Anlagen zu helfen.

103. Zentralarchiv des Verteidigungsministeriums der Russischen Föderation, Register 64, Vorgang 12 018, Akte 89, Blatt 64 und 117.

104. ebenda, Register 67, Vorgang 12 020, Akte 9, Blatt 150.

105. Russisches Militärarchiv, Moskau 1993, S. 243.

106. Russisches Zentrum für Aufbewahrung und Erforschung neuerer zeitgeschichtlicher Dokumente, Register 17, Vorgang 125, Akte 314, Blatt 27-28.

107. Zentralarchiv des Verteidigungsministeriums der Russischen Föderation, Register 67, Vorgang 12 018, Akte 89, Blatt 215.

108. ebenda, Blatt 215-226.

109. Staatsarchiv der Russischen Föderation, Register R-8 300, Vorgang 17, Dokument 16, Blatt 1.

110. ebenda, Dokument 288, Blatt 5.

111. ebenda, Blatt 15.

112. ebenda, Dokument 30, Blatt 1.

113. ebenda, Blatt 19.

114. ebenda, Blatt 5.

115. ebenda, Blatt 3.

116. ebenda, Vorgang 18, Dokument 197, Blatt 183.

117. Zentralarchiv des Verteidigungsministeriums der Russischen Föderation, Register 67, Vorgang 12 018, Akte 89, Blatt 215 und 226.

118. Militärarchiv Rußlands, Moskau 1993, S. 184-190.

119. ebenda, S. 241-243.

120. ebenda, S. 244.

121. ebenda, S. 243.

122. Wojenno-istoriceskij shurnal, 6/1989, S. 75.

123. ebenda.

124. ebenda, S. 81.

125. Die sogenannte allgemeine Abteilung des NKWD befaßte sich mit Zivilpersonen. Daneben gab es jedoch noch eine besondere Abteilung, die die Armee überwachte.

126. Militärarchiv Rußlands, Moskau 1993, S.197-201, 205, 206.

127. Wojenno-istoriceskij shurnal, 12/1989, S. 92.

Namensverzeichnis

Georgi Fjodorowitsch Alexandrow (1908-1961): Parteiführer, während des Krieges verantwortlich für Agitation und Propaganda.

Andrej Andrejewitsch Andrejew (1895-1971): Während des Krieges ZK-Sekretär und gleichzeitig Vorsitzender der Zentralen Revisionskommission der KPdSU.

Pawel Borisowitsch Axelrodt (1850-1928): engagierte sich zunächst aktiv in der revolutionären Bewegung; da er jedoch die Ideen der Oktoberrevolution nicht teilte, emigrierte er und rief zum Sturz der Sowjetmacht auf.

Michail Alexandrowitsch Bakunin (1814-1876): Russischer Revolutionär, Theoretiker des Anarchismus.

Lawrentij Pawlowitsch Berija (1899-1953): Parteiführer und Politiker. Von 1938-1945 und 1953 Stellvertretender Volkskommissar für Inneres (Innenminister). Während des Krieges Mitglied des Staatlichen Komitees für Verteidigung und stellvertretender Vorsitzender des Rates der Volkskommissare, Marschall der Sowjetunion. Nach Stalins Tod warf man ihm antisowjetische Tätigkeit vor: er wurde verhaftet und erschossen.

Wladimir Bontsch-Brujewitsch (1873-1955): Parteifunktionär adliger Abstammung. Seit 1895 Mitglied der Kommunistischen Partei, Redakteur zahlreicher bolschewistischer Zeitungen. Von 1917-1920 Leiter der Kanzlei beim Rat der Volkskommissare. Kampfgefährte Lenins.

Semjon Michailowitsch Budjonny (1883-1973): Während des Bürgerkrieges legendärer Kommandeur der 1. Reiterarmee. 1935 zum Marschall der Sowjetunion befördert. Während des Zweiten Weltkrieges Mitglied des Stabes des Oberkommandierenden und Oberbefehlshaber der sogenannten Reserve-Front im Südwest- und Nordkaukasus. 1943 wurde er zum Oberbefehlshaber der Kavallerie der Roten Armee ernannt.

Nikolaj Alexandrowitsch Bulganin (1895-1975): Parteiführer und Staatsmann. Von 1938-1941 war er, der nur die mittlere Reife erreicht hatte, Stellvertretender Vorsitzender des Rates der Volkskommissare (siehe Anmerkungen). Zwischen 1941-1943 Mitglied des Kriegsrates verschiedener Fronten. Seit 1944 Stellvertretender Verteidigungsminister und Mitglied des Staatlichen Komitees für Verteidigung.

Alexandra Fjodorowna (1872-1918): Zarin, Gattin Nikolaus' II., des letzten russischen Zaren, dessen gesamte Familie 1918 erschossen wurde.

Michail Wassiljewitsch Frunse (1885-1925): Partei- und Heerführer. Zwischen 1924-1925 Vorsitzender des Revolutionären Kriegsrates der UdSSR, Stellvertretender Volkskommissar für Armee und Flotte, danach Volkskommissar. Verfasser militärtheoretischer Schriften.

Nikolaj Wassiljewitsch Gogol (1809-1852): Berühmter russischer Schriftsteller und Satiriker.

Alexander Iwanowitsch Herzen (1812-1870): Russischer Schriftsteller, Revolutionär und Philosoph. Starb in Paris.

Iwan Stepanowitsch Konjew (1897-1973): Sowjetischer Heerführer, Marschall der Sowjetunion, Held der Sowjetunion. Absolvent der Frunse-Militär-Akademie (1934). Während des Krieges zunächst Armee-Oberbefehlshaber, danach wurde er zum Oberbefehlshaber verschiedener Fronten ernannt.

Nikolaj Nikolajewitsch Krestinski (1883-1938): 1921-1930 Bevollmächtigter Vertreter Sowjetrußlands in Deutschland. 1930 zum Stellvertretenden Volkskommisar für Auswärtige Angelegenheiten ernannt. 1937 wegen antisowjetischer Tätigkeit verhaftet und erschossen.

Igor Wassiljewitsch Kurtschatow (1903-1960): Physiker, Mitglied der Akademie der Wissenschaften der UdSSR. Gründer und erster Direktor des Instituts für Atomenergie der UdSSR (1943). Unter seiner Leitung wurde 1946 der erste sowjetische Atomreaktor gebaut und 1949 die erste sowjetische Atombombe, sowie 1953 die erste thermonukleare Bombe der Welt entwickelt.

Michail Illarionowitsch Kutusow (1745-1813): Fürst von Smolensk und Generalfeldmarschall, einer der berühmtesten russischen Heerführer. Sieger vieler Schlachten im Krieg gegen Napoleon 1812.

Michail Jurjewitsch Lermontow (1814-1841): Berühmter russischer Schriftsteller. Fiel bei einem Duell.

Iwan Michailowitsch Maiskij (1884-1975): Historiker, Staatsmann und Diplomat. 1912 Absolvent der Universität München. Von 1943-1946 stellvertretender Außenminister und Vorsitzender der Interalliierten Reparationskommission in Moskau.

Georgi Maksimilianowitsch Malenkow (1901-1988): Sowjetischer Parteiführer und Staatsmann. Absolvent der Moskauer Technischen Hochschule. Von 1938-1946, sowie von 1948-1953 Sekretär des KP-Zentralkomitees. Von 1939-1946 war er gleichzeitig Chef der Abteilung für Kaderfragen beim ZK. Während des Krieges war er Mitglied des Staatlichen Verteidigungskomitees. Er galt als einer der engsten Vertrauten Stalins.

Anastas Iwanowitsch Mikojan (1895-1978): Sowjetischer Parteiführer und Staatsmann. Von 1937-1946 Volkskommissar für Außenhandel. Während des Krieges Mitglied des Staatlichen Komitees für Verteidigung. Er war verantwortlich für die Versorgung der Armee.

Wjatscheslaw Michailowitsch Molotow (Skrjabin) (1890-1986): Parteiführer und Staatsmann. Zwischen 1941-1957 Stellvertretender Vorsitzender des Rates der Volkskommissare (Vizepremier). Während des Krieges Außenminister und Mitglied des Staatlichen Komitees für Verteidigung. Vertrauter Stalins.

Nikolaj Platonowitsch Ogarjow (1813-1877): Dichter, Publizist und Revolutionär. Freund Alexander Herzens. Starb in Greenwich.

Jerofej Graf von Osten-Sacken: Oberbefehlshaber der russischen Truppen, die 1814 in Paris einmarschierten.

Nikolaj Alexejewitsch Ostrowskij (1904-1936): Schriftsteller und Teilnehmer des Bürgerkriegs, wo er schwer verwundet wurde. Als er schon erblindet und bettlägerig war schrieb er seinen autobiographischen Roman „Wie der Stahl gehärtet wurde.“

Georgi Walentinowitsch Plechanow (1856-1918): Philosoph, marxistischer Propagandist, vor dem ersten Weltkrieg einer der Führer der internationalen sozialdemokratischen Bewegung. Lebte lange in der Emigration.

Alexander Sergejewitsch Puschkin (1799-1837): Gilt als Begründer der modernen russischen Literatur.

Andrej Dmitrijewitsch Sacharow (1921-1989): Physiker und Bürgerrechtler.

Wera Iwanowna Sasuljitsch (1849-1919): Russische Revolutionärin.

Nikolaj Michailowitsch Schwernik (1888-1970): Sowjetischer Staatsmann. Während des Krieges war er Vorsitzender des Zentralrats der Sowjetgewerkschaften, Leiter des Zentralen Evakuierungsdienstes beim Ministerrat der UdSSR und Vorsitzender des Komitees für die Registrierung und den Einsatz von Arbeitskräften. 1944 wurde er Stellvertretender Vorsitzender des Obersten Sowjets der Russischen Sozialistischen Föderativen Sowjetrepublik (RSFR).

Andrej Alexandrowitsch Shdanow (1896-1948): Parteiführer, Generaloberst, Vertrauter Stalins.

Georgi Konstantinowitsch Shukow (1896-1974): Marschall der Sowjetunion und vierfacher Held der Sowjetunion. Während des Krieges Stabschef, Stellvertreter des Oberkommandierenden und stellvertretender Volkskommissar für Verteidigung. Kommandeur verschiedener Fronten. Er nahm am 8. Mai die bedingungslose Kapitulation Deutschlands entgegen und wurde danach zum Oberkommandierenden der in Deutschland stationierten sowjetischen Streitkräfte und zum Chef der sowjetischen Militäradministration ernannt.

Wassilij Danilowitsch Sokolowskij (1897-1968): Sowjetischer Heerführer, Marschall der Sowjetunion.

Konstantin Sergejewitsch Stanislawski (1863-1938): Regisseur, Schauspieler und Theaterwissenschaftler.

Michail Andrejewitsch Suslow (1902-1982): Parteifunktionär, ZK-Sekretär. Er war bis zu seinem Lebensende für Ideologie zuständig.

Alexander Wassiljewitsch Suworow (1729-1800): Berühmter russischer Heerführer. Sieger vieler Schlachten und Verfasser militärtheoretischer Schriften. Fürst und Graf.

Graf Leo Nikolajewitsch Tolstoi (1828-1910): Berühmter russischer Schriftsteller. Autor der Romane „Krieg und Frieden", „Anna Karenina" u.a.

Iwan Turgenjew (1818-1883): Berühmter russischer Schriftsteller.

Dmitrij Ustinow (1908-1984): Waffeningenieur, Politiker; Verteidigungsminister der UdSSR von 1976 bis 1984.

Michele-Pauline Viardot-Garcia (1821-1910): Französische Sängerin und Komponistin, war eng mit Turgenjew befreundet.

Sinaida Wolkonskaja: gemeint ist die Enkelin der Fürstin Sinaida (1792-1862), einer Zeitgenossin Puschkins, die selbst schriftstellerisch tätig war.

Kliment Jefremowitsch Woroschilow (1881-1969): Zwischen 1934-1940 Volkskommissar für Verteidigung. Während des Zweiten Weltkrieges Mitglied des Stabes des Oberkommandierenden und Mitglied des Staatlichen Komitees für Verteidigung. Oberkommandierender der Nordwest- und der Leningrader Front. Kommandeur der Partisanenbewegung. Ab 1935 Marschall der Sowjetunion.

Nikolaj Alexejewitsch Wosenessenskij (1903-1950): Sowjetischer Parteiführer und Staatsmann. Absolvent der „Kommunistischen Swerdlow-Universität", Doktor der Wirtschaftswissenschaften. Von 1941-1949 Vorsitzender der Staatlichen Plankommission und Stellvertretender Vorsitzender des Rates der Volkskommissare. Aufgrund einer falschen Anklage wegen antisowjetischer Tätigkeit wurde er im Oktober 1949 verhaftet und am 1. Oktober 1950 erschossen.

Personen- und Sachregister